教 师 新 智 慧 丛 书

丛书主编　徐莉浩　蒋东标

智慧开启

家庭教育指导教师教程（学前教育版）

主　编　张竹林

副主编　胡引妹　戴宏娟　朱赛红

华东师范大学出版社
·上海·

图书在版编目(CIP)数据

智慧开启：家庭教育指导教师教程：学前教育版/张竹林
主编.—上海：华东师范大学出版社,2019
ISBN 978-7-5675-9001-4

Ⅰ.①智…　Ⅱ.①张…　Ⅲ.①学前教育-家庭教育
Ⅳ.①G781

中国版本图书馆 CIP 数据核字(2019)第 055974 号

教师新智慧丛书
智慧开启：家庭教育指导教师教程(学前教育版)

主　　编　张竹林
策划编辑　彭呈军
特约编辑　陈晓红
责任校对　孙　娟
装帧设计　刘怡霖

出版发行　华东师范大学出版社
社　　址　上海市中山北路 3663 号　邮编 200062
网　　址　www.ecnupress.com.cn
电　　话　021-60821666　行政传真 021-62572105
客服电话　021-62865537　门市(邮购)电话 021-62869887
地　　址　上海市中山北路 3663 号华东师范大学校内先锋路口
网　　店　http://ecnup.taobao.com/

印　刷　者　浙江临安曙光印务有限公司
开　　本　787×1092　16 开
印　　张　18
字　　数　288 千字
版　　次　2019 年 4 月第 1 版
印　　次　2022 年 7 月第 3 次
书　　号　ISBN 978-7-5675-9001-4/G·11958
定　　价　38.00 元

出　版　人　王　焰

(如发现本版图书有印订质量问题,请寄回本社客服中心调换或电话 021-62865537 联系)

一辈子学做教师。

——于漪

丛书总顾问：尹后庆　中国教育学会副会长、上海教育学会会长

　　　　　　倪闽景　上海市教育委员会副主任

　　　　　　袁　园　上海市奉贤区人民政府副区长

丛书顾问：陆　琴　施文龙　高国弟

　　　　　　张　弘　万国良　周　英

丛书主编：徐莉浩　蒋东标

丛书副主编：金红卫　孙赤婴　张竹林　张　珏

本书主编：张竹林

本书副主编：胡引妹　戴宏娟　朱赛红

本书编委：张美云　周　琴　吴秀英

丛书总序

教师教育正当时

倪闽景

新时代是奋斗者的时代。

我国自 1978 年党的十一届三中全会开启改革开放以来，四十年取得的成就举世瞩目。从计划经济到市场经济，从中国制造到中国创造，从追赶世界到领跑世界，中国的经济实力、科技实力、国防实力、综合国力进入世界前列。"新四大发明"闪耀全球，学汉语成为时尚，中国特色社会主义道路、理论、制度、文化不断发展，国际地位得到前所未有的提升。党的十九大召开，标志着中国的改革事业进入新的历史时代，实现中华民族伟大复兴的"中国梦"目标更加清晰，步伐更加坚定。

当我们把视野聚焦于教育领域，可以看到，恢复高考的重大决定早于全面改革开放一年，可以说是教育改革引领了全面改革开放，也彰显了教育优先发展的战略地位。教育观念的变化深入到教育改革的各个层面，成为推动社会发展的基础性、全局性、先导性力量。首先，教育极大普及。2011 年中国全面实现"两基"战略任务，2015 年中国的高等教育毛入学率达到 40%；职业教育、成人教育也取得不菲成绩。其次，人才供给充分。职业学校每年输送近 1000 万名技术技能人才，普通本科高校累计输送 2000 多万名专业人才，我国人均受教育年限提高到 10 年。再次，国际水平提升。我国学生在 PISA 测试中表现良好，一批高校和学科世界排名显著提升，教育总体发展水平进入世界中上行列。

　　站在新的历史起点，我国教育进入提高质量、优化结构、促进公平的新阶段，实现教育现代化成为当前及今后一段时间的艰巨任务和必然要求。作为开改革风气之先的上海，必须加快教育综合改革，力争到 2020 年率先实现教育现代化，有力支撑"五个中心"的新定位，努力把上海建设成为卓越的全球城市和社会主义现代化国际大都市。实现教育现代化，需要信息化和人工智能，离不开智能化新型学校和智慧课堂。人工智能将既是学习内容，也是未来学习的新工具。通过技术的现代化，实现"人"的现代化。

　　未来已来。面对席卷而来的科技浪潮，上海教育面临三大跨越。第一个是教育教学全过程的流程再造，即从教育目标的确定到最终的评价等整个过程的流程重新进行构造。第二个是融合中华传统文化和人类科技人文经典的教育范式锻造，这个教育范式必须适应自己的文化，要建立以优秀传统文化为本的，集合全世界科技人文经典的教育新范式。第三个是脑科学和人工智能相结合的学习革命，即开展基于脑科学的全脑学习，开展基于大数据的精准学习，开展基于人格化的创新学习，开展基于新技术的高阶学习。也就是说，我们的教育从今天开始，从"经典"学习进入了"超级"学习阶段。

　　百年大计，教育为先；教育大计，教师为先。教育发展的成就，离不开奋斗在各级各类学校上千万教师的奉献；应对未来教育变革，更需要具有专业素养、具有创新精神的教师主动作为。作为教育"工作母机"的教师教育，从改革开放以来就从未懈怠，新时代则带来了教师教育最强音。2018 年伊始，中共中央、国务院《关于全面深化新时代教师队伍建设改革的意见》提出要"坚持兴国必先强师"的战略思想，要求加强师德师风、振兴教师教育、深化综合改革、提高地位待遇、确保政策落地。这是新中国成立以来党中央出台的第一个专门面向教师队伍建设的里程碑式政策文件。教师教育的机遇已来，教师教育的风口已至。

　　地处南上海的奉贤区，作为上海的有机组成，是上海率先实现教育现代化的重要主体。"十二五"以来，奉贤区紧紧抓住部市共建教育综合改革试验区和上海市唯一的统筹城乡一体化发展试验区的契机，围绕推动区域教育"优质均衡发展"的目标，积极调整城乡教育资源配置，主动参与结对交流、委托管理，创造性地开展紧密型办学资源联盟、集团化办学等实践探索，取得良好成效。关注育人创新，开展以"见贤思齐、敬奉贤人"为内核的"贤文化"德育实践，实现区域教育"从追赶到跨越，从跨越到品质"的历史转型，为打造"自然、活力、和润"的南上海品质教育区战略目标奠定了良好基础。

奉贤区教育学院适时而为,顺势而动,为服务品质化教育发展需要,推动南上海品质教育区进程,充分发挥专业特长给政府教育决策提供咨询,充分发挥专业优势给学校特色发展谋划策略,充分发挥专业引领给教育利益相关者打造"枢纽",充分发挥传统优势给教师专业发展提供支撑,努力打造区域教育学术高地、人才高地和信息高地,围绕"服务区域教育、服务学校发展、服务教师发展"的工作宗旨,立足教育需求,聚集专业力量,积极扮演思想库、探索者、服务者的角色。

"教师新智慧丛书"作为服务教师专业发展的又一力作,从新时代对教师专业知识、专业能力、专业思想、专业品格等要求出发,整体设计,分步实施。继 2018年出版"开篇之作"《又一种教育智慧》之后,又陆续推出《智慧开启》、《智慧合作》。三本家庭教育指导教师教程分别面向义务教育、学前教育和高中教育阶段的教师,从当前"家校合作共育"这一热点出发,以提高教师家庭教育指导力的专业素养为目的,积极发挥区域教育科研人员的专业优势和学校优秀教师的实践优势,针对当前家庭教育中存在的普遍问题和教师家庭教育指导的热点问题,从家校合作共育的高度,提供了非常具体的操作方法和思路解读,是区域教师教育的精神盛宴。

德国著名的哲学家卡尔·雅斯贝尔斯(Karl Theodor Jaspers)在《什么是教育》中写道:"教育的本质意味着,一棵树摇动另一棵树,一朵云推动另一朵云,一个灵魂唤醒另一个灵魂。"新时代的教师必须要点燃自己照亮学生,同时点燃学生照亮自己,新时代的教育致力于让每个学生成为最好的自己,同时也让每个老师都能成为最好的自己。我想,这也是奉贤区推出这套丛书的主旨所在,也是我们所期待的教育目标所在。

是为序!

（作者系上海市教育委员会副主任）

目录

/ 第二编 /
家庭教育指导途径

/ 第三编 /
家 庭 教 育 指 导 实 务

前言
家校合力育人的新载体

陆 琴

习近平总书记在全国教育大会上明确提出,"培养德智体美劳全面发展的社会主义建设者和接班人",并且强调指出,"在加强品德修养上下功夫,教育引导学生培育和践行社会主义价值观,踏踏实实修好品德,成为有大爱大德大情怀的人"。这既是新时代的育人目标,也是教育的根本任务和方向。

改革开放 40 年来,上海作为基础教育改革与发展的先行区,始终引领着中国基础教育改革的发展方向。作为上海教育有机组成的奉贤教育,从追赶到跨越,正在迈向品质发展的新时期。站在新的历史起点上,推进区域教育品质化发展,实现打造"自然、活力、和润"的南上海品质教育区的目标,是奉贤区委区政府的殷切期望,是全体奉贤人民的热切期盼,也是奉贤教育人的初心所在。

为此,我们制订推进区域教育综合改革方案、区域 20多项新三年发展规划,推出了包括教育教学与管理、学生培养与发展、师资队伍建设、教育保障等一揽子计划,并落实时间表、路线图。其中,"加强家长学校建设,合力打造校内外育人共同体"作为整体育人模式项目的重要策略隆重推出,以构建学校、家庭和社区密切参与互动的共育机制。

在实践中,我们关注"家、校、社"合作育人,培育良好的教育生态,以实际行动贯彻落实教育部颁布的《中小学德育工作指南》,推动着中小幼德育一体化发展。2016

年，在上海市教委、市妇联指导下，我们主动对接奉贤区文明办、区妇联，以奉贤区教育学院为主体，成立了奉贤区家庭教育研究与指导服务中心，推动形成政府主导、部门协作、家长参与、学校组织、社会支持的家庭教育工作大格局。2018年，奉贤区教育局召开奉贤区"家庭教育指导团"成立大会，遴选了具有家庭教育指导资质、国家二级心理咨询师资格证书或上海心理咨询师资格证书的150名优秀教师和优秀家长志愿者组成家教指导团，充分发挥学校和教师在推进家庭教育工作中的指导作用。家教指导团开展了家庭教育指导进校园、进家庭、进社区活动，取得了良好的综合效应。

在构建合作育人的教育生态中，作为家校社三方合作引领者的教师成为关键要素，教师不仅要了解和高度认同家校社合作育人理念，更重要的是要具备家校社合作育人的素养与能力，具备指导家长开展科学家庭教育的素养与能力，把家校社合作育人的理念融入到教育实践中。因此，提升教师的家庭教育指导力成为合作育人教育生态构建中的重中之重。致力于提升区域教师专业素养与能力的奉贤区教育学院，发挥专业优势，因地制宜，开展了提升区域教师家教指导力的专项研究，编写了实用的教师家庭教育指导教程，探索提升区域教师专业素养和能力的有效途径。

2018年6月，"教师新智慧丛书"的开篇之作《又一种教育智慧：家庭教育指导教师教程（义务教育版）》正式出版，一经问世，就得到了社会与教育界的高度关注，深受一线教师的喜爱。

奉贤区教育学院在整体推进的思路下，总结了义务教育版区本培训教程编写的经验，于2018年6月起，组建了学前教育版和高中教育版教程编写组，经过近一年的辛勤付出，《智慧开启：家庭教育指导教师教程（学前教育版）》、《智慧合作：家庭教育指导教师教程（高中教育版）》相继付梓。至此，涵盖中小幼各个学段的以提升教师家庭教育指导力的区本教程全部出版，充分体现了中小幼一体化推进德育实践和专业研究工作的思路。

《智慧开启：家庭教育指导教师教程（学前教育版）》包括"家庭教育指导认知"、"家庭教育指导途径"、"家庭教育指导实务"三部分，围绕"家庭教育指导是什么、家庭教育指导怎么做、家庭教育指导做什么"的逻辑关系，从转变教师的家庭教育指导观念入手进而到改变、优化教师的家庭教育指导行为路径，契合了学习者（一线教师）的认知特点，有利于学习者建构较为系统的家教知识和行动体系。

　　《智慧开启：家庭教育指导教师教程（学前教育版）》的主书名"智慧开启"定位精准。智慧开启有着多层的含义：对于学龄前儿童而言，幼儿园是他们的第一所学校，是从家庭走向社会的第一站，是心智开启、社会性情感建立的启蒙期；对于家长而言，他们大多初为家长，面对着新的身份，需要开启新智慧，以承担好新角色赋予的责任，成为孩子第一任合格乃至优秀的"教育者"；对于幼儿园教师而言，面对纯洁而个性迥异的幼儿，面对不同层次、不同需求的家长，更需要开启为家长提供科学的、有针对性的教育指导的智慧，为幼儿提供适切的教育。可以说这是家园合作育人，帮助孩子们扣好人生第一粒钮扣的起点。

　　2018年11月，国家发布《中共中央国务院关于学前教育深化改革规范发展的若干意见》，把幼儿教师培养作为促进学前教育深化改革规范发展的重要举措，从这个意义上讲，《智慧开启：家庭教育指导教师教程（学前教育版）》的出版恰逢其时。

　　教师教育是教育事业的"工作母机"，是教育现代化的心脏。奉贤区教育学院编写的这套包括中小幼各学段在内的家庭教育指导教师教程，无疑为教育事业的"工作母机"增添了新的动力，对区域乃至更广范围内的教师的家庭教育指导力提升起到了极大的推进作用，也推进了区域合作育人教育生态建设。我们期待，在迈向新时代的历史进程中，奉贤区教育学院能够进一步发挥自身的专业优势，坚持立德树人总目标，落实新时代教育发展新要求，以本套教程的研制和使用为基础，开发更多系统的、管用的教师培训课程，创新教师教育方式，不断推进教师专业能力的提升，为早日建成南上海品质教育区提供坚实的支撑。

（作者系中共上海市奉贤区教育局党委书记）

/第一编/

家庭教育指导认知

家庭者,人生之最初之学校也。一生之品性,所谓百变不离其宗者,大抵胚胎于家庭之中。

——蔡元培

本编概要：

▶ 不同时代背景下,家庭教育指导的方向和形式显现出不同的特征。家庭教育指导的主要对象是家长,家庭教育指导的最终目标是促进幼儿的发展,因此,作为家庭教育指导者的教师需要了解家庭教育指导的主要依据、内容和现实中存在的问题,夯实家庭教育指导认知。

▶ 时代赋予了幼儿园在家庭教育中的特殊地位,教师必须树立家园合作共育新理念,深入学习家庭教育工作新知识,充分运用区域教育学院(教师专业发展机构)提供的资源,从专业伦理、专业知识、专业能力等方面提高家庭教育指导力。

▶ 处在不同年龄段的幼儿,身心发展有其独特的特点和规律,教育必须符合幼儿的身心发展需要。教师在指导家长开展家庭教育的过程中,引导家长了解幼儿的身心特点、发展需要,为孩子的发展提供适切的家庭教育。

第一章 ‖ 家庭教育指导概论

教育是一项系统工程。家庭教育、学校教育和社会教育是整个教育系统的子系统。系统要整体优化，发挥作用才能最佳，这就要求内部子系统必须协调配合同时又分工明确。家校合作是社会发展对家庭与学校关系的新型要求，家庭教育和学校教育应在正确思想的指导下，形成教育合力，促进儿童的全面发展、终身发展。家庭教育指导是时代赋予学校和教师的重要使命，是家校合作的重要内容。

教师应该了解家庭教育指导的基本内涵、主要依据和现状，对家庭教育指导有一个整体性的认识。

第一节　家庭教育指导的基本内容

改革开放四十年，家庭教育指导的内涵和外延在渐渐发生变化。家庭教育指导不再是帮助社会上的困难群体，预防和解决部分经济困难或不良生活方式造成的社会问题，而是要根据一定的社会要求和家长与青少年儿童的发展需要，有目的、有计划、有组织地对家长施加影响，使家长的教育行为符合青少年儿童的身心发展规律和教育规律。不同学者对家庭教育指导的概念与性质、目的与对象、内容与途径、现存问题与发展建议做了不同阐释。

一、家庭教育指导的出现与发展

（一）改革开放后的家庭教育指导

1983 年前后，浙江省的象山县、江苏省的昆山县、广东省的广州市等地建立了家长学校，这是改革开放后我国家庭教育指导的最初形式。家长学校作为宣传普及家庭教育知识，提升家长素质的重要场所，是指导推进家庭教育的主阵地和主渠道。历经三十余年，全国学校系统已普遍建立了家长学校并常态化开展活动，已建设有幼儿园、小学、普通中学和中等职业学校家长学校 33.8 万余所[①]。

在此之前，为促进幼儿园教育和家庭教育的发展，国家召开了多次会议，也出台了一系列的制度、政策，如 1979 年的全国托幼工作会议，1985 年印发的《托儿所、幼儿园卫生保健制度》，1981 年颁发的《幼儿园教育纲要》（试行草案）等，促使全社会更多地关心幼儿教育，特别是增强了家长教育孩子的紧迫感和责任感，也给幼儿园的家庭教育指导工作带来了发展良机。[②] 尤其是教育部于 1981 年制定的《幼儿园教育纲要》（试行草案），其中明确提出幼儿园"必须使家长了解幼儿园对幼儿进行教育的情况与要求，使双方教育取得一致，以利于幼儿的成长"，明确了幼儿园开展家庭教育指导的内容和目的。

20 世纪 90 年代初，政府部门日益认识到对儿童家长进行家庭教育指导的重要性，并提出了规划、作出了部署。1992 年国务院颁布的《九十年代中国儿童发展规划纲要》规定了家庭教育指导工作的目标，即到本世纪末要"使 90％儿童（十四岁以下）的家长不同程度地掌握保育、教育儿童的知识"。在此影响下，各地纷纷制定目标和规划，如 1992 年上海市政府颁布了《九十年代上海儿童优生保护发展规划》，提出："在本世纪末，95％以上的儿童（十四岁以下）家长接受科学育儿知识和家庭教育系列知识。"1993 年上海市教委颁布了《上海市中小学、幼儿园家庭教育指导大纲（试行）》。1997 年上海市教委制订了《上海市家庭教育工作"九五"计划》、《上海市中小学家长学校评估指标》及《上海市幼儿园家庭教育指导工作评估指标体系》。经过多年的努力，我国家庭教育指导的工作取得了很大进展。[③][④]

（二）21 世纪以来的家庭教育指导

21 世纪以来，家庭教育指导在国家决策层面得到了高度重视。2004 年《中共中央国务院关于进一步加强和改进未成年人思想道德建设的若干意见》专门阐述了"重视和发展家庭教育"；2006 年新修订的《中华人民共和国未成年人保护法》规定，"有关国家机关和社会组织应当为未成年人的父母或者其他监护人提供家庭教育指导"，首次以法律的形式确定了家庭教育指导的法律地位。[⑤] 2010 年国家

[①] 李琭璐. 我国建成 33.8 万所家长学校[N]. 农民日报，2016 - 12 - 8：4.
[②] 李生兰. 上海市幼儿家庭教育指导形式的发展轨迹与前景[J]. 学前教育研究，1999(6)：11—15.
[③] 李洪曾. 如何进行幼儿家庭教育指导实验[J]. 学前教育研究，1998(2)：30—34.
[④] 乐善耀. 上海家庭教育指导的现状及前瞻[J]. 上海教育科研，1998(9)：24—27、46.
[⑤] 关颖. 家庭教育指导的倾向性问题和着力点[J]. 当代青年研究，2011(2)：32—36.

七部委联合颁布了《全国家庭教育指导大纲》,对0—18岁不同年龄段儿童的家庭教育要点作了系统阐述,该大纲适用于各级各类家庭教育指导机构和相关职能部门、社会团体、宣传媒体等组织对新婚夫妇、孕妇、18岁以下儿童的家长或监护人开展家庭教育指导行为。从此,家庭教育指导有了国家级标准。2011年,全国妇联、教育部、中央文明办联合颁布《关于进一步加强家长学校工作的指导意见》,要求进一步加强对家长学校的规范管理,保障家长学校工作的有效开展。总之,我国的家庭教育指导伴随着改革开放和社会的进步走过了三十余年的历程,已形成了蓬勃发展的态势。

随着人们对家庭教育的重视,家庭教育的指导方式和途径也随之丰富起来,如家庭教育报告会、家教经验交流会、家庭教育系列讲座等,有关家庭教育的书刊也应有尽有。然而,这些方式和途径缺少了家庭教育指导的即时性、针对性、连贯性和实效性。[①] 学校作为发挥教育影响力的制度化机构,理应担负起应有的责任。2015年,教育部颁发《关于加强家庭教育工作的指导意见》,明确提出要"充分发挥学校在家庭教育中的重要作用",推动形成政府主导、部门协作、家长参与、学校组织、社会支持的家庭教育工作格局,由此确定了学校在家庭教育指导中的重要地位。

教育部门和学校教育的职能与优势主要是基于儿童发展需求的家校合作共育,指导家长全面了解幼儿,帮助家长用教育手段解决一般的和轻微的家庭教育问题。同时,我们应该认识到家庭教育指导所具有的社会工作性质显然超越了教育部门和学校教育的职能,要防止家庭教育学校化,防止家庭教育成为学校教育的附庸,要时刻保持家庭教育的相对独立性与专业性,以免家庭教育指导工作的效果受到影响。[②]

二、家庭教育指导的概念与性质

(一) 家庭教育指导的概念

家庭教育指导作为一种重要的教育实践形式,植根于社会历史和文化中。不

---

① 付秀芝,宋晓光. 教师要承担起家庭教育指导重任[J]. 现代教育科学,2007(3): 123.
② 晏红. 家庭教育指导不仅仅是教育工作[J]. 人民教育,2017(13—14): 103—106.

同时代背景下，家庭教育指导的方向和形式显现出不同的特征。[①] 因此，不同时代背景下，有关家庭教育指导的概念界定也不尽相同。

目前，国内使用比较广泛的定义是由上海市教育科学研究院李洪曾先生提出的，家庭教育指导是由家庭外的社会组织及机构，以儿童家长为主要对象，以提高家长的教育素质、改善其教育行为为目标，以促进儿童身心健康成长为目的的教育过程。由于家庭教育指导的主要对象是作为儿童家长的成人，一般在家长工作之余的时间进行，是为作为教育重要组成部分的家庭教育服务的，因此，家庭教育指导是一种带有师范性的、业余的成人教育。[②]

对于上述定义中所提到的家庭教育指导的目标和目的，其他研究者的认识略有不同，所以对家庭教育指导这一概念的界定也有差异。如有人认为家庭教育指导是"以作为成年人的家长为教育与培养对象，对已是成年人的家长实施的，以家庭教育和家长素质的不断提高为目的的一种有组织的教育活动"。[③] 另有人认为家庭教育指导是学校根据家庭教育过程中存在的问题、家长的困惑和家庭自身的需要，向家长提供帮助的过程。家庭教育指导是整个国民教育体系中的一个组成部分，它是以家长为主要对象的一种成人教育。[④]

(二) 家庭教育指导的性质[⑤]

从家庭教育指导的定义中可以得知，就学科角度而言，家庭教育指导具有师范性；就教育的正规性而言，家庭教育指导是业余的成人教育。那么，作为一种实践活动，家庭教育指导的性质有哪些呢？

第一，以儿童发展为本位的工作价值取向。家庭教育指导以家长和儿童为服务对象，家长是家庭教育指导的直接对象，儿童是家庭教育指导的间接对象，出发点与归宿都是促进儿童的健康发展，即指导家长的最终目的是为了促进儿童的成长与进步。因此，以儿童发展为本位是从事家庭教育指导工作的前提。

第二，以家长教育为主体的终身教育理念。家庭教育指导以家长教育为主

---

① 夏青，余达忻. 信息时代家庭教育指导向何发展[J]. 科教导刊，2014(6)：179、217.
② 李洪曾. 近年我国学前家庭教育的指导与研究[J]. 学前教育研究，2004(6)：10—13.
③ 张敬培. 历史视角中家庭教育指导的变革[J]. 辽宁教育行政学院学报，2010(5)：42—45.
④ 吴素贞. 家庭教育指导中存在的问题和建议[J]. 新农村，2012(3)：50—51.
⑤ 晏红. 家庭教育指导不仅仅是教育工作[J]. 人民教育，2017(13—14)：103—106.

体,学校教育指导以学生教育为主体,这是两者的根本区别,使两者的工作对象和中心任务各有侧重,形成优势互补。"明确家长在家庭教育中的主体责任"是《关于加强家庭教育工作的指导意见》中的明文要求,家庭教育指导则是为家长履行家庭教育主体责任提供专业服务。

第三,以差异为基础的个性化教育指导。家长与儿童都是富有个性的主体。家长与儿童的差异不仅表现在个体之间,即家长与家长之间、儿童与儿童之间的差异,也表现为个体内的差异,因此,无论是学校教育工作还是家庭教育指导工作,都要以指导对象的个体差异为基础,实施个性化教育。

三、家庭教育指导的目的与对象

(一) 家庭教育指导的目的

家庭教育指导的目的与不同历史时期家庭教育中存在的问题有关,也与当时的教育理念、家校合作发展情况有关。

20 世纪 90 年代,开展家长指导工作的直接目标主要有三个方面:第一,让家长了解幼儿园教育的性质、任务、内容和要求,要求家庭教育与幼儿园教育"同步",提高幼儿教育质量;第二,让家长了解幼儿园的状况、前景和困难,希望家长在经费、设备和活动条件上提供支持、帮助和方便,为提高幼儿园的办园条件服务;第三,让家长了解自己孩子的在园表现、家庭教育的有关知识和各种方法,要求家长根据社会及儿童发展的需要转变教育观念、端正教育态度,以正确的教育行为去影响子女,为提高家长的教育素质和家庭教育的质量服务。①②

随着社会急剧发展,家庭教育中表现出一些不符合儿童身心发展规律和不符合教育规律的现象,这不仅影响了儿童的健康发展,而且还造成了各种社会危机。如家长期望值过高,把自身成长过程中的种种"遗憾"寄托在孩子身上;家庭教育中往往重智轻德,"学习至上,成绩至上"是孩子的唯一目标;许多家长因为忙事业而无暇顾及家庭教育,或因为自身的局限而无奈地放弃了家庭教育;家长在教育

---

① 李洪曾. 如何进行幼儿家庭教育指导实验[J]. 学前教育研究,1998(2):30—34.
② 翁亦诗. 上海市幼儿园家庭教育指导工作的现状及发展[J]. 上海教育科研,1998(9):28—30.

方法上存在两个极端,有时不闻不问,放任自流,有时恐吓、威胁、打骂,过于严格,处罚不当。① 家庭教育中的种种问题导致未成年人犯罪率提高,部分未成年人缺失理想与信念,个人诚信出现危机,增加了社会的不稳定因素。上述社会问题要求当前家庭教育指导的直接目标要转向帮助家长树立正确的教育观念,提高家长的自身素质及心理健康水平,增强开展家庭教育的技能。

（二）家庭教育指导的对象

对于家庭教育指导的对象,从不同视角看,有不同的人群。

从家庭教育指导的运作来看,家庭教育指导服务涉及的人群主要是三类:管理者、指导者和家长。如为提升家庭教育工作者的指导和管理水平,面向相关工作的管理者(教育行政部门管理人员、学校管理人员和其他相关机构管理人员)开展培训;如为提高家庭教育指导水平,面向教师或其他家庭教育指导师开展培训;再如为提高家庭教育水平,促进儿童健康成长,面向广大家长开展家庭教育指导工作。

从家庭教育指导的主要受益群体来看,家庭教育指导服务的人群是儿童的主要教养者,母亲、父亲以及与儿童生活在一起的老人;如果从"家庭教育是家长与子女双向互动的过程"这一观点出发,那对作为家庭教育过程主体之一的儿童也要进行指导。② 还有人认为,家庭教育指导的对象不是所有儿童的家长,而主要是面临教育困难以及需要增强家庭教育功能的普通人群。③

四、家庭教育指导的内容与途径

（一）家庭教育指导的主要内容

2010 年国家七部委联合颁布了《全国家庭教育指导大纲》,对 0—18 岁不同年龄段孩子的家庭教育指导要点、特殊儿童的家庭教育指导要点、特殊家庭的家庭教育指导要点分别作了系统阐述。

---

① 刘斌. 指导家长开展家庭教育的探索与实践[J]. 教学与管理,2005(6)：38—39.
② 李洪曾. 如何进行幼儿家庭教育指导实验[J]. 学前教育研究,1998(2)：30—34.
③ 晏红. 家庭教育指导不仅仅是教育工作[J]. 人民教育,2017(13—14)：103—106.

1. 0—18 岁儿童家庭教育指导

表 1-1　0—18 岁儿童家庭教育指导内容

儿童年龄段	家庭教育指导内容要点
0—3 岁儿童	(1)提倡母乳喂养,增强婴儿免疫力;(2)鼓励主动学习,掌握儿童日常养育和照料的科学方法;(3)设定生活规则,养成儿童良好的生活行为习惯;(4)加强感知训练,提高儿童感官能力,预防儿童伤害;(5)关注儿童需求,激发儿童想象力和好奇心;(6)提供言语示范,促进儿童语言能力发展;(7)加强亲子沟通,养成儿童良好情绪;(8)帮助儿童适应幼儿园生活。
4—6 岁儿童	(1)加强儿童营养保健和体育锻炼;(2)培养儿童良好的生活和卫生习惯;(3)抓好安全教育,减少儿童意外伤害;(4)培养儿童良好的人际交往能力;(5)增强儿童社会适应性,培养儿童抗挫折能力;(6)丰富儿童感性知识,激发儿童早期智能。
7—12 岁儿童	(1)做好儿童健康监测,预防常见疾病发生;(2)将生命教育纳入生活实践之中;(3)培养儿童基本生活自理能力;(4)培养儿童的劳动观念和适度花费习惯;(5)引导儿童学会感恩父母、诚实为人、诚信做事;(6)帮助儿童养成良好的学习习惯和学习兴趣。
13—15 岁儿童	(1)对儿童开展适时、适当、适度的性别教育;(2)利用日常生活细节,开展伦理道德教育;(3)开展信息素养教育,引导儿童正确使用各种媒介;(4)重视儿童学习过程,促进儿童快乐学习;(5)尊重和信任儿童,促进良好的亲子沟通;(6)树立正确的学业观,尊重儿童的自主选择。
16—18 岁儿童	(1)引导儿童树立积极心态,尽快适应学校新生活;(2)引导儿童与异性正确交往;(3)引导儿童"学会合作、学会分享";(4)培养儿童做一个知法、守法的好公民;(5)指导儿童树立理想信念、合理规划未来;(6)引导儿童树立自信心,以平常心对待升学。

2. 特殊儿童的家庭教育指导

表 1-2 特殊儿童的家庭教育指导内容

特殊儿童	家庭教育指导内容要点
智力障碍儿童	(1)指导家长树立"医教结合"的观念，引导儿童听从医生指导，拟定个别化医疗和教育训练计划；(2)通过积极的早期干预措施改善障碍状况，并培养儿童社会适应的能力；(3)引导家长坚定信心、以身作则，重视儿童的日常生活规范训练，并循序渐进、持之以恒。
听力障碍儿童	(1)指导家长积极寻求早期干预，积极主动参与儿童语训，在专业人士协助下制订培养方案，充分利用游戏的价值，重视同伴交往的作用，发展儿童听力技能和语言交往技能，使其能进行一定的社会交往，逐步提高儿童的社会适应能力；(2)加强对儿童的认知训练、理解力训练、运动训练和情绪训练。
视觉障碍儿童	(1)指导家长及早干预，根据不同残障程度发展儿童的听觉和触觉，以耳代目、以手代目，提升缺陷补偿；(2)对于低视力儿童，指导家长鼓励儿童运用余视力学习和活动，提高有效视觉功能。(3)对于全盲儿童，指导家长训练其定向行走能力，增加与外界接触机会，增强其交往能力。
肢体残障儿童	(1)指导家长早期积极借助医学技术加强干预和矫正，使其降低残障程度，提高活动机能，营造良好家庭氛围，用乐观向上的心态感染儿童；(2)鼓励儿童正视现实、积极面对困难；(3)教育儿童通过自己努力，积极寻求解决问题的方法，以获取信心。
情绪行为障碍儿童	(1)引导家长营造良好家庭氛围，给予儿童足够的关爱；(2)加强与儿童的沟通与交流，避免儿童遭受不良生活的刺激；(3)多采取启发鼓励、说服教育的方式；(4)支持、尊重和鼓励儿童，多向儿童表达积极情感；(4)多给儿童创造与伙伴交往的机会，培养儿童集体意识，减少其心理不良因素。
智优儿童	(1)引导家长深入地了解儿童的潜力与才能，正确全面地评估儿童；(2)从儿童的性格、气质、兴趣和能力等实际出发，因材施教，循序渐进地开发儿童智力、发展儿童特长；(3)坚持德智体全面发展，提高儿童的综合素质；(4)保持头脑清醒，正确对待儿童的荣誉。

3. 特殊家庭的家庭教育指导

表 1-3　特殊家庭的家庭教育指导内容

特殊家庭	家庭教育指导内容要点
离异和重组家庭	(1)指导家长学会调节和控制情绪,不要在儿童面前流露对离异配偶的不满,不能简单粗暴或者无原则地迁就、溺爱儿童;(2)多与儿童交流沟通,给儿童当家作主的机会,鼓励儿童参与社会活动;(3)定期让非监护方与儿童见面,不断强化儿童心目中父(母)亲的形象和情感;(4)调动亲戚、朋友中的性别资源给儿童适当的影响,帮助其性别角色充分发展;(5)指导重组家庭的夫妇多关心、帮助和亲近儿童,帮助减轻儿童的心理压力,帮助儿童正视现实;(6)互敬、互爱、互信,为儿童树立积极的榜样;(7)对双方子女一视同仁;(8)加强家庭成员间的沟通,创设平和、融洽的家庭氛围。
服刑人员家庭	(1)指导监护人多关爱儿童;(2)善于发现儿童的优点,用教育力量和爱心培养儿童的自尊心;(3)信任儿童,并引导儿童克服自卑心理;(4)定期带儿童探望父(母),满足儿童思念之情;(5)与学校积极联系,共同为儿童成长创造好的环境。
流动人口家庭	(1)鼓励家长勇敢面对陌生环境和生活困难,为儿童创造良好的生活环境;(2)处理好家庭成员之间的关系,为儿童创设宽松的心理环境;(3)多与儿童交流,多了解儿童的思想动态;(4)加强自身学习,树立全面发展的教育观念;(5)与学校加强联系,共同为儿童创造良好的学习环境。
农村留守儿童	(1)指导留守儿童家长增强监护人责任意识,认真履行家长的义务,承担起对留守儿童监护的应尽责任;(2)家长中尽量有一方在家照顾儿童,有条件的家长尤其是婴幼儿母亲要把儿童带在身边,尽可能保证婴幼儿早期身心呵护、母乳喂养的正常进行;(3)指导农村留守儿童家长或被委托监护人重视儿童教育,多与儿童交流沟通,对儿童的道德发展和精神需求给予充分关注。

　　虽然《全国家庭教育指导大纲》明确了各个年龄段儿童和特殊儿童、特殊家庭的家庭教育指导的主要内容,但是,在实践中仍然会出现家庭教育指导内容与家长需求不符的情况。具体表现在:家长对"个别特殊问题"的指导期望率明显上升,但指导者对"个别特殊问题"的指导率很低;家长对"家庭教育知识"的需求率

明显上升，但指导者倾向以普及"儿童发展规律和年龄特点"为重点；家长对儿童"情绪情感问题"的指导期望率明显提高，但指导者的关注重心则指向"道德品质问题"等方面的内容；家长对"教育能力和方法"的关注高，但指导者对更新"教育观念"的关注高；家长最关心"成才观"的指导，指导者最重视"儿童观"的指导；家长最关注"适当管教"，指导者最重视"适度关爱"。①

（二）家庭教育指导的途径

1. 妇联组织的家庭教育指导

家庭教育指导是妇联的重要工作之一。早在 20 世纪 70 年代末，妇联就着力开辟家庭教育工作领域，注意总结和推广家庭教育的先进典型。80 年代，妇联推动了各级各类家长学校的建立和发展。90 年代初期，以"三优工程"（优生、优育、优教工程）为龙头，进一步扩大了"为国教子、以德育人"先进家庭教育观念和优生、优育、优教知识的传播与实践。世纪之交，妇联与教育部门联合制定了全国家庭教育工作"九五"、"十五"计划，以及《全国家长学校工作指导意见（试行）》《家长教育行为规范》，加强了对家庭教育工作的宏观指导，推动了五级家庭教育工作网络（市、县、乡/镇、街道/村、学校）的建设和阵地管理。到本世纪初，全国有各级各类家长学校 30 多万所、广播父母学校 3 万多所，30 个省区市和 70％以上的县（市、区）建立了家庭教育学会、研究会或家庭教育指导中心。②

近年来，随着互联网的迅速发展及其各行各业的广泛应用，全国及各地网上家长学校开展了大量线上线下互动的家庭教育宣传实践活动，如全国网校开展的"红色穿越·亲子同行"、"中国家庭教育百名公益人物评选"、"好妈好爸好家风"推荐展示活动等，利用网络优势吸引了广大家长、儿童的积极参与，使他们在活动中增进了亲子沟通，共同成长、共同进步。③

2. 学校组织的家庭教育指导

学校指导家庭教育的方式很多，根据指导对象来看，可以分为集体指导和个

---

① 黄鹤. 我国家庭教育指导的对象、渠道、内容与形式——六省市家庭教育指导现状调查的总结[J]. 中国校外教育，2017(3)：1—4.

② 黄晴宜. 深入学习贯彻《意见》精神，努力做好指导和推进家庭教育的工作[J]. 中国妇运，2004(6)：4—5.

③ 马小莲，王敬川，陈光. "互联网＋"家庭教育指导服务的探索实践与思考[J]. 中国校外教育，2017(5)：1—3.

别指导；根据指导媒介，可以分为面对面指导和媒介指导，其中媒介指导包括传统媒介指导和现代媒介指导。具体来看，学校的家庭教育指导方式包括：建立家长委员会、开办家长学校、召开家长会、开展家庭教育咨询活动、进行家访、组织学校开放日活动、组织专题讲座、开展经验交流、设计墙报专栏、印刷小报、介绍家庭教育报刊、指导观看家庭教育录像或电影电视、收听家庭教育广播、电话联系、利用《家校联系册》等。①②

3. 社会组织的家庭教育指导

家长联谊会是一种家长自我教育的组织形式，它以具有教育性的丰富多彩的活动而吸引众多家长的参与，在活动中，帮助会员确立"为国教子"的观念，会员之间交流教子成才经验，达到互相学习、共同提高的目的。

另外，媒体上一些优质的家风、家教节目，通过视听形式生动地表现出家风、家教的文化意义，这也是社会机构指导家庭教育的常用形式。③④

对于家庭教育指导的方式，有调查显示，在家长的喜好程度中，"集体方式"最高（如专题讲座、家长会等）；其次是"个别方式"（如家访、来校咨询等）、"家长学校"与"专家指导"；最后是"资料方式"（如发放报纸、书刊等）与"网络平台"（如短信平台、网络平台等）。家长喜欢的家庭教育指导方式主要是"集体方式"、"个别方式"与"家长学校"三种，这可能是因为以上三种形式可实现家长之间、教师与家长之间信息的双向交流，有利于他们寻求到更具针对性的建议。家长对"专家指导"、"资料方式"、"网络平台"的喜好程度低，可能源于这三种方式不利于信息的双向交流。⑤

五、家庭教育指导中存在的问题与发展建议

（一）家庭教育指导中存在的问题

教育部《关于加强家庭教育工作的指导意见》中提出，要推动形成政府主导、

---

①　李洪曾. 如何进行幼儿家庭教育指导实验[J]. 学前教育研究,1998(2)：30—34.
②　关鸿羽. 学校如何指导家庭教育[J]. 中小学管理,1999(6)：29—30.
③　乐善耀. 上海家庭教育指导的现状及前瞻[J]. 上海教育科研,1998(9)：24—27、46.
④　元庆国. 多渠道做好家庭教育指导[J]. 人民教育,2017(19)：8.
⑤　侯晓晖,孙彩霞. 家庭教育指导的需求分析——以山西省太原市中小学学生家长为例[J]. 现代教育科学(普教研究),2011(5)：126—128.

部门协作、家长参与、学校组织、社会支持的家庭教育工作格局。部分研究者指出这些相关责任主体在家庭教育指导中存在如下问题：

1. 政府缺位：政府对在家庭教育中应该起主导作用的认识不清；管理系统有待完善，缺乏统筹安排，各管理部门缺少协调沟通。

2. 学校指导错位：学校往往过分关注孩子的分数和成绩，而忽视对孩子健康人格、良好心理素质的培养，疏于对孩子做人的教育。学校指导服务的专业化水平不高，指导服务的针对性不足，活动流于形式，专业性不足，理论研究与实践工作研究不对接。

3. 社区指导不到位：社区的教育职能没有得到充分发挥，社区教育起步较晚，社区参与家庭教育指导更是发展缓慢。社区的指导机构数量不足，指导阵地有待开发。

4. 缺乏专业的技术支持：由于高校与社区教育融合的起步比较晚，家庭教育指导在借鉴与利用高校优势智力资源方面还存在着许多不足。家庭教育指导中存在简单化、庸俗化、急功近利等问题，形成了典型的"快餐文化"，即追求通俗、短期流行，追求速成、立竿见影，而不注重深厚积累和内在价值。家庭教育指导重传播轻研究，以至于科学的家庭教育理论得不到重视，看似枝繁叶茂的家庭教育没有理论根基，成了"无本之木"。

5. 家长的家庭教育素养水平低：许多家长把教育孩子的责任完全推给学校，认为教育学生是学校的事情，与自己无关，"只养不教"的现象依然存在；相当一部分家长不具备教育孩子的知识，日常生活中更极少接受过系统的家庭教育方面的培训，对家庭教育基本知识的储备不足。[1][2][3][4]

（二）家庭教育指导的发展建议

针对家庭教育指导中存在的上述问题，未来家庭教育指导应该注意以下几个方面：

1. 提升指导层次。家长的学历层次、职业层次和收入水平不断提高，为家庭

---

[1] 刘岩. 论"五位一体"（GCUSF）家庭教育指导模式的构建[J]. 鞍山师范学院学报, 2014(5)：76—79.
[2] 关颖. 家庭教育指导的倾向性问题和着力点[J]. 当代青年研究, 2011(2)：32—36.
[3] 李杨, 任金涛. 我国家庭教育指导服务保障体系现状与展望[J]. 成人教育, 2012(11)：54—57.
[4] 李杨, 任金涛. 中国流动、留守儿童的家庭教育指导服务现状与建议[J]. 首都师范大学学报（社会科学版）, 2013(5)：152—156.

教育指导水平的提高提供了良好基础。家庭教育指导应该适当提高目标要求,增加指导内容的广度和深度,增强指导过程的互动性,提升家庭教育指导的整体层次。

2. 开展分类指导。家长的学历、职业、收入和社会经济地位对家庭教育的水平和接受家庭教育指导活动的程度有重要影响。家庭教育指导应该对学历层次、职业层次和收入层次不同的家长,提供不同的指导服务,满足家长对指导个性化的期望。

3. 发挥主体作用。随着家长社会经济地位的提高,他们不再满足于被动地接受指导,而是积极主动参与指导活动;不再全盘接受指导的内容,而是希望发表自己的看法;不再甘当指导的客体,而愿意担当一部分指导任务。家庭教育指导应该发挥家长的主体作用,这应该是深化家庭教育指导的努力方向。[①]

总之,家庭教育指导是一项艰巨的任务,不能单靠政府、家长、学校、社会任何一方独立完成,必须加快形成家庭教育社会支持网络。其中,学校作为专门的教育机构,在家庭教育指导中有自身的优势和专业力量,应该在推动形成政府主导、部门协作、家长参与、学校组织、社会支持的家庭教育工作格局中发挥重要作用,以期构建一个有利于儿童健康发展的家庭教育、学校教育和社会教育体系。

第二节　家庭教育指导的主要依据

家庭教育指导并非无源之水、无本之木,许多相关领域的专家学者以自己独特的研究视角对家庭和学校之间的关系、家长和教师之间的关系、家庭教育和学校教育之间的关系等进行了深入探讨。这些观点为家校合作、家庭教育指导提供了有力支撑。

---

① 李洪曾. 我国家庭教育指导对象群体的新特点——来自六省市家庭教育指导的现状调查[J]. 江苏教育研究,2017(16):16—21.

一、理论依据

（一）国外的研究理论

国外的家校合作研究和实践起步较早，他们积极运用社会科学的相关理论指导研究和实践。

1. 协同学理论[①]

协同学理论是由德国物理学家哈肯教授创立的。1976 年，他在《协同学导论》中系统地论述了协同理论。他认为，客观世界存在着各种各样的系统：社会的或自然界的，有生命的或无生命的，宏观的或微观的。这些看起来完全不同的系统内部都具有深刻的相似性，那就是各系统内部的各子系统之间相互影响又相互合作，形成协同效应并组织成为协同系统。协同性是系统的普遍性，没有协同性，在环境的干扰下，系统就会瓦解，其结果和层次就会破坏，功能随之消失或大大削弱。教育系统是社会大系统中的亚系统，从宏观来看，包括学校教育、社会教育、家庭教育；从微观上看，包括教育者、受教育者、教育措施。教育这一社会现象在实现其社会功能和个体功能的过程中，需要其系统内各子系统之间的相互作用与协调。

依据本理论，家园合作就是使学校、家庭、社会各系统之间形成协同效应。在教育系统中，学校教育居于主导地位，指导家庭教育，协调社会教育，使教育系统不断向着平衡、和谐、有序的状态发展。

2. 社会资本理论[②]

社会资本理论是科尔曼（Coleman, J. S）在 20 世纪 80 年代提出的。他指出，社会资本是内在于家庭和社区组织中的整套资源，它们有利于儿童或年轻人的认知以及社会发展。这些社会资源虽各不相同，但都极其有利于儿童和青少年人力资本的发展。就教育来说，科尔曼将社会资本分为"家庭内社会资本"和"家庭外社会资本"。在通过对美国公立学校、私立学校、教会学校进行深入调查之后，科尔曼发现，在社会资本相对高的教会学校中，学生的辍学率相对于社会资

---

①　刘翠兰. 家校合作及其理论依据[J]. 基础教育研究，2005(9)：3—4、26.

②　贾莉莉. 美国家长参与学校教育研究[D]. 北京：北京师范大学，2005(8)：11—15.

本低的公立和私立学校来说，明显偏低，而学业成绩相对较高。这一现象说明，通过加强学校、家庭和社区之间的联系和沟通，可增加社会资本，增强教育效果，促进学生发展。科尔曼的社会资本理论对美国的家校合作产生了重要影响，它促使家校合作进一步扩大和发展，使学校开始重视与家庭、社区的合作关系。

依据该理论，家庭教育指导过程中教师要注重与家庭、家长的沟通，使家庭和学校、家长和教师形成教育合力，提高家庭内外的社会资本，从而增加有利于儿童发展的整体社会资本，提高儿童的学业成绩，促进儿童的全面发展。

3. 交叠影响理论

乔伊丝·爱普斯坦（Epstein）于 1987 年提出该理论，这一理论整合并扩展了布朗芬布伦纳的生态理论，重在对学生教育和健康责任的共同承担。这一理论确立了一种外在的流动性的影响层次结构，以及内在的个人之间的交流，儿童和家庭、学校、社区中其他人之间的互动。外在的流动性的影响层次结构表明，学生的学习和成长的三个主要环境——家庭、学校和社区可以相互结合也可以相互分离。内部的影响发生在父母、孩子、教育者和社区成员之间的个人关系中，可能积极或消极地影响学生的学习和发展。互动表现在两个层面：机构性层面（比如学校邀请所有的家庭或社区团体参加同一项活动）和个人性层面（比如教师和家长针对同一个学生的作业进行交流）。学生作为自身教育过程中的主要角色及家庭、学校和社区联系的理由，是这个模式的中心。

爱普斯坦及其研究团队致力于家校合作研究，在重叠式影响理论指导下，形成了家校合作的总体行动框架，包括实践架构、组织架构、制定计划与实施、对活动组织参与者的专业培训等。

依据本理论，在家庭教育指导中，学校、教师要创造出欢迎家长参与、把每个学生视为个体的"家庭式学校"，以及帮助儿童实现其作为学生角色的"学校式家庭"。

4. 共生理论

家校合作的另一理论依据是共生理论，共生的概念最早由德国生物学家安东·德巴里于 1873 年提出，他认为生物界所呈现出来的就是一种共生的状态，共生就是"不同名的生物共同生活在一起"，达到平衡、和谐和完整。20 世纪中叶以来，共生的理念逐渐进入人文科学领域。很多研究表明，家校合作与教育质量具有较高的正相关性，家校合作改革的当务之急，应该是利益相关者达成共识，由关心各自的既得利益改变为关心整个教育质量和共同利益。共生理论促进了家校合作的含义更新，使家校合作更平等、多元和具有人文关怀。

依据该理论，教师在开展家庭教育指导时要以开放的心态尊重、理解并接纳家长的想法，以各种方式沟通，促进家庭与学校、家长与教师互相认同，在教育儿童的过程中达成共识，使先进的教育理念和方式成为家长们的共同价值追求。

（二）国内的相关研究

国内理论研究者和实践者对家庭教育指导、家校合作也进行了不懈地探索，形成了诸多的研究成果。

著名学者朱永新致力于新教育实验，在研究中始终把家校合作共育放在重要位置，旨在建立家庭、学校和社区间的新型合作伙伴关系，涵盖家庭教育指导、学校生活参与、家校互助沟通与社区融合协作等内容。他提出家校合作共育有利于家庭教育功能的增强，有利于现代学校制度的建立，有利于教师、学生、家长和相关参与者的共同成长，有利于社会和谐稳定、生活幸福完整。家校合作共育要遵循目标一致、地位平等、尊重儿童、方法多样、长期坚持、多方共赢和跨界协商等原则。新教育实验通过加强制度建设、共读共写共赏、共享多方资源和榜样示范引领等路径实践家校合作共育理想。①

江西省教育科学研究所吴重涵教授致力于家校合作研究，系统完整地翻译了乔伊丝·爱普斯坦（Epstein）教授研究和指导的家校合作成果《学校、家庭和社区合作伙伴：行动手册（第三版）》和安妮特·拉鲁（Annette Lareau）教授的研究成果《家庭优势：社会阶层和家长参与》，从"学校"和"家庭"两个视角介绍了国外家校合作研究，为国内的研究者提供了学习与借鉴的素材。同时，吴教授及其研究团队结合爱普斯坦的交叠影响理论，通过拟合"江西省家校合作跟踪调查"2012年和2015年的近24万份大样本数据，建立分析模型来分析家校跨界行动的程度和变化情况。研究发现了跨界域是家校合作行动差异度和强度的函数，在一定条件下，与行动的差异度负相关，与行动的强度正相关；学校在

---

① 朱永新.家校合作激活教育磁场——新教育实验"家校合作共育"的理论与实践[J].教育研究，2017（11）：75—80.

家校合作中起主导作用,跨界域的扩大主要由教师的工作强度增加导致,家长和教师的行动强度和差异度不一致,导致双方在对方领地形成的跨界域大小不一。研究认为,当前家校合作工作的提升不能仅通过增加强度获得,更需要学校主动减少家校行动差异度:拓展双方一致的利益和立场,满足家长需求的多校化和个性化。[①]

天津社会科学院社会学所研究员关颖特别关注家庭教育、家校合作的问题,提出家校合作中教师和家长是平等的教育者,建立积极的合作关系首要的人为因素是相互尊重,尤其是教师尊重家长的需求、想法和经验。只有教师改变对家长的单向支配关系,实现反应性相倚和在彼此相倚的情境中才有可能建立彼此之间的伙伴关系,实现学校与家庭的合作共赢。

此外,上海社会科学院杨雄教授、华东师范大学李家成教授、《中国教育报·家庭教育周刊》主编杨咏梅等学者,都围绕家校合作提出了相关的理论成果,对指导实践产生了良好的促进作用。

二、法律依据

(一)《中华人民共和国义务教育法》

1986 年 4 月颁布的《中华人民共和国义务教育法》在原则性的 18 条法律条文第四条提出:"国家、社会、学校和家庭依法保障适龄儿童、少年接受义务教育的权利。"学校、家庭作为平等的合作者的关系出现在国家法律文件中。

2006 年 6 月、2015 年 4 月《中华人民共和国义务教育法》进行了两次修订,法律条文从原则性的 18 条扩充到 63 条,操作性更强。总则第五条对社会不同群体(政府、家庭、学校、社会)在义务教育中的责任和义务有了更明确的规定。第五章第三十六条提出:"学校应当把德育放在首位,寓德育于教育教学之中,开展与学生年龄相适应的社会实践活动,形成学校、家庭、社会相互配合的思想道德教育体系,促进学生养成良好的思想品德和行为习惯。"由此,强调了育德中家校合作的意义。

---

① 张俊,吴重涵,王梅雾. 家长和教师参与家校合作的跨界行为研究——基于交叠影响域理论的经验模型[J]. 教育发展研究,2018(2):78—84.

（二）《中华人民共和国教育法》

1995 年 3 月我国颁布了《中华人民共和国教育法》，2009 年 8 月第一次修改后，2015 年 12 月进行了第二次修正。《中华人民共和国教育法》是中国教育工作的根本大法，是依法治教的根本大法。该法律第六章"教育与社会"中的第四十七条提出："企业事业组织、社会团体及其他社会组织和个人，可以通过适当形式，支持学校的建设，参与学校管理。"就此，包括家庭在内的各种组织、团体甚至个人支持学校建设和参与学校管理的行为有了法律依据。第五十条提出："未成年人的父母或者其他监护人应当为其未成年子女或者其他被监护人受教育提供必要条件。未成年人的父母或者其他监护人应当配合学校及其他教育机构，对其未成年子女或者其他被监护人进行教育。学校、教师可以对学生家长提供家庭教育指导。"本法律条文在强调父母有配合学校及其他教育机构，对其未成年的子女进行教育的义务的同时，明确指出，学校、教师可以对学生家长提供家庭教育的指导。

（三）《中华人民共和国未成年人保护法》

2006 年新修订的《中华人民共和国未成年人保护法》第二章"家庭保护"中的第十二条规定："父母或者其他监护人应当学习家庭教育知识，正确履行监护职责，抚养教育未成年人。有关国家机关和社会组织应当为未成年人的父母或者其他监护人提供家庭教育指导。"本法律首次以法律形式确定了家庭教育指导的法律地位，为学校开展家庭指导提供了根本性的法律依据。

三、政策依据

（一）《幼儿园工作规程》

1989 年 6 月发布的《幼儿园工作规程（试行）》（以下简称《规程（试行）》），是我国第一部规范幼儿园内部管理的规章，也是基础教育领域比较早的一部管理规章，经过 7 年的贯彻实施后，1996 年修订并正式颁布《幼儿园工作规程》。2015 年 12 月依据新时代教育发展趋势和幼儿园工作发展的需要，修订并公布新的《幼儿园工作规程》（以下简称《新规程》）。从《规程（试行）》到《新规程》，明确指出幼儿园担负的重要责任从"解放劳动力"转向"为家长提供科学育儿宣传指导,帮助家长创设良好的家庭教育环境,共同担负教育幼儿和任务"。

作为规范幼儿园办园的指导性文件,《新规程》把幼儿园、家庭和社区独立成章,对幼儿园、教师指导家长和家长参与幼儿园教育与管理做了明确的规定。《新规程》第五十二条提出:"幼儿园应当主动与幼儿家庭沟通合作,为家长提供科学育儿宣传指导,帮助家长创设良好的家庭教育环境,共同担负教育幼儿的任务。"第五十三条提出:"幼儿园应当建立幼儿园与家长联系的制度。幼儿园可采取多种形式,指导家长正确了解幼儿园保育和教育的内容、方法,定期召开家长会议,并接待家长的来访和咨询。幼儿园应当认真分析、吸收家长对幼儿园教育与管理工作的意见与建议。幼儿园应当建立家长开放日制度。"

《新规程》中的"应当"、"主动"等措辞强调了幼儿园、教师在家庭教师指导中的主动作为和幼儿园吸纳家长参与幼儿园工作的民主管理。幼儿园、教师对家庭教育进行指导,不仅是贯彻幼教法规、发挥幼儿教育整体功能的需要,更是提高幼儿家长教育素质,促进幼儿更好发展的需要。新时期需要在家庭教育指导上给予更多关注和投入。[①]

(二)《幼儿园教育指导纲要(试行)》

2001 年 9 开始试行的《幼儿园教育指导纲要(试行)》是根据党的教育方针和《幼儿园工作规程》制定的,是指导广大幼儿教师将《幼儿园工作规程》的教育思想和观念转化为教育行为的指导性文件。该纲要明确提出了家庭教育指导的要求,总则第三条提出:"幼儿园应与家庭、社区密切合作,与小学相互衔接,综合利用各种教育资源,共同为幼儿的发展创造良好的条件。"在第二部分教育内容与要求中,健康、语言和社会三个领域也分别提出"与家长配合、与家庭、社区合作"培养幼儿的要求;在第三部分组织与实施中,提出:"家庭是幼儿园重要的合作伙伴。应本着尊重、平等、合作的原则,争取家长的理解、支持和主动参与,并积极支持、帮助家长提高教育能力。"并把指导家长提升家庭教育能力作为幼儿园教育的重要组成部分。在家园合作中,幼儿园应该处于主导地位。这是因为幼儿园是专业的教育机构,幼儿教师是专职的教育工作者,懂得儿童身心发展的特点和规律,掌

[①]　周梅林.《幼儿园工作规程(2016 版)》解读[M].北京:北京师范大学出版社,2016:2—7.

握科学的幼儿教育方法,幼儿园理应比家庭更能认识到家园合作的重要性和目的性。[①]

(三)《3—6 岁儿童学习与发展指南》

2012 年 10 月教育部颁发《3—6 岁儿童学习与发展指南》,与其他的纲领性文件不同,《3—6 岁儿童学习与发展指南》拟定使用者是教师和家长两个群体。通过提出 3—6 岁各年龄段儿童学习和发展目标与相应的教育建议,帮助幼儿园教师和家长了解 3—6 岁幼儿学习与发展的基本规律和特点,建立对幼儿发展的合理期待,实施科学的保育和教育,让幼儿度过快乐而有意义的童年。[②] 因此,帮助成人,包括教师和家长树立正确的教育观、儿童观和发展观,引导成人用正确的方法支持儿童的学习与发展是《3—6 岁儿童学习与发展指南》的重要目的之一。

《3—6 岁儿童学习与发展指南》为教师与家长合作共同参与幼儿教育提供了内容与方法依据,同时也成为教师开展家庭教育指导的重要抓手,如当家长以"像"与"不像"来评价幼儿绘画作品时,教师可以将《3—6 岁儿童学习与发展指南》中艺术教育领域的教育目标和教育建议作为家庭教育指导的依据,以改正家长的教育理念和行为。

(四)《教育部关于建立中小学幼儿园家长委员会的指导意见》

2012 年颁布的《教育部关于建立中小学幼儿园家长委员会的指导意见》,是国家层面出台的第一个专门规范家校合作的政策文件。根据该文件,家校合作的工作上升为现代化学校制度的组成部分,成为现代学校体系的制度性标准。

除了国家层面颁布的指导性文件外,各个省、市教育委员会也在相关法律条和国家性指导文件的基础上根据本地区教育实际和发展的需要制定了地方指导性文件。如 2000 年、2004 年上海市教育委员会分别颁发了《上海市学前教育纲要》、《上海市学前教育课程指南(试行稿)》,两份文件都强调要开展家庭教育指导,积极支持、帮助家长提高家庭教育的能力,使家长成为学前教育机构的合作伙

---

① 教育部基础教育司.《幼儿园教育指导纲要(试行)》解读[M].南京:江苏教育出版社,2002.
② 李季湄,冯晓霞.《3—6 岁儿童学习与发展指南》解读[M].北京:人民教育出版社,2013:13.

伴,共同促进幼儿的健康成长。北京市制定了《北京市学前教育条例》、江苏省颁布了《江苏省学前教育条例》、浙江省颁布了《浙江省学前教育条例》等。

第三节　家庭教育指导的现状

近年来,有关家校合作现状的研究成为国内教育领域的热点之一,其中,家庭教育指导作为家校合作的重要内容也得到了相应的关注。

一、家长的视角

上海市奉贤区教育学院自 2016 年 5 月成立家庭教育研究与指导服务中心以来,面向广大家长开展了两次大调研,分别为 2016 年 11 月组织的"奉贤区家庭教育指导需求调查"和 2017 年 12 月组织的"奉贤区家长参与支持学校工作基本情况"在线问卷调查。通过这两次调查,教育学院对本区家庭教育指导需求和开展情况有了全面的把握。调查显示,多数家长认为家庭教育指导有必要,教师有能力指导家庭教育,且接受家庭教育指导的积极性较高;但是,当现实生活中因遇到家庭教育方面的问题而主动请教班主任或任课老师的家长比例相对不高。

(一) 家长对家庭教育指导的必要性和需求的认识

当被问及是否认为有必要"接受家庭教育指导培训"时,回答"有必要"和"非常有必要"的家长占比达到 90% 以上。关于家长急需的家庭教育指导内容,占比最多的三项分别是"良好生活习惯培养"、"幼儿身心发展特点"和"增强幼儿的抗挫能力"。

(二) 家长对教师家庭教育指导能力的认识

当被问及"班主任和任课教师是否有能力指导您正确教育孩子"时,选择"多数老师有能力"的家长占比达到 93.2%,选择"没有"的家长占比不到 0.5%。这说明家长比较认可教师的家庭教育指导能力。

（三）家长参加家庭教育指导活动的基本情况

当前，上海市奉贤区教育学院家庭教育研究和指导服务中心指导家庭教育的途径比较多元，开发优秀家教活动项目，为父母进行免费早教指导、家长心理保健指导、青春期孩子家庭教育指导、儿童情绪问题识别与指导等。

家长参与三个常见指导服务的具体情况为：家长学校课程或教育专题讲座、家长慕课（仅在 12 所学校试用，所以该数据为 12 所学校的数据）和"贤城父母"微信公众号。其中，参加学校或班级组织（含老师发布信息）的家长学校课程或教育专题讲座的家长占比和学习家长慕课的家长占比较高，都超过 87％；阅读"贤城父母"微信公众号中的文章的家长占比略低，为 65.0％。

（四）家长在家庭教育活动中向老师请教的基本情况

从前面的数据可以看出，当前家长对家庭教育指导的必要性非常认可，而且也积极参加学校、老师组织或推荐的家庭教育指导活动。那么，在日常的家庭教育活动中，家长遇到难题时，是否会积极主动地向教师请教呢？当被问及这个问题时，选择"基本上会"和教师沟通的家长的比例（66.3％）高于选择"偶尔会"和"从不"的家长比例，但是，低于相信"多数老师有能力"指导其正确教育孩子的家长的比例（93.2％）。

进一步追问发现，家长在发现孩子日常行为习惯有问题时或发现孩子学习习惯有问题时，首要求助对象虽然以班主任或任课老师为主，但是其他求助对象也占据相当比例。数据显示，当发现孩子日常行为习惯（如文明礼貌、诚实守信等）有问题时，不到五成的家长首先想到和班主任或任课教师沟通，约两成的家长首先求助的是亲戚或好友，还有约一成的家长首先求助的是网络，另有近一成的家长首先求助的是其他对象。而当发现孩子学习习惯有问题时，将近七成的家长首先求助班主任或任课老师，不到一成的家长首先求助的是亲戚或好友，另外两成的家长首先求助的是其他家长、书籍、网络或其他途径。

二、学者的视角

学者们认为家庭教育指导需要政府、学校、社区、媒体和社会机构的共同努力,其中,各级各类学校的教育工作者是家庭教育指导的主力军;同时,他们认为,家庭教育指导有正向功能与负向功能,在实践中要正视负向功能,增加正向功能,减少负向功能。

家庭教育指导是家庭以外的机构、团体和个人为家庭正常发挥教育功能而提供帮助与指引。担负家庭教育指导的责任主体有政府、学校、社区、媒体和社会机构等,它们在家庭教育指导中发挥着不同职能。政府的职能主要体现在对家庭教育指导的领导决策、组织协调、规范监督和评价考核等;学校和教师的职能主要体现在与家长形成合作伙伴式的教育联盟,提高教育质量,促进儿童发展,推动教育公平;社区的职能主要是利用丰富的资源和天然优势建立家庭教育指导公共服务体系;媒体的职能是确保家庭教育宣传坚持正确的导向和科学的引领;社会机构的职能是为家庭教育指导提供法律依据、政策指导和物质保障,提高家庭教育指导的专业化水平,加强规范、提升资源的整合力度等。①

总之,家庭教育指导需要全社会的共同努力,但是因为学校和班级老师比较了解学生的基本情况,所以在家庭教育指导中具有独特优势和意义。中国儿童中心对六省市(山西、山东、江苏、河南、广西、重庆)家庭教育指导现状的调查也显示,超过半数的家庭教育指导来自学校,不到十分之一的家庭教育指导来自社会专业指导机构。②

虽然家庭教育指导的正向功能不容置疑,能有效提升家长的教育素质,对家长的教育思想和观念产生潜移默化的影响,有助于共同促进儿童的健康成长。但是,需要注意的是,家庭教育指导也有一定的负向功能,一方面是家长在接受指导后改变自己的教育观念、教育方法或者教育行为,会在一定程度上给儿童带来适应上的困惑与困难,有可能在一定时间内对儿童的成长带来消极影响;另外,家庭教育指导不可避免带有主流思想中的价值引导,可能对多元价值观造成一定冲击。因此,学者们提醒家庭教育指导者在开展工作时,要正视正向功能与负向功能并存的现象,增强辨别能力,促进正向功能,减少负向功能。③

---

① 关颖. 家庭教育指导者培训教材[M]. 天津:天津社会科学院出版社,2017:136—139.
② 黄鹤. 我国家庭教育指导的对象、渠道、内容与形式——六省市家庭教育指导现状调查的总结[J]. 中国校外教育,2017(3):1—3,5.
③ 关颖. 家庭教育指导者培训教材[M]. 天津:天津社会科学院出版社,2017:101—102.

三、家庭教育指导者的视角

家庭教育指导者直言不讳地指出在开展工作时遇到多重困难，需要专业培训。

虽然家庭教育指导活动一直通过不同形式进行着，但是近年全国妇联和联合国儿童基金会通过"家庭教育与社会性别平等项目"调查获得的数据显示，62.6%的家庭教育指导工作者表示，工作中遇到的最大困难是"缺乏家庭教育的专业知识"、"缺乏有关儿童发展的专业知识"和"缺乏指导家长的方法"。另外，家庭教育指导者接受定期专业培训的机会不多，但他们对接受专业培训却有广泛需求。①正是基于上述困境和需求，近年来已有多个省市通过多种渠道开展家庭教育指导者培训活动。

综上所述，当前家庭教育尚存在不科学、不合理之处，加强家庭教育指导刻不容缓，对此，需要学校与教师发挥重要作用，主动承担指导使命。然而，部分教师特别是青年教师尚缺少必要的知识储备，在开展工作时往往困难重重，他们迫切需要专业知识学习和培训。

---

① 焦健.中国家庭教育现状与家庭教育指导/服务展望[C].2008年改革开放与家庭教育论坛文集，127—132.

第二章 ‖ 家庭教育指导新方位

家庭教育指导是时代赋予学校和教师的重要使命。家庭教育指导应注重科学性、针对性和实用性，作为家庭教育指导者的教师要树立正确的教育理念，充分运用多种教师教育渠道，提升自身专业素养，提高家庭教育指导力和胜任力。

本章主要介绍开展家庭教育指导需要具备的教育理念，需要熟悉的相关政策，家庭教育指导对中小学幼儿园教师的要求以及区域教育学院（教师专业发展机构）在家庭教育指导中应该承担的责任。

第一节　家庭教育指导的政策导向

家庭教育指导并非新生事物，从 20 世纪 80 年代开设家长学校以来，我国就有了形式多样的家庭教育指导实践活动，宣传普及科学的家庭教育理念、知识和方法。

随着家校共育理念逐渐深入人心，中小学幼儿园在家庭教育指导中的地位日益受到重视。据悉，全国学校系统普遍建立家长学校并常态化开展活动，已建成的幼儿园、小学、普通中学和中等职业学校家长学校有 33.8 万余所。[①] 家庭教育指导进入新的历史阶段。

一、家校共育新理念

随着教育改革向纵深发展，在探索和推动实现学生全面发展的过程中，家校合作育人的新格局逐渐形成。"政府主导、部门协作、家长参与、学校组织、社会支持"是《教育部关于加强家庭教育工作的指导意见》对家庭教育工作格局的定义。家校合作育人，不仅是一种教育新理念，而且会是一种教育新生态。"家校合作"，绝不仅仅是加强家庭教育的一项措施，更应当是教育思想、培养模式、学校制度的

---

① 我国建成 33.8 万所家长学校［EB/OL］. 新华网. http://news. xinhuanet. com/politics/2016-12/08/c_129395417. htm.

根本性转变。[①]

（一）教育思想从小到大的转变

"家校合作"，首先是教育思想的转变，是教育思想从"小"到"大"、从"传统"到"现代"的转变。"大"与"小"的观念是指我们对教育的看法，到底是大教育观念还是小教育观念。以往没有实施"家校合作"，是因为小教育观念在人们的头脑中占据着主导地位，认为教育就是学校教育，学校教育就是教育的全部。但作为现代教育工作者，一定要有现代教育观念。现代教育观念，应该是一个大教育观念，即认识到教育包括学校教育、家庭教育、社会教育。如果只看到学校教育，或者认为教育就只是学校教育，那这种教育观念就是小教育观念，或者说是一种传统教育观念，而不是现代教育观念。教育思想从"小"到"大"的转变，就是从"传统教育思想"向"现代教育思想"的转变。

（二）培养模式组成内容的转变

"家校合作"本义上应当是一个研究人的培养模式转变的重大课题，是一个人才培养体制改革的创新探索，绝不仅仅是加强家庭教育的一个措施。"家校合作"，包括今后的"家庭学校社会合作"，可以为构建中国基础教育"全新的育人模式"贡献智慧和方案。中国教育培养模式是"素质教育"模式，采用这一"全新的育人模式"是国家政策。不管"未来教育"如何变化，国家政策是绕不过去的。"家校合作"，准确的定位应当是"素质教育"培养模式的组成内容之一。因此，"家校合作"应当具有并要能体现"素质教育"的理念与特征。

（三）学校制度现代化的转变

当前世界教育开始从"家校合作"走向"家校社合作"。据了解，美国已成立"学校、家庭、社会（社区）合作委员会"，以开展"家校社合作"教育的研究。我国2007年5月颁布的《全国家庭教育工作"十一五"规划》则为我国教育培养模式从"家校合作"走向"家校社合作"创造了一定的条件。

家校合作既是世界教育改革的热点，又是我国基础教育追求内涵发展的重要

---

① 傅国亮.三大转变："家校合作"再认识[N].光明日报，2018 - 2 - 27：13 版.

内容。教育部国家督学、教育部关工委常务副主任傅国亮梳理了 20 世纪 90 年代至今家庭教育政策发展的三个转折点,强调学校要自觉肩负起家庭教育的主导责任。因此,家校合作最根本的主导权和推动力在学校。

中国教育学会家庭教育专业委员会副理事长、江西省教育科学研究所所长吴重涵认为,从大教育的角度来看,家校合作本身就属于跨界行动,意味着对行动范畴和边界的重新划定,有待于制度化的规范;从趋同化走向个性化,是教育的本质回归,是未来家校合作的方向。

二、家庭教育工作新政策

(一) 明确家长的主体责任

《教育部关于加强家庭教育工作的指导意见》(教基一〔2015〕10 号)是一个标志性的文件。该文件除在工作指导上加强了力度,关键还表明了教育部对家庭教育工作的态度。从此,教育行政部门和中小学切实担负起指导和推进家庭教育的责任,成为教育系统必须执行的指令。

这个标志性文件还进一步明确了家长在家庭教育中的主体责任[①]:

1. 依法履行家庭教育职责。教育孩子是父母或者其他监护人的法定职责。广大家长要及时了解掌握孩子不同年龄段的表现和成长特点,真正做到因材施教,不断提高家庭教育的针对性;要始终坚持儿童为本,尊重孩子的合理需要和个性,创设适合孩子成长的必要条件和生活情境,努力把握家庭教育的规律性;要提升自身素质和能力,积极发挥榜样作用,与学校、社会共同形成教育合力,避免缺教少护、教而不当,切实增强家庭教育的有效性。

2. 严格遵循孩子成长规律。学龄前儿童家长要为孩子提供健康、丰富的生活和活动环境,培养孩子健康体魄、良好生活习惯和品德行为,让他们在快乐的童年生活中获得有益于身心发展的经验。小学生家长要督促孩子坚持体育锻炼,增长自我保护知识和基本自救技能,鼓励参与劳动,养成良好的生活自理习惯和学习习惯,引导孩子学会感恩父母、诚实为人、诚实做事。中学生家长要对孩子开展性

---

① 教育部关于加强家庭教育工作的指导意见(教基一〔2015〕10 号)[EB/OL]. 中华人民共和国教育部官网. http://www.moe.edu.cn/srcsite/A06/s7053/201510/t20151020_214366.html.

别教育、媒介素养教育，培养孩子积极的学习态度，与学校配合减轻孩子过重的学业负担，指导孩子学会自主选择。切实消除学校减负、家长增负，不问兴趣、盲目报班，不做"虎妈"、"狼爸"。

3. 不断提升家庭教育水平。广大家长要全面学习家庭教育知识，系统掌握家庭教育科学理念和方法，增强家庭教育本领，用正确思想、正确方法、正确行动教育引导孩子；不断更新家庭教育观念，坚持立德树人导向，以端正的育儿观、成才观、成人观引导孩子逐渐形成正确的世界观、人生观、价值观；不断提高自身素质，重视以身作则和言传身教，要时时处处给孩子做榜样，以自身健康的思想、良好的品行影响和帮助孩子养成好思想、好品格、好习惯；努力拓展家庭教育空间，不断创造家庭教育机会，积极主动与学校沟通孩子情况，支持孩子参加适合的社会实践，推动家庭教育和学校教育、社会教育有机融合。

（二）确立学校在家庭教育指导中的重要地位

学校在家庭教育中有着重要的作用。对于家庭、学校和社会在家庭教育工作中各自的作用，《教育部关于加强家庭教育工作的指导意见》（教基一〔2015〕10 号）提出，要"充分发挥学校在家庭教育中的重要作用"。

该文件将指导家庭教育工作正式列入教育系统的工作序列。它是指导家庭教育工作的一个历史节点，是教育系统加强家庭教育工作的一个新起点。教育行政部门和中小学幼儿园指导和推进家庭教育工作，之前是认识问题，之后是责任问题。

该文件明确了当前加强学校家庭教育工作的具体举措：

1. 强化学校家庭教育工作指导。各地教育部门要切实加强对行政区域内中小学幼儿园家庭教育工作的指导，推动形成政府主导、部门协作、家长参与、学校组织、社会支持的家庭教育工作格局。中小学幼儿园要建立健全家庭教育工作机制，统筹各种家校沟通渠道，将家庭教育指导服务计入工作量。

2. 丰富学校指导服务内容。各地教育部门和中小学幼儿园要坚持立德树人的根本任务，将社会主义核心价值观融入家庭教育工作实践，将中华民族优秀传统家庭美德发扬光大；要丰富学校指导服务内容，通过培训讲座、咨询服务、社会实践、亲子活动等形式，营造良好家校关系和共同育人氛围。

3. 发挥好家长委员会作用。各地教育部门要采取有效措施加快推进中小学幼儿园建立三级(校级、年级、班级)家长委员会。中小学幼儿园要将家长委员会纳入学校日常管理,制定家长委员会章程,将家庭教育指导服务作为重要任务,定期组织开展形式多样的家庭教育指导服务和实践活动。

4. 共同办好家长学校。各地教育部门和中小学幼儿园要配合妇联、关工委等相关组织,在队伍、场所、教学计划、活动开展等方面给予协助,共同办好家长学校。中小学幼儿园要把家长学校纳入学校工作的总体部署,设计较为具体的家庭教育纲目和课程,开发家庭教育教材和活动指导手册。

家长、学校和社会在家庭教育中各有其定位。为深入贯彻落实立德树人的根本任务,形成全员育人、全程育人、全方位育人的德育工作格局,2017 年 8 月,教育部《中小学德育工作指南》(教基〔2017〕8 号)进一步明确指出:"坚持协同配合。发挥学校主导作用,引导家庭、社会增强育人责任意识,提高对学生道德发展、成长成人的重视程度和参与度,形成学校、家庭、社会协调一致的育人合力。"再一次强调了学校在家庭教育中的指导作用。

(三) 把握新时代的家庭教育方向

教育始于家庭。家庭是人的思想成熟、精神成长、价值观形成的基础。习近平总书记在第一届全国文明家庭表彰大会上讲话:家庭教育涉及很多方面,但最重要的是品德教育,是如何做人的教育。同时,2018 年全国教育大会上指出:"办好教育事业,家庭、学校、政府、社会都有责任。"因此,根据家庭教育的方向,走出当前家庭教育的误区和盲区,围绕社会主义核心价值观构建家庭文化,营造文明、和谐、健康的家庭生活,加强家庭建设,重视家庭教育,养成良好家风,是发扬光大中华民族传统家庭美德的重大举措和重要任务。

家庭教育价值观是社会主义核心价值观的重要组成部分。要以社会主义核心价值观思想核心和内容为统领,弘扬中华优秀传统家庭教育文化,树立新时代的家庭教育价值观。新时代家庭教育价值观的深刻内涵主要包括以下内容:一是树立崇高的家国情怀;二是树立高尚的道德风范;三是树立博大的仁爱之心;四是树立勤勉的乐学思想;五是树立勇敢的担当精神。[①]

---

① 翟博. 树立新时代的家庭教育价值观[J]. 教育研究,2016(3):92—98.

第二节　家庭教育指导的变革要求

党的十九大拉开了新时代的大幕。新时代呼唤新人才，呼唤家庭、学校、政府齐抓共管的教育。正如习近平总书记在全国教育大会上明确指出，"办好教育事业，家庭、学校、政府、社会都有责任"。在这个新的教育体系中，家庭教育的作用和地位日益凸显，让每个家庭、每位家长获得科学的家庭教育方法十分重要，家庭教育指导力建设面临前所未有之变局。

一、家庭教育指导服务体系的构建

（一）以地方政府为主导的家庭教育指导管理系统

各级政府在指导推进家庭教育中发挥主导作用，建立健全部门联动的工作机制，制定出台相关法律法规及政策措施，加大政府财政投入，鼓励社会力量参与支持，促进家庭教育资源均衡配置，切实为家庭提供普惠性、常态化的家庭教育公共服务。

建立健全由党委领导，政府负责，妇联、教育部门共同牵头，文明办、民政、文化、卫生计生、关工委等部门共同参与的规划实施领导协调机制，做到定期沟通工作，研究解决突出问题，联合开展督导调研。

各地、各部门按照《关于指导推进家庭教育的五年规划（2016—2020 年）》（妇字〔2016〕39 号）的总体要求，将家庭教育工作列入重要议事日程，因地制宜制定切实可行的家庭教育工作规划和实施方案，进一步落实部门职责任务，把家庭教育工作作为中小学幼儿园综合督导评估的重要内容。

各级政府要加大对家庭教育事业财政投入以及购买服务的力度，保障家庭教育工作获得必需的财力支持。积极拓展经费来源渠道，鼓励和支持社会力量参与家庭教育工作，形成政府主导、社会力量支持补充的家庭教育财政保障机制。

（二）以中小学幼儿园为主体的家庭教育指导工作系统

学校进行家庭教育指导的途径有很多，其中家长学校和家委会的作用不容忽视。

家长学校是宣传普及家庭教育知识,提升家长素质的重要场所,是指导推进家庭教育的主阵地和主渠道。2011 年,全国妇联、教育部、中央文明办《关于进一步加强家长学校工作的指导意见》(妇字〔2011〕2 号)从指导思想、主要任务、组织管理、保障措施四大方面提出了十三条意见,其中,特别对不同类型的家长学校(幼儿园、中小学校、中等职业学校、社区的家长学校等)的领导成员及师资队伍作了明确规定。比如,中小学校家长学校校长由分管德育工作的校长兼任,与德育主任、年级组长、班主任、家长代表等人员共同组成校务管理委员会,负责家长学校日常管理事务,每学期至少召开一次管理委员会会议。中小学校家长学校师资队伍可由学校教师、志愿者、优秀家长等组成,有条件的学校可聘请专家或社会工作者开展相关工作。

家长委员会是现代学校制度建设的重要内容。为贯彻落实《国家中长期教育改革和发展规划纲要(2010—2020 年)》提出的现代学校制度建设,完善中小学幼儿园管理制度,教育部就建立中小学幼儿园家长委员会(以下简称家长委员会)工作出台《教育部关于建立中小学幼儿园家长委员会的指导意见》(教基一〔2012〕2 号)。该意见把家长委员会作为依法办学、自主管理、民主监督、社会参与的现代学校制度建设的重要内容,明确了家长委员会的基本职责主要有参与学校管理、参与教育工作、沟通学校与家庭三大方面,并就家长委员会建设对学校提出了要发挥主导作用、落实组织责任、纳入日常管理工作这三项要求,强调家长委员会是家长在教育改革发展中发挥作用的有效途径,是构建学校、家庭、社会密切配合的育人体系的重大举措。

(三) 以区域教育学院为枢纽的家庭教育指导专业系统

在家校合作育人这样一个教育生态系统中,作为集区域教师培训进修、教学研究、教育科研和教育信息化等功能于一体的区域教育事业发展专业机构的区域教育学院,要在家校合育格局中发挥"总枢纽"作用。

1. 区域教育学院在家校共育中的角色

"枢纽",《辞海》的解释为"比喻冲要处或事物的关键之处",常指事物相互联系的中心环节。区域教育学院在家校合育大格局中能够起到"总枢纽"作用,理由至少有三:

其一，家校合育构建了一个复杂的教育生态系统，在此生态系统中，有传统教育性主体，如各级教育行政部门、学校和师生，也有非传统教育性主体，如妇联、社会组织和广大家庭。在这样一个复杂的新生态系统中，如何理顺各主体相互之间的关系成为家校合作育人落地时首先要解决的问题。

其二，家校合育需要走专业化建设之路，这不是仅凭单纯的行政指令就能够实现的，同时也不是单纯依靠家长和教师的个体力量就能完成的。现实情况是，广大教师，尤其是85后、90后的青年教师十分欠缺家庭教育专业指导力，难以自觉完成家校合育这样一个"专业活"，需要专业指导和专业培训。

其三，家庭教育的社会化服务工作是一种界于行政指导与专业志愿者服务之间的工作，需要一个独特的专业化的机构或平台来完成。区域教育学院因其"小实体、多功能、专业化、大服务"的职能定位，正适合承担这一角色。

2. 区域教育学院在家校共育中的功能

具体看，区域教育学院在家校共育中的"总枢纽"功能，主要通过五项工作来实现：整合教育资源、建设师资队伍、引领专业建设、组织指导服务和评估监测。

古语道，"名不正则言不顺，言不顺则事不成"，家校共育需要有一个区域性平台来统筹。要发挥区域教育学院在区域教育中的"人才、信息和专业"等优势，树立"大德育"理念，以学院德研室和学生心理健康教育中心为主体，建立区域家庭教育研究与指导服务中心（简称"家教中心"）。区域教育学院要围绕"服务师生、服务家长、服务社会"的工作宗旨，立足教育需求，聚集专业力量，将区域内分散的家庭教育指导服务资源进行有机整合，重点做好专业力量组建、工作制度规范、信息化平台搭建和工作机制探索四项基础工作，开展区域家庭教育理论研究，指导业务，提供社会化服务。

（1）通过专业化来促进家校共育科学化，这是家校合作育人的基础，更是区域教育学院的立身之本。要从"教师改变和提高"做起，研制涵盖中小幼一体化的区本家庭教育指导教师用书，形成区域化的家庭教育指导专业"标准"，并将之列入新教师和骨干教师常态化培训内容，为教师家教专业素养提升提供保障。要围绕提高广大家长的家教素养开发家长课程，从课程建设的"四个维度"——课程目标、课程内容、课程实施和课程评价出发，系统地架构区本化家长课程。

（2）开展课题研究，提供决策和咨询服务，这是区域教育学院提供家教专业化服务的又一"重器"。要以问题导向和目标导向鼓励和指导各学校及广大教师参与家校合作育人专题研究,让有专长的教师参与各类家庭教育专业论坛、会议,拓展专业视野,逐步形成特色化区域家庭教育课题群。

(3) 发挥专业指导和评价的作用,因地制宜,研制开发测评工具和指标,设立区域家庭教育示范校、优秀校、合格校"三校"建设评价标准,以评促建,以评促改。开展教师家庭教育指导服务专业能力评价,形成科学的评价导向。激发学校和家长的参与热情,让教师和家长群体的教育理念和教育行为经历一次静悄悄的"革命"。

当然,区域教育学院要发挥家校共育"总枢纽"作用也面临一些挑战。比如,在相对分散的家教资源体系中,如何做到既准确"定位"、及时"到位",又不"越位"和"错位",实现各种家教资源的有机整合,还需体制机制的创新。又比如,家校合作育人是一个"润物细无声"、"细水长流"的过程,需要教育学院和广大德研员有"功成不必在我"的教育境界和教育情怀,以静待花开的定力和境界参与家校合作育人。

总之,家校合作育人已经成为区域教育学院发展的新的生长点,发挥家校共育大格局中的"总枢纽"作用,促进家校在教育教学、学校治理、资源共享方面的合作,是区域教育学院的职责所在、目标所在。

(四) 以社会资源为统筹的家庭教育指导支持系统

各地教育部门和中小学幼儿园要与相关部门密切配合,利用节假日和业余时间开展工作,每年至少组织两次家庭教育指导和两次家庭教育实践活动,将街道(社区)家庭教育指导服务纳入社区教育体系,为家长提供公益性家庭教育指导服务。

各地教育部门和中小学幼儿园要积极引导多元社会主体参与家庭教育指导服务,利用各类社会资源单位开展家庭教育指导和实践活动。鼓励和支持有条件有能力的机关、社会团体、企事业单位,为家长提供及时便利的公益性、专业化的家庭教育指导服务。

各地教育部门和中小学幼儿园要鼓励和支持各类社会组织发挥自身优势,以城乡儿童活动场所为载体,广泛开展适合儿童特点和需求的家庭教育指导服务和关爱帮扶。倡导企业履行社会责任,引导社会各界共同参与,逐步培养形成家庭教育社会支持体系。

二、开展家庭教育指导的时代需求

(一) 重视家庭教育指导的服务规范

家庭是社会和谐、国家发展、民族进步的前提和基础。目前，我国家庭教育指导服务制度不完善，理论研究弱、专业人才少，民办家庭教育指导服务机构虽多，但鱼龙混杂、良莠不齐，急需规范。经过两年多的调查研究和反复论证，中国教育科学研究院与北京广安家庭发展研究院于 2017 年 12 月 12 日联合发布《家庭教育指导服务规范》，填补了我国家庭教育指导服务标准这一空白①。

《家庭教育指导服务规范》将为家庭教育的决策和实践提供支持，有效推动家庭教育指导服务的规范化、科学化、制度化进程。中国教育科学研究院单志艳博士从"本土化、发展性、综合性、阶梯性、操作性"5 个维度勾勒了"规范"所要系统建构的家庭教育指导服务体系。首都师范大学家庭教育研究中心主任康丽颖教授认为"规范"既要有理性思考，又要有教育情怀。她建议参考我国台湾地区家庭教育工作者须完成 20 个学分共 360 课时（5 门必修课、5 门选修课）的专业资格认证，进一步细化"规范"的操作性。

"规范"相当于提供了家庭教育指导者的胜任力模型，明确了指导者的基本素养和能力。

(二) 加强家庭教育的专业化指导

做好家庭教育指导工作，亟需一支庞大的专业化队伍。国务院颁布的《中国儿童发展纲要（2011—2020 年）》提出"建立家庭教育从业人员培训和指导服务机构准入等制度，培养合格的专兼职家庭教育工作队伍"。《关于指导推进家庭教育的五年规划（2016—2020 年）》明确提出，到 2020 年基本建成适应城乡发展、满足家长和儿童需求的家庭教育指导服务体系。所以，无论是家庭教育指导服务体系的完善，还是家庭教育水平的提升，都离不开对家庭教育专业人才培养的需求。

家庭教育指导专业化要根据教育系统自身的特点，重视并加强对教师的专业

---

① 杨咏梅. 教育指导服务有"规范"了[N]. 中国教育报，2017 - 12 - 14(9).

培训。在培训中针对家庭教育的不同需求，为指导者提供相应的解决和分析现实问题的知识与方法。同时，重视社会转型期我国家庭教育指导服务对象和指导服务队伍的发展和变化，注意研究新时期指导服务对象和队伍的新特点。引导教师主动去学，边学边做，互学互帮，以自觉意识和专业基础来做好家庭教育指导，在指导的过程中提高自己，形成教育系统内部的工作机制。

（三）实现家庭教育指导的有效转变

家庭教育指导的根本任务是提高父母的教育素质。社会各方面的力量都可以发挥作用并已经作出许多贡献，例如教育行政部门牵头推进家庭教育的山东潍坊模式，政府拨款妇联牵头推进家庭教育的广东中山模式，以及关工委牵头推进家庭教育的江苏淮安模式。

不管是哪种模式，都要关注家庭教育工作指导的五大转变[①]：

第一，要从家庭教育学校化转变为按照家庭教育的特点与规律指导家庭教育。家庭教育是私人教育，是个性化的教育，是最漫长也最具影响力的教育，这些特殊作用是学校永远无法替代的。最重要的方向与原则就是保护和服务家庭，促进家庭建设，把家庭教育与家庭建设结合起来，从而为家庭教育奠定最坚实的基础。

第二，要引导广大家庭从以知识教育为中心转变为以人格教育为中心。目前，中国家庭教育有一个重大的误区就是重智轻德，许多家庭已经变为第二课堂。家庭教育是决定一个孩子未来职业成功、生活幸福的最重要因素。家长应该把人格教育作为家庭教育的核心目标。因此，家庭教育工作指导必须坚持社会主义核心价值观的引领。

第三，要引导广大家庭从依赖学校或政府等机构转变为依法履行父母的主体责任。《关于加强家庭教育工作的指导意见》提出："进一步明确家长在家庭教育中的主体责任，充分发挥学校在家庭教育中的重要作用，加快形成家庭教育社会支持网络。"强调家庭监护主体责任不仅应该成为家庭教育工作指导的重大原则，更要成为工作的着力点。

第四，要引导广大家庭从家长的"为所欲为"转变为尊重儿童的权利。尊重儿

---

① 孙云晓.家庭教育指导须实现五个转变[N].中国教育报,2016－4－14(9).

童的权利（即生存权、发展权、受保护权和参与权），是新家庭教育观的重要基石，也是家庭教育工作指导的根本依据。要以儿童权利观的核心思想，即怎么做对儿童发展有利就怎么做，作为家庭教育工作指导的基本原则。

第五，要引导广大家庭从家长只是对孩子指手画脚转变为向孩子学习、与孩子一起成长。信息化时代动摇了家长的权威地位。理智的亲子关系趋向于相互学习共同成长。父母要调整好心态，欣然向孩子学习。好的亲子关系胜过许多教育，而最具现代精神的家庭教育工作指导，一定是把全家人共同成长作为发展原则与理想目标。

总而言之，新家庭教育观的核心内容是强化主体责任，促进家庭建设，健全人格教育，尊重儿童权利，全家人共同成长，而这正是新时代家庭教育工作指导的方向与原则。

三、提升教师家庭教育指导的专业素养[①]

（一）专业伦理

专业伦理是专业团体针对其专业领域特性而发展出来的一套理想信念、价值取向、道德准则与行为规范，是在该专业领域里工作的行动指南，为专业人士在专业领域内遇到伦理道德问题时提供抉择依据。教师在开展家庭教育指导工作时，面对现代多元化社会所带来的种种冲突与矛盾，要从儿童发展和家庭利益出发，站在国家和民族的高度，坚持公益为先、儿童为本、家长主体的基本价值取向，坚守高尚的道德情操，严格遵守各项法律法规，妥善协调各方矛盾与各种利益关系，发挥家庭教育指导的积极作用。

1. 公益为先

我国的家庭教育指导长期处于社会各界齐抓共管而责任主体不明确的状态。在多元主体之间的冲突与矛盾中，公益为先是家庭教育指导者应该坚守的基本专业伦理。

2. 儿童为本

受传统文化中封建家长制深远影响的忽视儿童权利的成人观以及急功近利

---

① 关颖. 家庭教育指导者培训教程［M］. 天津：天津社会科学院出版社，2017：139—143.

的成才观阻碍了现代儿童观的确立。"以儿童为本"理念的确立要求广大教师引领家长尊重儿童的人格与权益,尊重儿童的独特性,尊重儿童的年龄特点与个性特点,并在此基础上促进每一个儿童生动、活泼、主动、全面地发展。

3. 家长主体

家长是教师在家庭教育指导中最直接的服务对象,只有尊重家长的主体地位,尊重家长的自身需求、学习特点与教育规律,才能为家长提供有针对性的教育指导。以学校(幼儿园)为中心的家庭教育指导要避免使家庭教育成为学校教育的"附属",因为丧失了自身相对独立性的家庭教育,将无法发挥其自身的优势与积极作用。

(二) 专业知识

专业知识作为一种知识类型,是人们为胜任某一领域的工作而必须具备的专门知识。20 世纪中后期,学者把教师的专业知识分为本体性知识、条件性知识和实践性知识,这种相对完整的划分被国内众多研究者所援引。教师要胜任家庭教育指导工作,也需要具备如上三种专业知识。

1. 本体性知识

家庭教育指导的主要任务是围绕儿童的身心发育规律和教育发展需求,帮助家长树立正确的教育观念,掌握正确的教育方法。所以,教师要掌握儿童生理学和儿童心理学以及普通教育学和家庭教育学等基本知识与基本理论,这些专业知识是家庭教育指导者需要熟知的本体性知识。

2. 条件性知识

条件性知识是胜任工作所应具备的具有保障作用的知识。家庭教育是基于家庭的教育,不少家庭教育问题既是教育问题,也是家庭问题,甚至与社会问题有一定的关联度。为了胜任家庭教育指导工作,教师需要掌握相应的家庭学、伦理学、社会学以及心理咨询和家庭治疗的基本原理;进行教学与培训工作的家庭教育指导者还要掌握一定的教学论知识以及学习与培训原理;在法制社会,一些基本的法律知识也成为家庭教育指导者在工作中认识问题与分析问题所必需的条件性知识。

3. 实践性知识

教师所面临的家庭教育问题情境比较复杂,分析与解决问题的时候需要综合了解来自家长、儿童、家庭、社区、学校等多方面的信息以及它们之间的关系，并根据自己的实践经验对复杂的情境与关系作出相对明确的判断与决策，还要不断地修正与完善这些判断和决策。在这个过程中，教师需不断地积累与丰富自己的实践性知识。

可以说，本体性知识是教师在日常工作中经常遇到的、需要熟练掌握的普通专业知识；条件性知识是教师在解决具体问题时不可缺少的相关专业知识；实践性知识则是教师在解决实际问题时经过亲身体验和相互交流学习获得的个性化经验与专业认知。

（三）专业能力

专业能力是顺利完成某种专门活动和专业工作所必备的能力。家庭教育指导专业能力是建立在一定的专业伦理和专业知识基础之上，在实践中逐步发展起来的胜任家庭教育指导工作的特殊能力。教师的家庭教育指导基本专业能力包括以下六个方面：

1. 观察与了解指导对象的能力

教师需要具备进行个别约谈、家访、问卷调查以及相应的统计分析等多种能力，这样观察指导家长时才能更加客观，了解的情况才会更加接近事实。

2. 指导活动的设计与实施能力

为了提高指导工作的效率，教师往往会采取集体活动的形式，为松散的家长群体搭建共同活动的平台。教师作为活动的组织者，必须要有明确的目标意识，要能设计出内容与形式有机结合的活动方案，有效地组织家长参与活动，并能进行灵活地监控与调整，最后还要对活动进行评价、反思与总结。

3. 提供个性化指导服务与咨询的能力

家庭教育问题既有共性又有个性，个性化的问题只能依托个性化的指导服务方案来解决。家庭教育指导的实效性主要取决于指导者对儿童及其家庭个体差异的认识水平与分析能力，以及其所提供的个性化指导方案。这就意味着，教师需要根据儿童的现有问题、发展水平、个性特点和家庭环境，还有家长的理解水平、合作态度与教育能力，为家长提供适合其家庭环境的教育指导方案，调动家长教育儿童的主动性和创造性。因此，教师需要同时考虑儿童和家长两个指导对象；而且即使是同一个问题，针对不同的家长也会有不同的沟通方式和指导方法。

4. 同家庭、学校、社区沟通与合作的能力

家庭、学校与社区是影响儿童健康成长的三大环境，无论是了解这三大环境对儿童成长的实际影响，还是为促进儿童的健康成长而整合这三方面的教育力量，都需要教师具备相应的沟通与合作能力。当然，家庭、学校与社区是三种不同的社会组织，具有不同的社会运行机制和文化特点，这就要求教师具有相应的工作交流能力和合作共育能力。

5. 专业学习与反思研究能力

专业能力发展的重要支撑是从业者的主体意识，以及在主体意识主导下的学习、思考与自我发展能力。美国心理学家波斯纳曾经提出教师专业成长的公式为：成长＝经验＋反思。没有反思的经验是狭隘的经验，至多只能形成肤浅的知识。学习与反思能力帮助教师把理论与实践、知识与经验有机地联结起来，从而使他们不断地优化自己的专业结构，提升自己的专业能力，促进自身的专业成长。

6. 发现家庭教育问题和成功经验的能力

作为教师，在对学生进行教育教学以及与家长进行沟通、交往的过程中，除了要掌握相应的方法技巧外，还要有一定的发现问题的敏感性，要能敏锐地捕捉到家庭教育出现的问题或获得成功经验背后的真正原因。想要发现家庭教育出现的问题和成功的经验，就要确立一种基本的家庭教育指导理念：家庭教育是家长实施的教育，主体是家长，教师在学校的指导再高明，也无法替代家庭教育。因此，教师在家庭教育指导中的一项基础性工作和基本技能，就是不断去发现家长在家庭教育中存在的各种各样的问题和有效的成功经验，并借助各种平台，让家长互相分享和学习。及时发现学生的家庭教育问题，总结家长的家庭教育经验，有利于提高教师家庭教育指导的针对性和有效性，有利于发挥家长的自我教育能力。

2018年1月，中共中央、国务院印发《关于全面深化新时代教师队伍建设改革的意见》（以下简称《意见》），这是新中国成立以来党中央出台的第一个专门面向教师队伍建设的里程碑式政策文件。《意见》对新时代教师专业素养提出了新要求，要求教师队伍规模、结构和质量基本适应教育现代化要求，初步建成一支理想信念坚定、师德师风高尚、专业水平高超、终身发展能力强、具有核心竞争力的高素质专业化教师队伍。《意见》明确要求，将提升教师思想政治素质和加强师德师

风建设作为首要任务，在此基础上，分类指导，对基础教育教师专业素质能力方面提出了具体要求，为教师育德育人能力重要组成的家庭教育指导力建设指明了方向，提供了基本路径。

家教指导力——教师的必备素养（节选）

张竹林

上海市奉贤区教育学院副院长

在学习贯彻《关于全面深化新时代教师队伍建设改革的意见》（以下简称《意见》）过程中，笔者领悟到，家庭教育指导力应成为新时代教师，尤其是中小学校教师必备的专业素养。

一些学生学习和行为表现异常，很多是因家庭教育不当或者缺失引起的。但由于教师缺乏专业观察力和实践指导力，使本可避免的事情出现了，本可减轻的问题加重了，这样的案例屡见不鲜。

当下的年轻教师大多为"80后"、"90后"，几乎是名副其实的"独一代"。多数教师不仅没有接受过相关专业培训，甚至连基本的家庭教育经验也没有。而受多种因素影响，家庭教育课程尚未纳入师范院校和区域教育学院（教师专业发展机构）相关学科建设中，在职教师的家庭教育指导专业培训尚未成为政府行为，家庭教育指导者专业化培训尚未形成国家"标准（体系）"。诸多原因造成教师队伍家庭教育指导力建设滞后，远远不能适应时代发展。

近年来，教师家庭教育指导力建设在部分地区和学校形成了一些制度化经验成果，但整体还处于粗放、零碎的状态，传统教育思想束缚和桎梏仍然严重，家庭教育指导被认为是班主任和德育干部的事，是学校领导的事，是家委会的事，是教学素养之外的事。如果将课程教学能力比作教师专业中的米饭、馒头等"主食"，将家庭教育指导力视为味精、酱油等"调味品"，显然无法适应家校合作育人的新要求。

事实上，家教指导力是提高新时代教师素养的"调节器"，普惠性家庭教育公共服务需求是新形势下教育供给侧改革的重要内容。重视和开展中小学校教师家教指导力建设，是教育供给侧改革的重要体现和有效途径。

优化家庭教育指导力建设的制度环境,需要各级党委政府、教育行政部门和学校进一步提高认识;建立教师家教指导力建设的科学评价机制,需要用好教师专业发展和业绩考核评价导向,将其纳入新教师入职的专业测试和培训范围,与教学业务、教育学和心理学知识考测"同等要求",作为中小学校发展和校长业绩考核的重要内容,形成全员重视家庭教育指导力建设的良好氛围。

张竹林.家教指导力——教师的必备素养[N].中国教育报,2018-3-8.

第三章 ‖ 幼儿家庭教育指导的特点

著名教育学家陶行知先生曾提出："小学教育是立国之根本,幼稚教育尤为根本之根本。"学前教育是终身学习的开端,在新时期被称为"奠基教育",受到越来越广泛的重视。学前教育的目的是让孩子形成正确的道德观,养成良好的行为习惯和学习习惯,为孩子的美好未来打下基础。因此,在学前教育阶段,幼儿园不仅要根据幼儿的身心发展特点,实施科学、合理的教育,而且要承担起普及科学教养知识与技能的职责,引导家长科学、合理地开展家庭教育。

第一节 3—6 岁儿童身心发展特点与教育要求[①]

这个年龄段的幼儿处于身心发展的黄金时期,也是教育发挥作用的最佳时期之一。这一阶段的教育要尊重幼儿的身心发展规律,尊重教育规律,关注幼儿发展的整体性,尊重幼儿发展的个体差异,重视幼儿的学习品质,为其终身发展奠定基础。

一、身体发育与教育要求

(一) 身心发展发育

在 3—6 岁这一年龄段,幼儿的身高、体重、神经、动作技能等方面获得长足发展。由于大肌肉的发展,他们会不知疲倦地从事各种活动。如:自如地走、跑、跳;单脚跳跃,甚至跃过低矮的障碍物;跑上跑下楼梯,熟练地攀登;抛掷各种物体;在音乐的伴奏下,节奏明快、动作整齐地跳舞;在跑动中越过各种障碍物,如沙坑等;按照一定的规则参加体育竞赛。5—6 岁,小肌肉开始发展,这时幼儿就能从事绘画、写字、身体塑造等活动了。

---

① 李季湄,冯晓霞.《3—6 岁儿童学习与发展指南》解读[M].北京:人民教育出版社,2013:285—329.

5—6 岁时,脑的结构已经较成熟,这意味着幼儿可以开始系统地学习知识了。这一阶段,大脑皮质的兴奋和抑制过程都有所增强,但抑制机能还比较差。大脑兴奋机能的增强表现在觉醒的时间延长,睡眠的时间相对减少,条件反射建立的速度加快。抑制机能的增强表现在已经能较好地用言语控制自己的行动,对事情的分辨也更加准确。在睡眠时间上,3 岁幼儿,晚上睡 12 小时,白天睡 2 小时;6 岁幼儿,晚上睡 10—11 小时,白天睡 1.5 小时。

3—6 岁幼儿控制和调节自己的心理活动和行为的能力仍然很差,很容易受其他事物的影响而改变自己的活动方向,因此行为表现不稳定。他们开始形成最初的个性倾向,无论是在兴趣爱好、行为习惯、才能方面,还是在对人对己的态度方面,都开始表现出自己独特的倾向。这时的个性倾向与以后相比虽然还是容易改变的,但已成为一生个性的基础或雏形。

(二) 教育要求

幼儿阶段是儿童身体发育和机能发展极为迅速的时期,也是形成安全感和乐观态度的重要阶段。发育良好的身体、愉快的情绪、强健的体质、协调的动作、良好的生活习惯和基本生活能力是幼儿身心健康的重要标志,也是其他领域学习与发展的基础。

为有效促进幼儿身心健康发展,成人应为幼儿提供合理均衡的营养,保证充足的睡眠和适宜的锻炼,满足幼儿生长发育的需要;创设温馨的人际环境,让幼儿充分感受到亲情和关爱,形成积极稳定的情绪情感;帮助幼儿养成良好的生活与卫生习惯,提高自我保护能力,形成使其终身受益的生活能力和文明生活方式。幼儿身心发育尚未成熟,需要成人的精心呵护和照顾,但不宜过度保护和包办代替,以免剥夺幼儿自主学习的机会,使幼儿养成过于依赖的不良习惯,影响其主动性、独立性的发展。

二、语言发展与教育要求

(一) 语言发展

3—6 岁是幼儿语言发展的关键期,其中 3—4 岁阶段是幼儿学习语音的飞跃期,他们能够掌握全部本民族本地区的语音。这一阶段的幼儿的词汇量迅速增长。

幼儿掌握的词类范围日益扩大,其中最先掌握的是名词,然而是动词、形容词等。词汇量的增加还促使幼儿初步掌握语法结构,幼儿的语言表达从不完整句到完整句,从简单句到复合句,从陈述句到多种形式的句子,这体现出幼儿对语法规则的逐步理解。

(二) 教育要求

语言是交流和思维的工具。幼儿期是语言发展,特别是口语发展的重要时期。幼儿语言发展贯穿于身心发展的各个领域,对其他领域的发展有至关重要的影响。幼儿在运用语言进行交流的同时,也在发展着人际交往能力、对交往情境的判断能力、组织自己思想的能力等,并通过语言获取信息,逐步使学习超越个体的直接感知。

幼儿的语言能力是在交流和运用的过程中发展起来的。家长应为幼儿创设自由、宽松的语言交往环境,鼓励和支持幼儿与成人、同伴交流,让他们想说、敢说、喜欢说,并能得到积极回应。家长要提供丰富、适宜的低幼读物,经常和幼儿一起看图书、讲故事,有利于丰富其语言表达能力,培养良好的阅读兴趣和习惯,进一步拓展学习经验。

幼儿的语言学习需要相应的社会经验支持,应在生活情境和阅读活动中培养幼儿对文字的兴趣,通过机械记忆和强化训练过早识字不符合幼儿的学习特点和接受能力。

三、思维发展与教育要求

(一) 思维发展

概念、判断和推理是思维的基本形式。3—6 岁幼儿掌握的概念是日常的、具体的、熟悉的物体和动作,如帽子、电视、走、跑等。幼儿晚期还可以掌握较为抽象的概念,如勇敢、礼貌等。这一时期幼儿以自身的生活经验作为判断、推理的依据,幼儿理解事物主要依靠事物的具体形象,如幼儿在听故事时,常需要有图形或实物来辅助,或者依靠生动的语言引发出头脑中的事物形象来帮助理解。6 岁时,幼儿可以进行简单的抽象逻辑思维,如口算 10 以内数字的加减,判断一个故事要说明的道理等。

(二) 教育要求

根据幼儿的思维发展特点,成人应开展一定的科学教育,引导幼儿通过直接感知、亲身体验和实际操作进行科学学习。幼儿在对自然事物的科学探究和运用数学解决实际生活问题的过程中,不仅获得丰富的感性经验,充分发展形象思维,而且在感知具体事物的基础上初步尝试归类、排序、概括、抽象,逐步发展逻辑思维能力,为其他领域的深入学习奠定基础。成人要善于发现和保护幼儿的好奇心,充分利用自然和实际生活机会,引导幼儿通过观察、比较、操作、实验等方法,学会发现问题、分析问题和解决问题,帮助幼儿不断积累经验,并运用于新的学习活动,形成受益终身的学习方法和能力。

四、社会交往与教育要求

(一) 社会交往

3 岁幼儿已经知道自己的性别,但对性别会不会变化还不太清楚。6 岁幼儿已知道一个人的性别不会因为服饰的改变、年龄的变化而变化,已意识到不同性别行为上的差异。4 岁前,幼儿与同性或异性玩伴都玩得十分融洽;4 岁后,男孩女孩的游戏内容开始分化,5 岁后这一分化现象更加明显。

情绪方面,一般成年人体验到的情绪,幼儿大部分已经体验到了。他们的情绪是外显的、缺少控制的,常常极度高涨。幼儿有时会出现极度的恐惧,有时会莫明其妙地发脾气。他们的害怕情绪随年龄的变化也在变化,对声音、陌生人或东西、痛或身体失去平衡等的害怕逐渐减弱,而对想象中的事物,如黑暗、动物、鬼怪等的害怕加剧了,对讥笑、斥责、伤害等的焦虑情绪也在增加。在集体生活中,幼儿的道德感得到进一步发展,能把别人或自己的行为与行为准则相比较,从而产生积极或消极的道德体验。幼儿的理智感产生,突出的表现是好奇和好问,他们的提问相当一部分只是为了引起大人对他们的注意。

他们大部分都不甘寂寞，喜欢与同伴一起玩，玩伴的数量随着年龄增加，玩伴关系不稳定，经常变化。游戏从平行性游戏转向联合性游戏和合作性游戏，玩伴关系由比较松散的撮合到比较协调的、有规则约束的结合。幼儿在游戏中争吵是常有的事，一般是为了争夺玩具或争演某个角色，也有的是为了使别的孩子服从自己，不过争吵的时间不长，也不会因此而耿耿于怀。

（二）教育要求

幼儿阶段是社会性发展的关键时期，良好的人际关系和社会适应能力对幼儿的身心健康发展以及知识、能力和智慧作用的发挥具有重要影响。幼儿在与成人和同伴交往的过程中，不仅学习如何与人友好相处，也在学习如何看待自己、对待他人，不断发展适应社会生活的能力。家庭、幼儿园和社会应共同努力，为幼儿创设温暖关爱的家庭和集体生活氛围，建立良好的亲子关系和师幼关系，让幼儿在积极健康的人际关系中建立安全感和信任感，发展自信和自尊，在良好的社会环境及文化的熏陶中学会遵守规则，建立基本的认同感和归属感。

幼儿的社会性主要是在日常生活和游戏中通过观察和模仿潜移默化地发展起来的。成人应注重自己言行的榜样作用，避免简单生硬的说教。

五、个性发展与教育要求

（一）个性发展

6岁时，幼儿已养成自己的一套行为习惯，个性心理特征已初步形成，智力超群或有特别才能的"神通"崭露头角。这个阶段是个性形成的关键时期，幼儿在此阶段开始形成自己最初的个性倾向并会在一生中都保留其痕迹，因而这一时期在人的心理发展中具有重要作用。在与成人和同伴的交往中，幼儿的自我意识有所发展，已经对自我形成某种看法，如知道自己是聪敏的还是愚笨的，是勤快的还是懒惰的，是漂亮的还是丑陋的，是讨人喜欢的还是惹人讨厌的等。

（二）教育要求

幼儿的自我意识基本上是家长、同伴、教师平常对他们的评价的翻版。一直受到周围人肯定的、积极评价的幼儿往往对自己产生一种满意感、自信感；而经常受到周围人否定的、消极评价的幼儿会对自己产生一种自卑感、孤独感。幼儿的行为习惯基本上是成人强化的结果,他们一般认为被成人接纳的行为都是好的行为,反之则是不好的行为。正因为如此,要特别重视这一时期的教育。教育者应对幼儿好的行为表现多给予具体、有针对性的肯定和表扬,让他们对自己的优点和长处有所认识并感到满足和自豪。教育者要尽量放手让幼儿自己的事情自己做,即使做得不够好,也应鼓励并给予一定的指导,让他们在做事中树立自尊自信。

第二节　3—6 岁儿童家庭教育指导的要点①

《上海市 0—18 岁家庭教育指导内容大纲(试行)》中提出,家庭教育指导工作的目标之一是:扩大家庭教育和科学育儿知识的宣传和普及,使广大家长的整体素质和教育子女的能力得到全面提高,促进家长和孩子共同成长。家庭教育指导要在明确各年龄段孩子身心发展特点的基础上,形成各阶段有机衔接、螺旋上升和全面系统的指导内容体系。具体到 3—6 岁儿童的家庭教育指导,针对这一阶段家庭教育中比较突出的问题,主要应该做好以下几方面的指导:

一、身体健康方面的家庭教育指导

(一) 开展家庭体育活动促进幼儿体质发展

加强幼儿的心肺功能、腿部力量是促进该年龄段幼儿体质健康发展的首要任务。生动活泼、形式多样、方便易行的家庭体育活动,是十分有效的增强幼儿体质的手段。

家长应确保幼儿每天有 1—2 小时的体育活动时间,让幼儿多在阳光下玩耍,多呼吸新鲜空气;节假日带幼儿外出活动,在自然环境中锻炼幼儿的体质;可利用民间的传统游戏因地制宜地开展体育活动,全家一起参与;定期(如半年)对幼儿的体质发展情况进行检查。

---

　　① 上海市 0—18 岁家庭教育指导内容大纲(试行).摘自上海市奉贤区教育局等.家庭教育指导工作手册[Z].内部资料.

(二) 注意营养保健和合理膳食

幼儿期是人体生长发育最关键的时期之一。幼儿所需营养成分和标准较成人高。幼儿对食物的喜好、饮食行为、饮食经验等，与家长的素质、观念、行为有着特别密切的关系。因此，家长对幼儿营养知识的掌握和安排会直接影响幼儿的生长发育，而要改变幼儿的不良饮食习惯也需有一个过程，贵在坚持。

家长需注意培养幼儿良好的饮食习惯。改变对幼儿饮食放任自流的做法；引导幼儿少受垃圾食品广告的影响；以身作则，在家庭中形成良好的饮食氛围；针对幼儿的个人特点，寻找科学合理而又能为其接受的膳食方案；通过电视、报刊、广播等，不断获得幼儿营养的新理念、新知识。

(三) 重视幼儿良好个人卫生习惯的养成

幼儿的个人卫生习惯包括用眼卫生、口腔卫生、饮食卫生、个人整洁等多方面的要求。

0—6 岁幼儿的视力逐年增加，到六七岁时，视觉系统基本发育完全。3 岁幼儿的视力达到 0.5—0.6，6 岁时正常视力已达 1.0。所以，幼儿时期的视力保健非常重要，不容忽视。幼儿龋齿如不及时治疗，极有可能造成日后恒牙排列不齐，有些幼儿因此长期用正常的一侧咀嚼，从而造成面部发育不对称，影响其日后的正常生活。幼儿的视力和牙齿保健与他们的良好个人卫生习惯密切相关。

引导家长避免让幼儿连续长时间观看电视、玩电子游戏，要鼓励幼儿多做户外运动；要保证阅读活动场所有足够的照明；保持正确的阅读姿势，不过近、过远或躺着看书；定期检查幼儿视力并及早做好不良视力的矫正；教育幼儿适当控制甜食，特别是不在临睡前吃糖；坚持饭后漱口，早晚刷牙，并学会正确刷牙方法，养成个人良好的口腔卫生习惯。

(四) 培养幼儿的自理能力和劳动习惯

幼儿的劳动习惯包括自我服务、适当的家务劳动和公益性劳动，这一习惯的养成从幼儿形成自理能力开始。

自理能力的高低将直接影响幼儿今后的生活、工作和才能的发挥。幼儿自理能力的培养和劳动习惯的初步形成,完全取决于家长的做法和要求。

家长要放手让幼儿去做力所能及的事情,即使初期出现一些反复,但还要坚持下去;要根据幼儿的实际情况,提出具体的要求和做法;可在日常生活中,采用游戏、奖励等多种方法,鼓励幼儿去尝试和完成。

(五) 培养幼儿的安全意识

意外伤害已成为影响幼儿健康成长的"第一杀手",因而急需加强对幼儿的安全教育,采取安全措施保护幼儿。家长在有效监护的同时,应适时适当地对幼儿进行自我保护的教育,提高其自我保护的能力。

家长需掌握诸如食物中毒、烫伤、溺水等突发事件的急救知识;提高监护意识,尽可能消除环境中的一切伤害性因素,如妥善保管剪刀、刀具等锐利物品;结合生活中的实际事例,随时对幼儿开展有针对性的安全教育;从小培养幼儿分辨是非、善恶的能力,提高幼儿的自我保护意识;减少对幼儿各种活动的包办代替,增加幼儿接受锻炼的机会,引导其掌握多种生存技能。

二、语言发展方面的家庭教育指导

(一) 培养幼儿的倾听习惯

幼儿的语言发展需要相关环境的支持。要多给幼儿提供倾听和交谈的机会,引导幼儿学会认真倾听。在交谈时,家长要耐心倾听别人(包括幼儿)的讲话,等别人讲完再表达自己的观点;与幼儿交谈时,要用幼儿能听懂的语言;对幼儿提要求和布置任务时要求他注意倾听,鼓励他主动提问。对幼儿讲话时,家长要注意结合情境使用丰富的语言,便于幼儿理解,同时注意语气、语调。

(二) 鼓励幼儿说话并文明用语

幼儿的语言能力是在交流和运用的过程中发展起来的。家长要为幼儿创造说话的机会,每天有足够的时间与幼儿交谈,尊重和接纳幼儿的说话方式,无论幼儿的表达水平如何都应认真倾听并给予积极回应。

引导幼儿清楚表达。和幼儿讲话时,家长自身的语言要清楚、简洁。家长在交流时，要使用礼貌用语，为幼儿作出表率，帮助幼儿养成良好的语言行为习惯，如一些必要的交流礼节、集体生活的语言规则、公共场所的语言文明。

（三）培养幼儿的阅读习惯

书面语言也是幼儿家庭教育中不可忽视的内容。要引导家长认识到不应用机械记忆和强化训练的方式让幼儿过早识字，而是应该经常抽时间与幼儿一起看书，让幼儿自主选择文学作品，激发幼儿的阅读兴趣。引导幼儿体会文字、符号、标识的用途，引导幼儿以自己的经验为基础理解图书的内容。鼓励幼儿自主阅读，并与他人讨论自己在阅读中的发现、体会和想法，引导幼儿在阅读中发展想象力、创造力，感受文学作品的美。

三、思维发展方面的家庭教育指导

（一）依据幼儿年龄特征进行智力开发

幼儿早期智能开发是影响其一生的重要环节，且幼儿早期智力开发必须结合幼儿的年龄特征循序渐进；应根据多元智能理论，满足幼儿的多种需要；充分开发利用家庭中丰富的智力教育资源；同时，鉴于游戏是促进幼儿智力发展的最佳方式，应重视游戏的作用。

引导家长对幼儿智力进行开发应从幼儿的兴趣和可接受性出发，让幼儿乐于接受，让幼儿在玩中学，在游戏中发现，在操作中探索，注重幼儿情感态度、方法、习惯等多方面的和谐发展；引导家长做有心人，善于发现幼儿的兴趣和特长，采取针对性教育，发掘他们的优势潜能；多带幼儿参加各种活动，激发兴趣，扩大视野，积累经验，增长才干。

（二）保护并满足幼儿的好奇心和求知欲

由于幼儿对世界充满着好奇，他们常常会提出许多成人觉得很幼稚的问题，并刨根问底。有些家长因此而忽视了孩子的提问，对孩子的问题置之不理，甚至对孩子的提问感到厌烦，如此便会导致孩子不敢或不愿再提问。还有些家长对孩子因好奇而破坏家中的玩具或物件的行为报以训斥打骂的态度。

好奇心是求知欲的动力,是想象力的基石,是认识世界的驱动器。家长珍爱幼儿的好奇心和求知欲,对幼儿想象力的提高和创造力的培养具有极其重要的意义。

引导家长鼓励和启发孩子提问,回答孩子的问题时要有启发性;如果孩子提出的问题家长也不知道答案,应如实告诉孩子,并与孩子一起寻找答案;应理性对待孩子因好奇而导致的破坏性行为,并为孩子提供科学探索的机会。

四、社会交往方面的家庭教育指导

(一) 帮助幼儿度过入园适应期

离开了熟悉的家庭环境,入园初期多数幼儿会产生不安全感,表现出焦虑、害怕、厌恶甚至反抗等情绪,严重影响到该阶段幼儿的正常生活。

引导家长需在幼儿入园前一段时期有意识地减少幼儿对家人的依恋,让幼儿多融入同龄人的活动;入园后,要随时关注幼儿在家中的情绪、胃口、睡眠等情况;当幼儿出现较为强烈的情绪反应时,不采用骂、压、恐吓等方法,需通过不断的情感交流来稳定幼儿的情绪;要经常与幼儿园老师进行沟通,了解幼儿的适应情况,寻找原因并共同商讨和采用恰当对策。

(二) 积极为幼儿创造与他人交往的机会

培养幼儿的人际交往能力是帮助入园儿童消除焦虑、担忧、孤单等负面情绪的重要途径,也是儿童身心全面发展的必然要求。因此,需要指导家长培养幼儿热情友好、文明谦让等好品质、好习惯,帮助幼儿打好交往的基础;指导家长平时注意培养幼儿多方面的兴趣、爱好和特长,增强幼儿交往的自信心;指导家长鼓励孩子多到社区和儿童游乐场所活动,积极为幼儿创造与同伴交往的机会;指导家长留意幼儿在生活中的交往行为、交往水平,适时适当地对幼儿的交往技能、态度、行为进行指点与帮助。

(三) 做好离园与入学的衔接

进小学对幼儿而言是个挑战,需要做好生理、心理、学习、社会性适应等多方面的准备。幼儿能否适应这一挑战，很大程度上取决于家长的认识和做法，以及家庭与幼儿园是否能配合一致。

做好幼儿的入学准备并不等于提前"小学化"。可引导家长在幼儿入学前有意识地带他们到小学参观了解，较早和小学老师接触；经常和幼儿亲切交谈，介绍入学读书的快乐、要求和应该注意的事情；有意识地要求幼儿改变一些生活方式，延长专注于完成某一项活动的时间；在家庭中注意培养幼儿良好的学习习惯；提供必要的学习用具。

五、个性发展方面的家庭教育指导

（一）亲子游戏是培养幼儿良好个性的重要途径

亲子游戏不仅是建立良好亲子关系的重要途径，而且为幼儿良好个性的培养奠定了基础，而其种类、形式、活动空间、时间、参与人员等具有多样性，可由家长根据幼儿和家庭的实际情况加以选择和创造。

帮助和引导家长充分开发游戏资源，利用各种日常用品和活动作为游戏材料和资源，巧用民间游戏，积极开展家庭亲子游戏，做孩子快乐的玩伴；设计和开展亲子游戏时要考虑游戏的娱乐性、教育性，做到寓教于乐，从而帮助孩子在玩中学、学中玩；鼓励全家一起参加亲子游戏，注意亲子交流，鼓励孩子不断说出自己的想法，并适当加以引导，促进幼儿个性和情感的良好发展。

（二）增强幼儿的抗挫能力

抗挫能力是一个人生存竞争和适应社会的必备条件。挫折伴随着孩子成长的每一步。家长要有意识地让幼儿受点苦和累、受点挫折。

指导家长为孩子创设一定的情境，给孩子提供更多的锻炼机会，如有意识地拒绝孩子的一些要求；指导家长鼓励孩子充分展示自己，增强其面对挫折时的自信心；当孩子遇到挫折时，指导家长以肯定、鼓励的方式引导孩子，并给予其必要的帮助；指导家长给孩子树立面对挫折时的良好榜样并积极暗示孩子；充分利用现有条件，利用图画、文学作品、影视作品等传播媒介达到教育的目的；让孩子在各种实践活动中体验生活、经历挫折。

上海市学前教育纲要(节选)

一、教育目标

(一)初步了解并遵守共同生活所必需的规则,体验并认识人与人相互关爱与协作的重要和快乐。

(二)初步形成文明卫生的生活态度和习惯,独立自信地做力所能及的事,有初步责任感。

(三)积极活动,增强体质,提高运动能力和行动的安全性。

(四)亲近自然,接触社会,初步了解人与环境的依存关系,有认识与探索的兴趣。

(五)初步接触多元文化,能发现和感受生活中的美,萌发审美情趣。

(六)积极地尝试运用语言及其他非语言方式表达和表现生活,具有一定的想象力和创造性。

二、基本活动内容及其要求

(一)共同生活

1. 形成基本的生活自理能力,养成良好的睡眠、排泄、盥洗、饮食等生活卫生习惯。

2. 对与自己生活密切相关的人产生认同感、亲切感,能觉察并尊重他人的情绪和需要。

3. 喜欢集体生活,体验到与老师和同伴共处的快乐。

4. 愉快主动地参加各类游戏和活动,有充实感。

5. 爱护玩具和用具,能共同使用和参与整理。

6. 在生活、学习、游戏中,形成初步规则意识、合作意识和责任感。

7. 愿意与人交流,待人文明大方,有礼貌。

8. 有同情心,乐于关心和帮助老人、残疾人和有困难的人。

9. 接触不同职业的人,了解他们的职业与自己生活的关系,尊重他们的劳动。

10. 了解不同地域、不同种族的人以及他们的风俗和文化。

（二）探索世界

1. 了解身体器官，学会关心与保护自己身体，能配合疾病的预防和治疗。

2. 在走、跑、跳、爬、钻、投掷、平衡、攀登等活动中，提高动作的协调性、灵敏性与耐力，乐意在自然环境中进行锻炼。

3. 亲近动植物，观察、了解、照顾它们，具有热爱自然、珍惜自然资源、关心和保护环境的意识。

4. 接触水、土、沙、石、木等自然物质，观察感受风、雨、雷、雪、电等自然现象，了解它们的显著特征及与我们生活的关系。

5. 逐步形成数、形、时空等概念，会进行简单的分类、排序、测量、比较、推理等智力活动。

6. 接触衣、食、住、行等基本物品，懂得珍惜和学会合理利用。

7. 在参观、游览、远足等活动中，了解周围自然、文化景观和设施，萌发爱家乡、爱祖国的情感。

8. 初步了解人类取得的科学成果，尝试用简单的科学方法探究问题，喜欢动手操作与实验。

9. 关注、收集、交流周围环境中的信息，并对此发生兴趣，逐步扩大探索的视野。

（三）表达与表现

1. 注意倾听他人的讲话，理解别人说话的意思。

2. 学说普通话，能清楚地用语言表达自己的想法。

3. 喜欢听故事，看图书，逐步提高感受、理解、欣赏和表达能力。

4. 接触生活中常见的符号、标志、文字等，初步理解它们所表达的意思。

5. 留意和感受生活中的声、形、色及音乐、舞蹈、美术作品中的美。

6. 在唱歌、舞蹈、演奏、绘画、制作、构造、戏剧表演、角色游戏等活动中，自然地表达自己的情感。

7. 自主地选择各种材料、器具和多种形式进行表达和创造。

8. 接触和运用多种媒体，扩展认知和表现能力。

/第二编/

家庭教育指导途径

┊┊┊┊┊┊┊┊┊┊┊┊┊

我们坚信,教育学的知识,就像法制知识一样,是所有社会成员都必须知晓的。

——苏霍姆林斯基

本编概要：

▶ 儿童每个阶段的成长都有一些需要家园共同关注的内容,家长在开展家庭教育时也面临着一些共性的问题,教师可以针对问题采用适宜的指导方式,如家长会、家长开放日、家长学校、亲子活动等,对家长开展有关家庭教育的集中指导。

▶ 每个孩子都是独一无二的,每位家长也有自己独特的个性,针对孩子发展的独特问题、家庭教育中家长的不同需要,教师可以通过上门家访、邀请家长来园交流等方式给予家长指导。

▶ 媒介一直是家庭教育指导不可或缺的载体,相对于传统媒介,QQ、微信等普适性即时媒介、家长慕课定制式媒介、AI＋家教指导媒介等新媒介在家庭教育指导中发挥着越来越大的作用。教师需要根据家庭教育指导的实际需要合理运用不同的媒介,提高家庭教育指导的实效。

▶ 除了自己进行指导外,教师还可以发挥家长的智慧,让优秀的家长、有经验的家长带动更多的家长转变家庭教育观念,掌握科学的教育方法。为此,教师要做好组织策划工作,如组建班级家委会、招募家长志愿者,形成家庭教育合作指导机制。

第四章 ‖ 集 体 指 导

由于同一个年龄段的孩子在身心发展方面有其共同之处,家长在进行家庭教育时可能面临类似的问题,因此,教师要积极利用集体指导的方式开展家庭教育指导,为家长提供一些应知应会的家庭教育的知识与方法。

家庭教育中的集体指导是根据家庭教育中普遍存在的问题和需要,由教师或专家组织的活动为载体,家长参加的一种指导形式。当发现同类家长存在共同的问题和需要时,教师可以通过"家长会"、"家长开放日"、"家长学校"和"亲子活动"等集体指导的方式来开展家庭教育指导。

第一节 家长会:共性问题指导大集会

家长会一般是由幼儿园或教师发起的,面向幼儿、幼儿家长,以教师的交流、互动、介绍性的会议或活动为主。召开家长会是班主任工作的重要内容,是教师和家长相互交流孩子情况的契机,也是家长和教师进行及时沟通以便于教师及时调整工作,共同寻找最佳教育方法和途径的有效渠道。

幼儿园家长会的召开从时间上一般分为学期初家长会、学期末家长会和针对需要开设的家长会三种类型。它们指向的内容和形式也不同,学前初家长会主要是向家长介绍本班本学期的教育工作计划,特别是讲解本学期的教育目标和家园合作要求,让家长明白该做什么。学期末家长会主要是总结本学期工作,肯定成绩,总结经验。针对需要开设的家长会则一般用以解决共性问题。家长会的形式可以是孩子的作品、才艺和成绩等方面的展示,也可以是针对育儿问题的教师、专家讲座或家长经验交流会,还可以是以游戏、互动为主的共同活动形式,当然,也可以是多种形式的组合。教师要把握好不同时期家长会的侧重点和目的性,有针对性地选择家长会的内容和形式。

📍 问题聚焦

> 倪老师带了一个新小班，一晃两个月的时间过去了。早上9点钟，李宝宝还没来幼儿园，而且也没有请假。倪老师打电话询问李宝宝妈妈才得知，妈妈嘱咐奶奶送孩子来园，但孩子想让妈妈送，妈妈上班来不及了，所以孩子就不愿意来幼儿园，奶奶也就答应孩子在家休息一天。倪老师在与妈妈沟通后，妈妈认为没有客观原因不能随意应允孩子的无理要求，于是让奶奶坚持把孩子送来上学。二十分钟后，奶奶送李宝宝来园，看到倪老师后连忙解释："哦，这样的，他早上有点肚子疼，所以来晚了。"倪老师听过奶奶的"解释"，也不戳破，并告诉奶奶老师会注意观察孩子的身体情况，然后牵过孩子的手，在奶奶的目送下，把很不情愿的李宝宝带进了教室。

📍 教师思考

1. 隔代教育普遍存在，家庭教育指导不能视而不见

在当前我国的家庭结构状况中，主干家庭普遍存在，因此隔代教育也普遍存在。在本班幼儿的家庭结构中，主干家庭的比率达到58%，这样一来，在这些家庭中孩子与祖辈一起生活的比率很高，祖辈教育孙辈的概率也就很大。

家庭中年轻父母教育子女的主角意识不强，祖辈对孙辈教育的大包大揽也是原因之一。不少年轻父母觉得，现在一些五六十岁的老人是"新一代"祖辈，他们带孩子时可能不会出现原来隔代教养中存在的那些问题。年轻的独生子女家长过于依赖老人，所以，很多年轻的父母都把孩子幼儿园阶段的教育交到了祖辈手中。同时，刚退休的祖辈们精力旺盛，经验丰富，且还看不惯年轻父母的"笨手笨脚"，加上隔代亲，一部分祖辈就主动"抢"过了父母的教育任务。当然，社会在进步，现在的老人和以前相比也在进步，肯定是一代比一代强。但是，隔代的特殊情感会在教育过程中导致教育的走样，一些放心将孩子的教育交给祖辈的父母，需要正视自身的教育责任心。

2. 隔代教育对儿童发展造成的不利影响

当然，也不能一概地否定隔代教育，隔代教育也有自己的独特优势，如：不少祖辈家长有充裕的时间和精力，而且愿意花时间与孩子在一起生活。他们已经成功地带大了一代人，所以他们在抚养和教育小孩方面可谓经验十足。同时，他们会更多地保有传统的中华文化和美德，有他们参与教育孙辈，孩子们可以有机会更好地传承这些优秀的传统文化和美德。在我们身边，一定也有许多隔代教育成功的案例，但我们还是要正视隔代教育中存在的一些弊端，从中国隔代教育的长远效果看，是弊大于利。

（1）祖辈在家庭教育中的过度"溺爱"现象比较多

虽然隔代教育也有很多优势，但我们不能否认其存在的一些弊端。隔代教育的一个主要弊端，就是老人对孩子过于溺爱，如此容易对孩子的自理能力、性格等产生消极影响。李宝宝闹情绪不想上幼儿园了，奶奶就随意地决定让其不来幼儿园了，这和妈妈平时教导孩子要坚持上幼儿园的观念是相违背的。又如，在一些家庭中，孩子要上厕所，有的父母会让孩子自己去，奶奶却早已抢先抱着孩子去了。祖辈们总会不自觉地在孩子如厕、吃饭的时候伸出手帮一把，总觉得孩子自己是不行的，这样，孩子们反而缺失了很多锻炼自己、提高自理能力的机会。

（2）隔代教育对孩子的个性发展有着极大的影响

隔代教育中，祖辈往往是孩子的保护伞，当孩子犯错时，祖辈往往会护着孩子，有的会主动帮孩子找理由逃避惩罚。李宝宝的奶奶担心老师会责怪孩子不愿意上学，就急着帮孩子"解释"，殊不知在这样会对孩子产生不利的影响。一些家庭中，有时祖辈家长见孩子摔了，不但急着抱起孩子予以一阵安慰，还会"责怪"玩具，认为是玩具把自己的宝贝孙子（孙女）绊倒了；有时父母刚想针对孩子的错误进行批评，祖辈早已想好了理由为孩子开脱。长此以往，孩子学会了推卸责任。据相关资料显示，中国60%以上的失足少年与隔代教育有关，所以将孩子的教育权、抚养权完全交给祖辈家长，是对孩子不负责任的做法。

所以，教师应该清楚地认识到隔代教育的利与弊，帮助更多的祖辈家长成为与时俱进的合格家长，在发挥其教育优势的同时，克服种种负面影响，使孩子现有的家庭教育状况得以改进，使孩子快乐、健康地成长。

教师策略

1. 充分调研，了解班级幼儿家庭教养的整体情况

倪老师对全班幼儿的教养方式等情况进行了统计。班级里共有 26 位幼儿，平时以父母接送为主的有 5 位，以祖辈接送为主的有 17 位，还有 4 位两者接送频次差不多；核心家庭有 8 个，主干家庭有 15 个，其中，有 3 个孩子的父母不在身边，完全是和祖辈生活；班级里，二胎家庭有 11 个，独生子女家庭有 15 个。在了解了幼儿的家庭基本情况后，倪老师又通过与一部分隔代教育家庭的交流了解到两种情况。一是，由于父辈家长平时陪伴幼儿的时间不够多，所以基本上幼儿的教育由祖辈家长担任。二是，部分祖辈家长觉得父辈一代连自己都照顾不好，所以不能担负下一代的教育，从而接下了教育孙辈任务。

倪老师还分析了班级隔代教育家庭的幼儿在各方面的发展情况，虽然也有发展比较全面的，但较大比例的幼儿会存在以下不足：一是动手能力相对比较差，表现为穿衣服动作慢，遇到的问题多，吃饭习惯不好，速度较慢且餐桌不干净。二是见识面比较狭窄，创造想象力比较贫乏，表现为能谈论的话题比较受局限，思维容易有固定模式。三是幼儿的性格容易出问题，表现为有困难容易退缩，不愿意尝试，爱哭鼻子。

倪老师发现隔代教育在本班级的家庭教育中占了很大的比重。因此，倪老师觉得有必要通过集体指导的方式纠正其中存在的普遍性问题。于是，倪老师决定围绕祖辈教育召开一次家长会，试图让祖辈和父辈家长们都能正视自己在家庭中的教育角色。

2. 结合调研情况确定家长会的主题

有了想法，倪老师马上付诸行动，她通过微信私信家长，开始收集班级里两辈家长有关家庭教育的想法。倪老师主要围绕"家庭中谁负责孩子的生活和教育多一点？""你觉得自己在照顾孩子方面做得好不好？"等一些问题收集信息，然后确定了本次家长会的主题"祖辈父辈教养观面对面"。倪老师通过简单的调查发现，有的祖辈抱怨孩子的父母只管自己潇洒，陪孩子的时间太少；有的父母抱怨祖辈会偷偷瞒着自己同意孩子做一些平时他们不允许的事情。两辈人在教育孩子方面的意见分歧还是很大的。

3. 与家委会一起制定针对性的方案

倪老师和家委会共同讨论并制定了本次家长会的方案，确定家长会的参与对象为每个家庭一个祖辈、一个父辈,如果一个家庭在幼儿养育方面存有分歧,那么尽可能同时出席家长会的是存在分歧的两位家长。此外,还决定了本次家长会将以案例剖析加理论分析的形式来组织。

4. 多方面进行活动前的准备

在活动组织的过程中,除了必要的物质准备,更重要的是内容准备。倪老师查阅了大量的关于家庭教育的理论文献,重点整理了关于家庭教育角色认知及隔代教育的利和弊的相关理论经验,同时还收集了一些其他班级幼儿的视频及文字案例。此外,因为本次家长会在人员、形式上较以往家长会有很大调整,因此,倪老师还事先在班级群里发布了本项活动的简单意图。

5. 实施以观念辨析与现场体验相结合的方式

经过一系列的前期准备,终于到家长会召开的时间了,在家委会的帮助下,倪老师把家长会的座位围成了两个同心圈。活动以游戏"前方作战,后方支援"导入,通过游戏让家长们感受到团队合作的作用,以此使家长们明白,教育好孩子也是同样的道理,需要家庭成员的团队合作,那么如何合作分工、协调一致就成了本次家长会的主线。接着,倪老师通过播放案例视频,让家长们针对一个个问题来站队,并充分发表自己的观点。然后老师再用教育理论来剖析案例,让家长们发现家庭教育中祖辈和父辈的合作是很重要的,但最关键的是要把握其中的度,正确认识各自在家庭教育中的角色分工,形成一致教育。最后,倪老师把家长们分成两个组,分别有两位老师在不同的场地开展了两场专题小讲座,向家长介绍与时俱进的教育理念。

6. 提炼隔代教育的经验并进行分享

家长会结束后,家长们表示本次家长会很轻松,也帮助到部分家长把自己的想法更权威地传达给另外的家庭成员。倪老师整理了在本次家长会上达成一致的教育观点,并把它们及时地分享在班级群里,以便让没有参加到本次家长会的家长也能学习到。

◉ 行动反思

1. 基于家长共性问题来确定会议主题是前提

家长会所选的主题若能符合家长的需求则能更好地激发家长的主动参与。

那么主题哪里来？根据孩子的在园情况和实际发展目标需求，在广泛征求家长意见的基础上确定的主题比较合适。一来家长们有普遍共性问题，那么讨论时容易产生共鸣；二来在征询的过程中家长们事先了解了主题，有针对性地思考了，这为家长会上的讨论奠定了基础。本次家长会的主题"祖辈父辈教养观面对面"就是由班级中发生的具体事件引发的，倪老师通过调查了解到班级中隔代教育现象较多，且祖辈与父辈间也存在一定的意见分歧，所以确定了该主题。从整个活动现场来看，家长们很需要类似的沟通，现场互动也非常积极。

2. 采取合适的家长会方式很关键

家长会有体验式、互动式、讨论式和讲授式等不同形式，不同形式的家长会对促进家长主体性发挥的作用是不同的，倪老师的家长会主要采用的是互动式。互动式家长会就是通过家长和教师之间的双向有效沟通达成教育的一致性，互动核心不同，其目的也是不同的。家长们比较喜欢的是以家长为核心的活动，这样能使互动更为积极，能让家长们畅所欲言、互相学习。倪老师在家长会上，利用家长在家庭教育中存在的问题来引发共鸣、讨论，使家长会上家长的角色效能得以体现。纵观整个家长会，两种意见分歧的家长面对面坐，两位教师分别参与两队并和大家坐在一起，从一开始的座位布置就避免了教师高高在上的指导者身份。导入时的问题碰撞是由家长引发的，教师只是在讨论不是很激烈的时候抛出自己的问题，从而引发又一波的思维碰撞。互动式的形式很适合本次家长会的主题需要，能让持不同观点的家长都有机会发表自己的所思所想。

3. 教师及时进行专业指导和反馈很重要

由于家长对教师的总体依赖度比较高，因此十分看重教师的"专业指导"，在意教师的态度，所以教师要对家长给出的信息给予及时的反馈。在家长会中，教师对家长言行的及时反馈能帮助家长明白该做什么，从而鼓励到家长发挥其主体性。教师客观公正、及时有效、科学合理的反馈能增强家长的积极性，促进家长会中家长有效角色行为的产生，增进家长和教师之间的互动。在本次家长会上，在一些有关隔代弊端的讨论中，教师的及时反馈很重要，教师在阐述一些家长提到的弊端时，也会针对这些弊端提出家长可以如何辩证地看待。这样一来，存在这些不足的家长能更欣然地接受自己的不足，有信心改变自己的一些观点，让孩子更好地成长。

🌀 **智慧分享**

主题家长会的开展

家长会是幼儿园开展家园互动的重要方式。一次成功的家长会,能有效促进家长与教师之间、家长与家长之间的互动,使每个参与者都能获得足够的信息量。在这其中,家长的参与率与互动质量是重要因素,而在竞争激烈的当今社会,家长(尤其是孩子父母)的工作大多很繁忙,一些寄宿制幼儿园的家长居住较远,这在一定程度上影响了家长的参与。幼儿园这一方也只能尽量减少家长会的次数,且内容多围绕幼儿园的重点工作和一些需家长配合之处,家长被动参与,互动效果不突出。为改变这些情况,使家长会充分发挥其应有的作用,我园尝试开展主题家长会,家长自愿参与,收到了良好的效果。下面就谈谈我们的做法。

首先要拟定主题,这是开好主题家长会的关键,我们是这样来拟定的:

一、根据家长方面的信息来拟定主题

教师通过观阅《家园联系册》、平时与家长的交流等途径,了解家长在家教中的独特经验或是困惑与烦恼,从中选择出共性问题或典型经验作为家长会的主题。如,我们在和家长交流的过程中得知,很多家长正在或打算让孩子学习某种乐器,但他们不知如何指导或选择何种乐器等,针对这种情况,我们开展了主题为"孩子学乐器"的家长会,聘请有关专家与家长对话。在这个家长会上,家长们各抒己见,互相之间获得启迪,与专家的对话使家长们收益颇丰。

二、根据幼儿在幼儿园活动中存在的共性问题来拟定主题

在幼儿一日活动中,教师常常会发现在幼儿群体中存在一些共性问题,而这些共性问题的预防与解决,如果能获得来自家长的帮助,就会取得事半功倍的效果。

如我们发现,幼儿挑食偏食的情况严重,教师在教育时,孩子甚至会说"妈妈从不让我吃这个";许多孩子乱扔东西,放学时孩子吃了家长带来的点心后,随手就把果皮果壳扔在地上;还有的孩子不爱劳动,因为他们的家长不让他们干任何活……诸如此类,都与家长的教育观念不正确有直接关系,因此,我们开展了主题为"良好习惯,从小培养"的家长会。

三、根据幼儿发展情况,结合教育目标拟定主题

教师作为专职教育工作者,懂得幼儿身心发展的特点和规律,掌握科学的幼儿教育方法,如何把这些优势资源与家长共享呢? 通过主题家长会可以很好地解决这个问题。例如,针对托小班幼儿入园适应难的问题,我们开展了"孩子入园,家长怎么做"的主题家长会。我们还在幼儿发展的不同阶段,分别开展了"亲子活动指导"、"培养幼儿阅读兴趣"、"幼小衔接"等主题家长会。

拟定主题后,我们就着手准备,并把家长会的安排等有关情况提前两周告知家长。在这两周中,我们会和部分家长沟通,了解他们的想法,调整计划,家长也从我们这里获得信息,接受建议,并确定是否前来参加,做一些准备工作等。实践表明,这种自愿形式的主题家长会,深受家长欢迎,家长的参与率和互动热情都很高,家长会真正成为我们家园互动的重要阵地。

（朱涤瑕. 浅谈主题家长会的开展[J]. 山东教育（幼教刊）,2005 年 27 期）

第二节　家长开放日：家庭教育策略分享的主题日

幼儿园家长开放日活动是指幼儿园在特定的时间里向家长开放园内外的各种教育教学活动,它是幼儿园家长工作的一种常见形式,也是教师与家长分享家庭教育策略的重要载体。幼儿园家长开放日活动的开展,一方面,家长可以直观地了解幼儿教育的内容、幼儿在园期间的活动表现以及教师的工作情况;另一方面,通过幼儿园与家庭间的相互联系、教师与家长间的相互沟通、家园的相互作用和相互配合,教师与家长形成教育共识。家长开放日既是连接幼儿园与家庭的桥梁,又是维系教师与家长的纽带。家长开放日的主要形式包括：观摩半日活动;观看幼儿演出,如六一联欢;节庆活动,如中秋节、敬老节等。

相关调查发现,在家长开放日中,向家长开放集体学习活动占主要地位。家长开放日活动比较单一,对家长教育行为的指导与影响力较小,因此,需要拓展家长开放日的活动形式,向家长展现丰富多彩的活动,这样不仅可以使家长全方位地了解幼儿的在园生活,也有利于家长树立正确的教育观与价值观。引导家长借鉴教师在游戏、个别化、生活等活动中的组织与指导方式,在家庭教育中指导幼儿游戏,帮助幼儿养成良好的生活习惯,培养幼儿的意志和情感。

⬤ 问题聚焦

　　国庆长假后，吃午饭时，一部分孩子拿着小勺左顾右盼，正在自己努力吃饭的孩子的桌面上洒了不少米粒，时不时，还会听到小勺掉落在地的声音。方老师在教室巡回时，不时地提醒左顾右盼的幼儿快吃饭，帮着个别幼儿正确地握小勺，还不忘边处理边提醒孩子把洒出来的米粒捡进中间的小盆里。不一会儿，教室的一角传来声音："方老师，苗苗的汤洒出来了。"方老师连忙走过去，只见苗苗依然安稳地坐在桌前，打翻的小碗半躺着，汤顺着桌面正往苗苗裤子上滴……

　　一顿午饭下来，方老师处理了很多"突发"事件，在忙于善后的同时，更多的是深深地思考，孩子好不容易在一个月里逐渐养成的一些自我服务意识和能力为什么淡化了？问题是出在孩子身上还是家长身上？备课组活动的时候，方老师描述了今天的事情，并提出了自己的猜测，果不其然，引起了大家的共鸣，不少班级都出现了类似的情况，每逢节假日或双休日回来的第一天，一般都是孩子们表现不好的一天。于是，方老师开始通过运用掌通家园 APP 做调查，以及面对面询问等不同的方式，了解幼儿双休日在家吃饭、如厕、穿脱衣服、作息等各方面的实际情况，大部分家长反映，由于各方面的原因，小班孩子在家里，很多事情都是由家长代劳的。家长一方面是觉得孩子还小，有的事情做得不好就帮着做了，另一方面是孩子动作慢，家长等不了就代劳了。还有一种情况是家长在培养幼儿生活习惯上缺少方法，也不清楚幼儿在该年龄段要重点养成的习惯。

▨ 教师思考

1. 家长不了解孩子自我服务能力发展的阶段目标，孩子得不到应有的学习

　　在生活中，我们常常会听到孩子的这些请求："我来洗，我自己来……"但是往往得到的成人答案是："不行，你还小，不会做，等再大一点。"大人不了解每个年龄

阶段孩子自我服务能力发展的内容，包办代替，使孩子的一些自我服务能力发展滞后。所以，我们要让家长们了解孩子的年龄特征和生长发育规律，阶段性地培养孩子们的生活自理能力。

2. 家长主观剥夺了孩子自我服务的机会，孩子的动手能力得不到锻炼

有些家长怕麻烦，嫌孩子动作慢，或吃得脏，而代替孩子做本应他们自己做的事；有的孩子要自己洗手，结果手没洗干净还弄湿了衣服，家长后悔没帮他洗；有的孩子非得自己穿衣服，结果衣服穿反了，还要重新穿，反而耽误了家长上班的时间。所以许多家长认为，与其教孩子怎么做，还不如直接帮他做好来得省时又省力。家长不知道，自己省了麻烦却剥夺了孩子学习锻炼的机会，使孩子形成了依赖的心理，而且还错过了在家中对孩子进行自理能力培养的良好时机，妨碍了他们自理能力和独立性的发展。所以家长对孩子要放手，让孩子从小学会自己管理自己，对一些孩子不会做的，家长可以耐心地辅导一下，这样孩子的自理能力自然会得到发展。

3. 家长不正确的教育方法，阻碍了孩子自信心的形成和自理能力的发展

也有这样的一些家长，他们认识到了培养幼儿自理能力的重要性，但缺少正确有效的教育方法，在面对孩子需要鼓励、帮助时没有采取积极有效的方法；在孩子犯错时，没有积极地给予帮助、引导、鼓励，反而采取一种怪罪、批评的态度，有的甚至打骂，严重地伤害了孩子的自信心。在孩子学习自我服务的技能时，家长的教育观不正确，教育方法不得当，就会阻碍孩子自理能力的发展。

教师策略

针对班级中孩子自理能力发展的不足，方老师决定通过家长开放日活动，让家长了解小班年龄段孩子在自理能力发展方面的内容，并通过观摩活动来感受孩子潜力的无穷和教师培养的策略。

1. 长期规划和临时调整相结合，使开放日时间更灵活

园所、班级定期举行家长开放日活动，时间选择要灵活变通。在家长教育意识和能力飞速提升的当下，家长参与幼儿园举行的各种活动的意愿和积极性也极大提高，但由于工作原因，请假参与活动可能会遇到阻碍。幼儿园应充分考虑家长的意愿和难处，尽可能周到地照顾绝大多数家长的时间，协调统筹，让尽可能多

的家长有机会参与其中。

很多幼儿园的家长开放日活动，采用预报名机制，把预报名时间确定为每月初，确定本月的活动时间后，让家长们分批报名，保证一学期每位家长能参与两次。这样，家长在时间安排方面能更方便，大大提高了父母参与活动的比率。方老师发现班级孩子在自理能力发展方面的培养是迫在眉睫的，且也是绝大多数家长都需要了解的，所以她调整了本月家长开放日活动时间的安排，决定在一周内的周一、周三、周五开放三个下午活动（因为下午的活动能涵盖孩子自理能力各方面的内容），这样家长可以调整时间，在本周内的某一天来参加活动。当然，这样一定程度上提升了教师、幼儿园的工作难度，但能很好地解决家长在时间安排上的困难，家长的参与度大大提高。通过这样的调整，班级中所有孩子的家长都在一周内报名参加了关于孩子自理能力培养的家长开放日活动。

2. 让家长融入课程，开放日主题预先告知

《幼儿园教育指导纲要（试行）》中指出："家长是幼儿园教师的重要合作伙伴。教师应本着尊重、平等、互惠的原则，吸引家长主动参与幼儿园的教育工作。"所以，仅仅让家长成为开放日的"观众"是远远不够的，应该让家长参与其中，融入课程。

教师要改变家长开放日是幼儿园、教师事先策划、安排好，家长等着被告知参与的这样一个状态，让家长也参与到活动的策划、设计、准备中。所以，方老师充分发挥班级家委会小团体的作用，事先讨论了本次开放日中家长最想看到的孩子自理能力发展的主要内容，并预设了集体活动——学习穿衣服，然后邀请一些家长一起来设计、准备活动。之后方老师通过家长会或微信、QQ群等方式在家长开放日前让所有家长知道本次开放日的目的、方案、流程及需要家长配合的地方。如此，让热心的家长参与到开放日的准备活动中，更能体现"家长是幼儿课程的重要资源"的理念。家长们事先为每个孩子准备了一件套衫和一件开衫，并在家长志愿者们的帮助下，和教师一起为这些衣服准备贴纸标记，创编折叠衣服时的形象儿歌，为开放日当天的集体活动做准备。家长对开放日有了解、有准备，就能积极参与活动，提高每一次活动的效果。

3. 带着任务来看活动，利用微讲座让家长学会看和思

针对活动中有的家长"不会看"这一现象，教师可以通过利用开放前、开放后的时间开展简短的微讲座来帮助家长。如：本次开放日重点是关于孩子自我服务

能力的培养，那么活动前可以先让家长了解本年龄段孩子在"自我服务能力"发展方面可以做到哪些内容，孩子在学习这些自我服务技能的时候一般会出现什么问题……方老师在开放活动前趁孩子们还在午睡，先为家长解读了《3—6岁儿童学习与发展指南》中关于小班幼儿在"生活能力和生活习惯"方面的发展目标，提出了一些教育建议。活动后引导家长共同交流探讨，可以针对他们观察到的具体事件来分析，提升总结经验，实实在在地提升家长家庭教育能力。当然，教师要注重与家长的平等沟通交流，相信家长的教育能力，满足其自尊心和自信心，增加家长以后参与幼儿园活动的可能性和积极性。

此外，教师还可以通过设计家长开放日观察反馈表，把幼儿在开放日活动各个环节中的可能表现分若干选项供家长观察选择，引导家长有目的地、有计划地、全面地观察自己的孩子，为自己的孩子在各个活动中的表现打"√"，充分感受和了解幼儿在园的学习与发展情况。

● 行动反思

1. 开放日活动的时间方便家长参与

家长开放日活动时间的择定应该充分考虑家长的因素，确保家长能参加。因此，在时间择定方面可通过事先排摸和征询的方式，尽可能地把时间确定在父母一方能参加的时间段，并提前通知，让家长有充分的准备时间。这样一来，爸爸妈妈来参与活动，特别是爸爸来参与活动的比率大大提高了，有利于增加亲子间的交流交往，提升幼儿的性别角色意识，促进幼儿社会性的发展。

2. 开放日活动的过程要让家长亲身参与

通过部分家长的参与策划和先前的内容告知，家长们会对本次家长开放日有更大的期盼，事先介绍一些相关的小经验，让家长们知道在活动中怎么看、怎么参与，获得在家庭中观察幼儿的方法。教师也可安排一些亲子类的环节，提高家长的主动意识，让家长之间有机会交流分享家庭教育策略，使他们融入课程。如：运动中的亲子游戏、社会性游戏中的角色扮演等，能让家长和孩子一起体验，把家长从"旁观者"推向"参与者"。又如：集体活动中让家长重点观察孩子某一方面的行为，并作记录和思考，能让家长们有目的地分析自己孩子目前所处的发展阶段，有利于教师帮助家长提高相关教育指导水平。

3. 开放日活动的注意点

准备要充分,班上几个教师既要做好分工,又要充分合作,体现班中团结、和谐的氛围。家长开放日活动要自然有序,活动内容不宜安排过多,避免使孩子、家长都很紧张,教师自己也手忙脚乱。家长开放日活动要更关注细节,如家长的饮水、家长的座椅、接待家长的形式等细节,充分体现教师工作到位、诚心、热心、爱心和细致的工作作风。

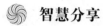 **智慧分享**

家长开放日让家长们看什么

1. 看教养细节

每一个细节都决定着教育效果的成败,众多细节汇集而成不仅可以肯定你的教育效果,反之也能否定你的教育工作,可见关注细节的重要性。比如在幼儿吃水果时,大班的个别孩子已经开始换牙,假如你能细心地关注到那几名换牙的幼儿,并能在孩子吃半块苹果之前将苹果切成薄片给她(他)吃,这样的细节会令家长很感动。家长不仅感谢你的细心,也会被你对孩子的爱而感动。在教养过程中,教师对幼儿一言一行的敏感度和关注度,敏感地捕捉到孩子的情绪与需要,及时地提醒和帮助孩子解决困难等,这些也都是你对教养细节的良好把握。又如教师脸上的笑容是通向家长与孩子之间的金钥匙,你的笑容不仅会给孩子带来安全感,还会给家长带来亲切,笑容还是化解一切不解与矛盾的最佳药剂。试想在家长开放日中,假如教师一脸严肃没有笑容,那将会在家长与幼儿之间筑起一道厚厚的墙。反之教师的笑容就犹如阳光般洒向家长与幼儿的心间。

2. 看教育方法

家长开放日也是教师向家长传授科学教育方法的平台。在活动中教师直观的教育教学行为与通俗的教学语言,让家长们对如何引导孩子学习与游戏有直观的感受,并在以后的家庭教育与家园共育过程中学以致用。因而,教师的教育行为与语言必须是富有幼儿园特色,遵循幼儿年龄特点,符合教师专业素养的。

3. 看教育理念

要转变家长的教育理念靠说教的方式较难奏效。因而,我们可以借助家长开放日这一平台，用自身的教养行为与教育语言对家长产生影响，以此来转变家长错误或陈旧的教育理念与行为。比如，本次语言活动"和字宝宝做游戏"，在活动中我们创设轻松、愉悦、无压力的识字环境，运用大班孩子最感兴趣的学习与游戏方式，引导孩子快乐地识字。这样的学习方式不仅给家长耳目一新的感觉，也帮助家长改变了教孩子学认字的教育理念。又如数学活动"认识'＞'和'＜'"，活动中清晰的教学环节、层层递进的教学过程以及游戏式的教学方法，一下让家长明白如何教孩子学数学，还帮助家长了解了大班孩子的思维特点。相信家长在观摩与参与孩子的学习活动后一定能更清楚地了解自己的孩子，在了解孩子的基础之上尽快转变教育理念，选用科学的教育方法。

4. 看班级班风

看班级的幼儿与教师的教养行为，能感受到班级整体的生活学习氛围，即"班风"。良好班风的形成也能间接地反映出日常教师教养行为的有效性、教师的责任感与智慧性。所以，班风也是检验教师日常教育的标准之一。

5. 看幼儿习惯

幼儿的一言一行能折射出学校、家庭以及社会的教育效果和它们的教育影响力。我们总说"孩子是成人的一面镜子"，我们也说"孩子的问题就是家长的问题"。其实幼儿的很多行为确实能传递成人的教育观，俗话说"怎样的家长（老师）教养出怎样的孩子"，所以幼儿的行为习惯也能间接地反映教育效果和教育问题。因而，在活动后教师应及时与家长进行活动后的信息反馈与个别交流，帮助家长通过幼儿的行为与习惯发现自身教育的不足或是肯定已有的教育成果，这一做法也是让家长在参与家长开放日活动后采取相应的行动。

（文章来源：https://www.toutiao.com/i6345714296223171074/）

第三节　家长学校：家庭教育课程学习的主阵地

家长学校，是家长学习科学的家教知识的主阵地，是幼儿园家庭教育工作中的一个重要组成部分。家长学校的主要任务包括：传授家庭教育知识，使家长掌握家庭教育的基本原理、规律和方法；帮助家长树立正确的家庭教育观念，提高家长自身的素质，提高家庭教育水平；加强家庭教育与学校教育、社会教育的联系。

教师应成为家长学校的教育者、引导者,根据幼儿园的办园理念和本园、本班家长的需求,组织丰富的家长学校活动,整体提升家长的家庭教育能力。

⚙ 问题聚焦

放学时间,孩子和家长走得差不多了,小王老师正准备整理教室,佳佳拉着妈妈的手说:"小乔拍了我的头。"佳佳一边说一边摸了摸自己的头,佳佳妈妈立刻停了下来,"打在哪里啦? 还疼不疼?"佳佳妈妈的声音有点大,又着急地扒拉着佳佳的头发看了起来,"是这里吗? 还是这里?"正巧,小乔和妈妈也在一旁,一听自己孩子动手拍了别人,小乔妈妈连忙问道:"小乔,你为什么要打小朋友的头?"见儿子低头不说话,小乔妈妈又问,"那他打你了没有? 我告诉过你,不要和打人的小朋友一起玩。"一听这话,佳佳的妈妈按捺不住了:"你这话我就不爱听,是我儿子的头被你家的儿子打了好哇!""那我儿子也可能被打了呀!"看到双方家长的气氛陡然紧张起来,小王老师及时制止了家长的争论,请两位家长回到教室坐下,并告诉他们:孩子们的事情已经处理过了。

两位家长因为孩子间一点点的小事就剑拔弩张,对话时毫不留情,他们总想着第一时间去关心自己的孩子,考虑借用自己孩子的有利因素来占据事情发展的主导地位。为此,小王老师对班内家长开展了问卷调查,了解到家长对于孩子在幼儿园受欺负持两种态度:一是"忍让"派:不能以暴制暴,不"打回去"未必就是懦弱,而是善良的表现;二是"反击"派:挨打了就要打回去,打不打和打不赢是两回事儿,打赢了回来给奖励。

⚙ 教师思考

孩子在幼儿园学习、生活时难免会有磕磕碰碰,他们在哭笑打闹之后又是好朋友,而像佳佳妈妈、小乔妈妈这样的家长在幼儿园里也屡见不鲜。家长之所以会有这样的态度,大致有以下几个原因:

1. 较年轻，缺少科学育儿的经验

幼儿园孩子的妈妈通常都比较年轻，她们大部分的时间和精力往往都用在工作上，只有少部分时间是真正属于孩子的，而孩子的生活、教育大多是由祖辈负责。妈妈们对自己孩子在成长过程中不同阶段的表现行为都不清楚，加之与幼儿园老师的交流沟通不密切，导致她们对孩子的教育也存在很多的问题，缺少科学育儿的经验。所以，只要孩子回家跟妈妈反映在幼儿园被别的小朋友打了或者碰了，妈妈就会产生一种强烈的护犊心理，以至于不能理智地思考问题，有的妈妈甚至会迫不及待地找对方的家长进行理论，但这样并不能真正解决孩子的问题。佳佳妈妈急着扒拉佳佳的头发不停地追问打在了哪里，疼不疼，小乔妈妈的反问"那他打你了没有……不要和打人的小朋友一起玩"就充分说明了这一点。

2. 少学习，不了解幼儿社会性发展的过程

常常会有妈妈抱怨，以前性情比较温和的孩子，在开始集体生活之后侵犯性行为增多了。幼儿园是孩子接触的第一个社会，在这个小社会中，对资源的争夺和分享使孩子不断转化"敌人"和"朋友"关系。入园之前，孩子基本生活在成人包围的环境中，是大人关注的焦点，爸爸、妈妈、祖父母、外祖父母都围在身边时刻准备协调，而进入幼儿园孩子们处在同龄人的环境中，在同伴交往的过程中发生的一系列事件都是他们建立秩序的基石。老师、父母应该鼓励孩子自己解决问题，同时也给他们提供更多探索和学习人际关系的机会。

3. 缺方法，育儿能力上有差异

随着幼儿园家长学校的开展，部分家长在科学育儿方面有自己的方式方法，他们会比较全面地了解自己孩子的喜好，较正确地面对自己孩子的表现，比较善于积累一些正确的育儿知识，相对客观公正地教育孩子，引导孩子向良好的方向健康成长。但仍有部分的年轻家长在对待孩子的问题上缺少思考，一遇到问题就着急，一着急就发脾气，表现得缺少理性。年轻的家长除了关注幼儿的生活起居外，较少懂得利用生活中的一切事物对孩子进行语言、认知、感官、性格、行为习惯等方面的教育，育儿能力上存在较大的差异。

教师策略

面对班级中发生的这类以妈妈为主体的常见事件，小王老师调查了班级妈妈

对孩子的教育现状,结果发现了问题的关键,妈妈们平时忙于工作应酬没空带孩子,只是利用片段时间带孩子外出游玩,她们大多数对孩子了解不深,特别是对孩子的在园生活缺少了解,在科学教养方面有很大的欠缺。因此,有必要开设一堂针对妈妈教养方式的家长学校课,提高妈妈的家教能力。于是,小王老师决定召开一次妈妈沙龙活动,旨在通过妈妈们面对面的交流互动,教师的专业指导剖析,提高妈妈们在育儿方面的能力。

1. 发现问题,确立主题

问题是开展专题式妈妈沙龙的起点,妈妈沙龙主题的确定要具有典型性,是共性问题,是相对多数人(妈妈或幼儿)的问题,同时还要考虑到不同阶段家长问题的层次性及需要解决主题的特殊性。小王老师向妈妈们收集育儿困惑,并进行梳理和统计,罗列出当前妈妈们遇到的最普遍、最难处理的问题:"我的孩子说被打以后……""孩子在园和在家表现得不一样,作为家长该如何教育?"从而确定妈妈沙龙的主题。

2. 多方筹备,制定方案

小王老师和搭班老师一起召集班级家委会,共同讨论并制定了本次妈妈沙龙的活动方案,邀请每位幼儿的妈妈来参加活动。活动时间定在了周六的下午,旨在让每一位妈妈都有时间来参加活动。小王老师更是查阅了大量的关于家庭教育的理论文献,重点梳理了与专题相关的理论依据,为专题研讨活动的讨论分析奠定基础。小王老师同时拍摄了几个非本班幼儿活动的典型视频案例,妈妈现场观摩后进行面对面的交流讨论,思维碰撞。

3. 参与对话,达成共识

参与对话是这次妈妈沙龙活动的关键。对话是实现沟通的最简洁,同时也是使用频率最高的一种沟通形式。但过去的对话,通常是教师讲,家长听,家长基本上处于一种被动接受的状态,在这样一种状态下进行的对话很难产生真正有效的沟通结果。而这次教师和妈妈在沙龙活动所营造的温馨轻松的环境里进行对话,减少了彼此的紧张感,加强了信任感,通过平等对话,双方都对所关注的问题有了一个动态的评价,通过沟通交流,家园间、家长间对教育孩子的问题达成了共识。

行动反思

1. 家长学校课程应针对家长的实际需要

家长学校是普及家教知识的有效渠道，是幼儿园开展家长工作的重要平台。因此，家长学校的课程应针对家长的实际需要，一方面系统地向家长讲授教育子女的科学知识，另一方面针对家长家庭教育中的问题开展有目的的问题解决式指导活动，为家长开出家庭教育的"良方"。小王老师就是在充分分析班级内年轻妈妈的育儿问题和实际需要的前提下策划本次家长学校活动的，活动的目标明确，内容指向性强，因此活动效果良好。

2. 家长学校课程的实施方式应该丰富多样

家长学校课程的实施方式应该丰富多样，适合不同的家长群体，适合不同的家庭教育指导的内容。小王老师针对年轻妈妈的特点，组织了相对开放的沙龙活动，沙龙作为一种新型的专题式家长学校形式，它符合现代年轻人的生活要求和心理需求，也更能发挥年轻家长的作用。妈妈们在沙龙活动这样宽松的氛围中认识到自己在家庭教育中存在的问题，并在这种无拘无束的形式中相互启迪教育智慧。

3. 家长学校的师资队伍应该健全、专业

聘请相对稳定的家长学校讲师队伍，包括园内讲师队伍和园外讲师队伍。园内讲师队伍包括园长、业务园长、骨干教师、保健教师、营养员等，能根据本园家长的实际需要，充分利用本园教育资源，开设符合幼儿园办园理念和培养目标的家庭教育指导课程。园外讲师队伍包括儿保医生、儿童心理专家、小学校长、小学低段的优秀班主任等，不定时给家长们传授关于早期教育、婴幼儿保健等方面的知识。

智慧分享

幼儿园家长学校工作的策略研究

幼儿园和家庭是合作关系、伙伴关系，教育孩子是幼儿园和家庭共同的责任，家园犹如一辆车的两个轮子，只有同向运转，才能促进孩子健康、快乐地成长。《幼儿园工作规程》指出："幼儿园应主动与幼儿家庭配合，帮助家长创设良好的家庭教育环境，向家长宣传科学保育、教育幼儿的知识，共同担负教育幼儿的任务。"

做好家长学校工作不仅可以使家园双方建立有效的合作关系，促进幼儿身心健康发展，而且能够促进幼儿园的生存和发展。

一、要有明确的办学思想

举办家长学校的目的是为了切实贯彻《幼儿园工作规程》和《幼儿园教育指导纲要（试行）》中的精神，充分发挥家庭环境教育的功能，真正使幼儿园教育和家庭教育密切结合，创设有利于促进幼儿健康成长的最佳环境。幼儿园应结合本园现状，明确办学目的和办学思路，以便统一职工思想，引导幼儿园家长工作朝着正确的方向发展。如郑州市实验幼儿园提出的家长学校办学思路：一个中心：以提高家长科学育儿能力，实现家园和谐共育，同步教育为中心；两种能力：家园沟通交流的能力，解决幼儿具体问题的能力；三个快乐：幼儿快乐、家长快乐、老师快乐。明确的办学思想和办学方向引导家长学校朝着积极的方向发展。

二、要有健全的工作机构

健全的工作机构，是开展家长学校工作的组织保障。幼儿园首先要成立以园长为校长，保教主任、班主任、家委会成员或家长代表共同参与的家长学校工作委员会，并明确机构成员职责，建立家长学校工作制度，以推进家长学校活动规范运行。

幼儿园还要充分发挥家长委员会的作用，由家委会引领和培养出一支热爱家长工作的队伍，并发挥示范作用，以这支工作队伍为纽带来影响并带动更多的家长。家长委员会成员由班级家长推荐选出，是家长学校工作委员会的重要组成力量。家长委员会成员不但要自己理解教育方针，有正确的儿童观、教育观、成才观，还要向广大家长宣传科学育儿的知识和技能；不但自己要争做一个合格的家长，还要引导和辐射其他家长，引领广大家长支持幼儿园和社区的精神文明建设，为提高整个社区、整个城市市民的素质作出贡献。

三、要有精干的师资队伍

（一）有一支园内讲师队伍

好的教师是家长学校的灵魂，是家长工作的第一资源，幼儿园要精心培育一支优秀的家长学校讲师队伍。园长要努力做讲师队伍的核心成员，并吸纳本园保教主任、教研组长、优秀班主任、名优骨干教师、营养保健老师加入到家长学校讲师队伍中来。只有幼儿园自己的讲师，才能够紧贴本园实际，在本园办园理念、校园文化背景下开发出适宜家长学校的教学资源。如郑州市实验园开设的"如何做一名合格的家长"、"幼儿入园前的准备"、"家长如何与教师实现有效的沟通"等专题内容，针对性、实践性很强，达到了家长学校追求的家长教师一致、家园共育的工作目标。

（二）有一支园外兼职讲师队伍

幼儿园不仅要有本园的家长学校讲师队伍，还要有园外相关领域的专家队伍支持。比如，郑州市实验幼儿园结合幼小衔接工作，邀请优秀小学校长、优秀小学班主任等为家长介绍如何做好孩子入小学的准备工作，受到家长的欢迎和赞同。幼儿园根据家长的需求和家长讲座的效果，遴选出一批深受家长欢迎的园外专家，充实到家长学校专家讲师库中，丰富和拓展了家长学校的教学资源。

四、要有丰富的家园共育活动

幼儿园家长学校应以有利于幼儿发展为宗旨，以《幼儿园教育指导纲要（试行）》精神为指导，围绕有效促进家园共育这一主题，多方位多角度地开展丰富多彩的家园共育活动。

（一）家长开放日或家园亲子活动

家长开放日活动是幼儿园经常开展的一种家园联系活动。幼儿园请家长来园观看幼儿在园的一日活动，家长通过听课、评课，了解幼儿在园的表现和发展情况，亲身感受幼儿在园的成长和进步，及时发现幼儿的不足。教师和家长再进一步进行有针对性的交流，以寻求更有效的教育方法，使教育更加个性化。

（二）家长义教活动

家长义教或助教活动，不仅能提高家长自身的家庭教育水平，还能密切家园关系，增进家庭情感。在开展幼儿园家长义教活动前，教师要辅导家长认真备课，主动学习，深入了解孩子的生活、学习特点。在教师的指导下，家长和幼儿共同开展教学活动和游戏活动，或参与生活活动，通过互动，增进家长对幼儿园工作的认识，使家长在参与中提高自身教育水平。

（三）双休日家庭联谊会活动

家庭联谊会活动具有提高家长自身家庭教育水平、密切家园关系、增加幼儿知识、扩大幼儿视野、促进幼儿交往能力提高的综合效果。开展双休日家庭联谊会活动，可以选择双休日的某一天，由一个或多个家庭负责4—6个幼儿的教育教学、游戏、进餐、午睡等。

五、科学指导新生入园过渡期的家长工作

（一）开展入户家访

对每一位新生，教师都要在其入园前进行入户家访，了解幼儿的家庭情况，和家长、孩子聊天,增进对彼此的了解,减少幼儿对老师、对幼儿园的陌生感,使幼儿在正式入园时能够有一个熟悉的朋友、老师。实践证明,在入园前的家访活动能有效地减轻幼儿的入园焦虑,使幼儿较快地适应幼儿园环境。

(二)亲子体验活动

为使新入园的幼儿尽快适应幼儿园生活,郑州市实验幼儿园利用开学前的时间,开展了"家园衔接新生入园快乐体验"活动。开学前的两天时间,每班将入园新生分成三个小组,每组在家长陪同下体验半天的幼儿园生活。班上三位教师组织十几位幼儿做游戏、喝水、如厕、玩玩具、认床铺等,使幼儿初步感受幼儿园集体生活,熟悉幼儿园环境和本班幼儿。这种办法有效地消除了幼儿在陌生环境中的恐惧心理,大大缩短了幼儿入园焦虑期,也缓解了家长对幼儿初次上幼儿园的焦虑。

(三)新生家长会

每年入园前,有经验的幼儿园都要召开新生家长会,园长和教师向家长介绍其最为关心的问题,如分班问题、喝水问题、如厕问题、班级教师配备问题等。同时,让家长了解幼儿园作息时间,并向家长传授一些简单实用的教育方法,以利于幼儿尽快适应幼儿园生活。

六、多渠道开展宣传活动

(一)设立家园互动园地

家园互动园地是家园联结的纽带,是实现家园有效沟通的桥梁。创设丰富多彩、独具特色、随时更新的家园互动园地,既方便家长了解幼儿在园的活动内容,又使家长于无形之中学习到家教知识,紧随本阶段家园共育工作进度,有助于家园共育工作的开展。

(二)充分利用现代信息技术

幼儿园应充分利用网络、校信通等现代手段,积极开展家长学校工作。许多幼儿园、教师开设了班级主页、宝宝论坛等网页,方便了家长与幼儿园的沟通互动。现代信息技术的应用,使家长和幼儿园的关系更为密切,拓宽了幼儿园家长学校的工作方式和渠道,助推了家园共育工作。

第四节 亲子活动:亲子情感体验的活动场

亲子活动中的"亲"是指家长,"子"是指孩子。幼儿园亲子活动是在遵循幼儿身心发展特点的基础上，为增进家长与幼儿、教师与家长、教师与幼儿之间的交流，主要由教师设计，家长参与组织的幼儿教育活动。与普通的亲子活动相比，幼儿园亲子活动具有教育性价值、稳定的参与主体、互动性的活动过程等特征。

幼儿园亲子活动为幼儿、教师、家长提供了这样一个情境：幼儿可以与家长亲密互动。家长可以在观察比较幼儿群体的过程中更好地发现自己孩子的认知特点以及与同伴、教师交往的方式，学习其他家长与幼儿互动的方式和教师指导幼儿的方法等；教师可以在家长与幼儿的自然互动中观察发现家长的教养方式并予以适时指导，解读分析幼儿的发展需要等。

需要提出的是，在这样一个多主体互动的场域，教师需要回归亲子活动最重要的价值取向，即在建立亲密的亲子关系的基础上满足幼儿的发展需要。同时，也要建立这样的认知，即幼儿园亲子活动也是幼儿园服务于家长和社会的一个重要手段，是开展家庭教育指导的有效方式。

⬤ 问题聚焦

幼儿园里开展亲子运动会，老师提前下发了活动通知，并在班级微信群里提醒家长有关活动的注意事项。中三班的家长们个个精神抖擞，穿一身轻便的服装，和孩子们一起互相鼓劲儿，士气十足。可是班级里的小鹏却一脸愁云。"小鹏别着急，你爸爸妈妈很快就来了。"小鹏在老师的安慰下点点头，过了一会，小鹏的奶奶来参加活动了，"奶奶你怎么来了，我爸爸妈妈呢？""你爸爸妈妈上班很忙，来不了。"奶奶的话让小鹏的情绪又低落了。参加运动项目时，老师安排小鹏和奶奶参加了小球投篮的游戏，尽管小鹏和奶奶都很努力，可还是得了最后一名。小鹏难过地哭了："人家小朋友都是爸爸妈妈来的，还得了第一名，为什么我的爸爸妈妈都不来？呜呜……"

每逢幼儿园开展亲子活动邀请家长时，幼儿园老师常会碰到这样的情况：

◆ 老师，不好意思，今天的活动去不了了，家里出了点事。

◆ 是这样的，年底了我们假期不好请，这次就不参加了。

◆ 实在走不开,我让孩子他姑姑、姨去吧!

……

教师思考

1. 家长忙于工作,缺少对亲子活动重要价值的正确认识

人们常说"舐犊情深",父母对子女的爱永远都是最真切、最无私的,但现在很多年轻的父母忙于工作,忙于给孩子创造更好的生活条件,却忽略了跟孩子之间的感情交流。3—6岁孩子的成长离不开父母的陪伴,也最渴望父母的陪伴。父母对孩子的照顾、陪伴不仅体现在生活中的各个方面,最重要的是情感上使孩子感受到爱与被爱,使其学会爱与被爱。

将家长请进幼儿园开展亲子活动对幼儿的身心发展有着重要意义。家长如果不参加,就会无从了解孩子的在园情况,日常教育就有可能出现偏差。孩子会产生强烈的孤独感和失落感,长此以往,孩子会产生自卑的心理;家长也丧失了更新教育知识、学习育儿经验、与老师交流沟通的极好机会。当家长屡屡缺位,家长与教师彼此的信任度和好感就受到影响,家园共育效果也会大打折扣。

2. 亲子活动中家长参与两极分化,亲子活动的质量不高

在参与意识上,虽然大部分家长都能认识到活动的价值,但是在实际活动中,真正投入活动的家长的数量有限,参与程度不高,常常出现"过度参与——包办代替"、"缺少参与——旁观被动"两极分化的现象,未能借助亲子活动的机会与幼儿互动、交流,并给予指导。

在参与者上,虽然父辈家长的数量多于祖辈家长,但是很多活动中还是有祖辈家长的身影,如何协调活动时间,使父母能够有更多的机会参与活动,如何调动男性家长(特别是父亲)的参与意识和积极性,是提高亲子活动质量的关键。

在参与广度、参与深度上,虽然目前幼儿园通过各个环节鼓励家长参与,活动前、活动中、活动后的各环节都充分利用家长资源,在广度上比较全面,但在深度上不够,且主要是教师发起的家长参与,在参与的内容和形式上比较单一。

3. 亲子活动的设计缺少对家长需求的关注

家长的一系列反应让幼儿园和老师深刻反思,其实幼儿园组织亲子活动的出发点是旨在为幼儿和家长之间搭建交往平台,联结亲子间的感情,密切亲子关系,

同时满足家长想进一步了解幼儿在集体生活中是如何表现的愿望。但是，亲子活动是否开展得越多越好？家长是否真的需要？幼儿又是否真正地感到快乐？有的亲子活动是否以小组或个体的形式也能开展？幼儿园可以向家长做有关亲子活动的意见征询，如：参加亲子活动的态度（有空一定参加、不出席幼儿园亲子活动幼儿会很失望、大部分亲子活动都是工作时间），乐意参加亲子活动的内容（节假日的亲子活动、游戏性的亲子活动，主题性的亲子活动），开展亲子活动的形式（整体活动、分层活动、家庭活动）。

教师策略

1. 明确家长在亲子活动中的主体地位，激发家长的主动策划意识

有学者在研究"中美家长参与早期教育的差别"时指出，美国的家长拥有教育的知情权、选择权、决策权。相比之下，我国家长参与教育的地位显得比较被动，大多数情况下是承担参与者的角色。在幼儿园亲子活动中，教师、家长、幼儿是三个主要的参与者，活动要以促进幼儿发展为宗旨，同时要发挥家长、教师的合作、协助、指导作用。目前，由于教师的专业和职业优势，处于较为主导的地位，要发挥教育合力，发挥幼儿园亲子活动这一家园共育形式的独特作用，家长的参与不可小觑。所以，首先要处理好教师和家长的角色定位，在彼此尊重的基础上，表达和聆听彼此的想法和建议，围绕幼儿发展设计、实施好整个活动，使家长的参与不仅仅是停留在表面层次，而是真正作为教育的另一个主体参与到活动中。

2. 结合亲子关系现状提炼活动主题，满足亲子关系的个性化发展需求

目前，学前阶段的幼儿父母多为80后甚至90后，这些家长对于幼儿教育已具有自己的明确观点，愿意花时间陪伴幼儿；但是，他们又需要平衡自我、家庭和工作。有意愿加工作忙的双重因素必然会导致新生代的家长对于自己所参与的亲子活动的主题和质量有着较高的个性化需求。某种程度上，亲子活动在满足幼儿发展需求的同时，也要让家长也在活动中体验愉悦感和获得感。

当然，亲子关系还包括祖辈与幼儿之间的关系。很多老师认为亲子活动最好由父母参加，祖辈往往力不从心。但不容忽视的是，目前很多祖辈仍然承担着教养幼儿的任务。如果能够为祖辈定制亲子活动，不仅能够满足他们被认可的需

要,还能够提升他们的育儿信心和能力。

3. 重视过程指导,提升家长参与亲子活动的效能感

幼儿园亲子活动最主要的受益者是幼儿,家长是活动的参与者、支持者,只有充分发挥"亲"的作用,才能促进"子"的发展。因此,如何将家长的参与意识转化为实际有效的参与行动呢? 从教师的角度来说,首先,在活动前做好宣传工作,通过小型的讲座或者家长会,使家长明确本次亲子活动的目的、内容,知道来幼儿园不仅仅是"看"幼儿的学习生活,更重要的是抓住机会和幼儿互动。其次,在活动中,教师通过集体的示范指导、个别的点拨提示,对家长和幼儿的互动游戏提出具体的要求,指导家长与幼儿互动、指导幼儿活动。再次,在活动后,教师要充分利用与家长交谈的机会,对本次活动有一个整体的评价,与家长交流活动中出现的问题以及正确的做法,提醒家长在下次活动时加以注意。

4. 推动亲子活动课程化设计,提升亲子活动的育人价值

幼儿园一般会对亲子活动的数量和时间提出一定的要求,部分老师也就以完成任务的心态,在规定的时间内开展一次亲子活动,然后交资料了事。但幼儿园往往是相对固定的三位老师面对同一个班级的家长,他们在三年的相处中,要共同经历多次不同内容的亲子活动。作为老师,如果能够根据幼儿园的课程规划、班级家长和幼儿的需求对三年的亲子活动进行顶层设计,即基于幼儿发展的目标、亲子关系推进的目标设计三年系列亲子活动的框架式方案,根据班级家长需要分层分类设计活动主题以及建设亲子活动运作调整机制等,才能真正让家长建立对亲子活动的价值认同感,实现亲子活动的育人价值。

● 行动反思

1. 熟悉班级每个幼儿的家庭亲子关系

教师必须要了解每个幼儿的家庭状况及需求,特别是某些家长有合理要求时一定要加以重视。当家长被某些事情缠身时,尽可能地满足家长的需求,而不能以幼儿园为中心,只考虑幼儿园单方面的需求,置家长的需求与处境于不顾。如果不管家长是否乐意、是否有时间、是否有能力,都要求家长参加亲子活动,那家长是不会热衷于幼儿园亲子活动的,即使参加了也无法全身心投入。所以,教师应把服务工作做在前。

2. 指导家长建立和谐的亲子关系

亲子关系是幼儿社会化过程中最初形成的关系，它也是影响幼儿心理健康的最重要的关系之一，对幼儿的人格形成和发展具有不可磨灭的影响。幼儿不仅需要家长的关爱和呵护，更需要家长的理解与尊重。但有些家长望子成龙、望女成凤心切，一味地向幼儿灌输知识、强迫幼儿学习，而不善于在和幼儿一起游戏的过程中促进幼儿的身心发展。做家长的其实应该意识到，幼儿具有独立人格，他们并不依附于任何人，也不是任何人未尽事业的替代者。只有具备这样的观念，家长才可能正确认识和幼儿之间的关系，给予他们足够的爱护、关心、理解和信任；只有这样，才有利于培养幼儿健全的人格，陶冶幼儿的情操。

3. 调动家长参与亲子活动的积极性

在组织亲子活动之前，邀请家长参与活动的设计，讨论方案和计划，与家长讨论协商成立亲子活动家长委员会。其中，包括活动方案的确定，计划的实施，都应有家长的参与。如果方案有不妥和需要更改的，一定要尊重家长的意见，通过家委会讨论再决定。教师决不能以自己是专业教育工作者，比家长懂得更多的知识，具有更强的教育能力自居，而应把自己看成是与家长一样的幼儿教育的主体，相互之间是合作伙伴的关系，共同的目标是促进幼儿的发展。这样教师和家长在一个平等的位置上，且双方的责任相同，都是为了培养幼儿，从而激发家长参与幼儿园亲子活动的兴趣和热情。

4. 搭建好与家长沟通的桥梁

建立好与家长沟通的桥梁，使交流畅通，是为了让家长了解孩子在幼儿园的各方面表现，了解教师是如何教育孩子的，同时通过观察教师的教育行为和孩子的表现，反思家庭教育中亲子活动的内容和方法。

🌀 智慧分享

亲子活动指导的有效性

在幼儿园亲子活动中，教师、家长、幼儿都是活动的主体，多元主体性决定了幼儿园亲子活动的多向互动性，师幼间、亲子间、幼儿间、教师与家长间积极交流、互动。而在很多亲子活动中，家长旁观、包办代替、重结果轻过程等导致幼儿的主体性缺失，幼儿的积极性、主动性未能得到充分的发挥，难以实现促进幼儿身心全面发展的目标。因此,教师在活动中应加强对亲子互动的观察,有针对性地对家长进行互动指导,更新家长的儿童观、教育观,从而提高亲子互动的有效性。

（一）观摩学习式

邀请家长参加现场观摩亲子活动,让家长直观地学习与孩子互动、沟通的技巧,提高亲子活动的有效性。如在亲子区域活动"美丽的挂饰"中,教师让家长和孩子运用废旧的光盘、彩色纸袋、挂历、纸盘、细绳等,制作"祝福花"。活动前,我们给观摩活动的家长发放观察记录反馈表,通过一系列问题的提示,引导家长对亲子互动的过程进行有针对性的观察记录。活动后,通过与家长交流,引导家长了解选择的活动必须是幼儿感兴趣的,符合他们年龄特点的,应体现幼儿的主动性,避免包办代替。好多家长在观摩活动后感慨:"以前在和孩子活动时,为了追求效果,经常就包办了,我发现天天的妈妈很放手。瞧他们的作品,虽然孩子的花瓣剪得不怎么流畅,花蕊的装饰不是很精致,但是却散发出无限的童真和童趣,闪烁着孩子的智慧。"周周小朋友准备将做好花的用绳子挂起来,只见他剪了个圆形,然后又拿起了一根绳子,他妈妈在边上叫了起来:"先把圆形粘上吧!"出人意料的是,周周先把双面胶粘在圆形上,然后把绳子粘在双面胶上,再贴上就一步到位了。周周妈妈没想到他能用这样的方法一步到位,感慨地说:"看来我们应该相信孩子,多给孩子机会!"

（二）随机点拨式

在亲子活动中,当家长指导孩子出现困难时,教师应加强随机指导,为家长提供解决的方法,并告诉他们为什么要这样做,让家长在以后再碰到此类问题时就有了可以借鉴的经验。如在活动"亲子走大鞋"中,乐乐和妈妈总是走不快,妈妈很着急并开始责怪乐乐,而乐乐明显失去了信心,这时教师及时介入:"乐乐,想想看为什么走不好?""纸箱太大了,不合我的脚!""那有什么办法呢?""我想用报纸把前面多余的部分塞起来!""那你和妈妈去试试看吧!"乐乐的兴趣又一次被调动起来,忙着改造自己的鞋子去了。教师对乐乐妈妈说:"你看,孩子其实是很有自己的想法的,我们家长应把问题提出来,调动孩子的思维,培养他们解决问题的能力。和孩子做游戏不在于结果,更重要的在于过程中孩子的进步。"

（三）分享交流式

当亲子活动结束后,不要忘记收集家长的意见反馈,并总结活动中的成与败,然后张贴在家园联系栏，让家长感受到他们也是活动的主人，有发表自己的意见和建议的机会，让他们感受到参与亲子活动的意义。另外，还要注重家长间的相互交流与学习。我们开展了多种形式的"亲子活动经验交流会"，给家长提供了展示的舞台，将这些优势资源转化为其他家庭的共同资源，最大限度地发挥个体资源的示范辐射作用，变一人的经验为大家的经验，使更多的家长得到启示和提高。

亲子活动不仅需要组织者的精心设计和组织，还需要家长的积极配合和参与，成功的亲子活动让家长们获得了正确的育儿观念和育儿方法，并将观念和方法融入与孩子相处的每一刻，最终实现孩子的健康和谐发展。这种发展是全面的、立体的、丰富的，实现这种发展是我们开展亲子活动的根本目的。

（节选自卢术夷，林民芳.幼儿园亲子活动设计与指导实践探索[J].学前课程研究，2009 年 Z1 期）

第五章 ‖ 个 别 指 导

　　家庭教育中的个别指导可以使教育指导更加有针对性,更有利于因材施教。在个别指导时,教师要针对幼儿的个别问题及时与家长沟通,了解问题出现的原因,与家长一起共同寻找对策,并在这一过程中提升家长的家庭教育能力。个别指导包括上门家访和日常约谈等形式。

　　个别指导需要提前准备,要了解幼儿发展和家长在家庭教育中的问题,预设个别指导想要达到的目标,并设计个别指导过程中的沟通策略。个别指导方式不仅要灵活机动、便于施行更要具针对性。

第一节　上门家访

　　上门家访是教师与家长面对面的沟通方式。教师通过家访可以了解幼儿的家庭成长环境、家庭人员结构、家庭人际氛围等。同时,在上门家访的过程中,教师通过与家长分析幼儿发展的问题,解决家长在家庭教育方面的一些困惑,增强家长的责任意识和家庭教育的效能感;通过向家长讲述幼儿园的基本情况,帮助家长树立正确的教育理念,鼓励家长主动参与到幼儿园的保教工作中来,更有信心地和教师携手共同做好幼儿的教育工作。

　　从一定的意义上讲,开展有效的家访是教师家庭指导力建设的一项基本功。

⊛ 问题聚焦

　　　幼儿园的孩子由于年龄小,在季节交换时期易患传染病或者流行性感冒。开学后的第二个月,在来园晨检的过程中,保健教师发现小(1)班妮妮的口腔中有小水泡,建议家长带妮妮去医院进行诊断。可家长一再表示一直很关注妮妮的卫生习惯,妮妮只是因为上火才导致口腔起水泡的(因为妮妮以前也有过类似的情况)。家长认为妮妮不可能患上传染病,拒绝带其去医院就诊,而且以家里没人带妮妮为由，执意要把妮妮送至班级。保健教师在无奈之下，只能打电话求助小（1）班的小王老师。小王老师接到电话后来到保健室，面对家长的执意要求，面对幼儿园卫生保健方面的制度要求，今年才刚刚入职的她觉得左右为难，手足无措。最后，家长虽然把妮妮带离了幼儿园，但家长认为幼儿园不近人情，故意使自己和孩子为难，离开时候情绪较为激动。当天，小王老师多次打电话与妮妮妈妈联系，但妮妮妈妈都没有接听电话。

教师思考

小王老师的带教师傅，即小（1）班的班主任大沈老师外出学习回来后了解了情况，与小王老师一起对这件事情进行了分析：

1. 家长对幼儿传染病缺乏科学的认识

妮妮的妈妈对小儿传染病的认识是不够的，凭着自己的主观经验认为日常注重孩子的卫生就不会患上传染病，还想当然地认为孩子口腔起泡是因为上火引起的。其实，不同的传染病，其病因、传染源和途径是不同的，如果治疗处理不当，会对孩子的健康造成严重的后果，显然妮妮妈妈是缺乏这些知识的。

2. 家长对幼儿园传染病预防与隔离的要求不甚理解

幼儿园是幼儿集体学习、生活的场所，极易成为各种疾病传播的场所。3—6岁幼儿年龄小，自身的抵抗力较低，自我保护意识差，他们既不了解传染病的早期症状，也无法清楚地表达自己身体的不适。幼儿园中一旦有幼儿感染传染病，极易造成病毒传播，甚至疾病暴发，既影响幼儿园正常的保教秩序，又会对幼儿的身体造成伤害。因此，对于幼儿传染病的防控，幼儿园有着很严格的制度规定。虽然幼儿园通过一些媒体对家长进行了宣传，但从妮妮妈妈的反应来看，她不是很认同，以工作忙，没人带孩子为由拒绝遵守幼儿园的制度。

3. 年轻的小王老师缺乏与家长沟通的经验

小王老师刚刚入职一个多月，平时大沈老师在班级时，家长习惯性地与有经验的大沈老师交流，小王老师也很少主动地与家长交流，久而久之，小王老师在家园沟通这项工作上处在边缘的位置，导致自己在与家长沟通时没有自信和经验。在碰到上述突发事件时，小王老师就显得手足无措，不知如何跟家长沟通，也直接导致了家园之间的误会。

❂ 教师策略

大沈老师鉴于上述的思考,决定与小王老师一起组织一次上门家访工作,帮助妮妮家长正确认识传染病,指导家长做好传染病的预防和护理工作。同时,通过家访,排除家长对幼儿园、对小王老师的误会,并借由家访提高小王老师与家长沟通的能力。

1. 全面了解孩子的家庭情况

首先,妮妮的父母学历不高,在对传染病的理解上存有偏差,这是妮妮妈妈拒绝让妮妮在家休息的原因之一。其次,妮妮的爷爷奶奶住得比较远,因此照顾妮妮不方便,妮妮父母的工作也比较忙碌,基本没有闲暇的时间带妮妮,这是妮妮的妈妈拒绝妮妮在家休息的另一原因。基于对妮妮家庭背景的了解,大沈老师指导小王老师查询了与传染病相关的一系列材料,试图在家访的过程中让她与家长交流,让家长了解到幼儿园是基于对孩子的身体健康以及对全体幼儿负责,让妮妮在家休息,直至病愈返园。

2. 做好详细的前期准备

(1) 提前准备,设计内容。在家访前大沈老师与小王老师对妮妮最近在幼儿园的情况进行梳理,从生活、学习、交往等方面全方位地梳理妮妮的近期表现,特别关注她有进步的方面,如:午餐中的挑食情况有了很大的进步,午睡时入睡比较快,在与小伙伴游戏时能够主动关心和帮助别人,能够每天早上有礼貌地与老师和小朋友打招呼等。

(2) 两位教师聚焦妮妮的病情,通过各种渠道(上网查询、翻阅书籍资料、寻求保健老师或医护人员的帮助等)了解相关资料,做到胸有成竹地去家访。事先做好资料的积累对职初教师开展家访工作是有很大帮助的,可以体现出教师对孩子的关心和责任心。

(3) 电话确认,确认预约时间、地点。与家长的预约包括了时间、地点的预约。合理的预约对家访工作的开展至关重要,体现出了教师对家长的尊重。通常,家访地点是幼儿的家,但是也要充分尊重家长的意愿,当家长提出不愿意在家里接待教师进行家访时,可以与家长相约适合的公共场所,如在小区的花园、幼儿家附近的公共场所等处开展家访工作。

3. 走进孩子和家长，开展有效家访

（1）真诚地与家长交流，打开家长的心结

做好了充分的前期准备工作后，两位老师去了妮妮家。两位老师就妮妮最近在园的情况与家长进行沟通交流，列举了妮妮最近在幼儿园的表现："妮妮的午餐习惯有了改进；挑食的现象也有了很大的改善；学习方面进步很大，能够在各类活动中集中注意力倾听，对于老师的提问善于思考，偶尔愿意举手交流表达；在游戏中，妮妮是一位懂得遵守游戏规则的孩子。"老师们对妮妮在园情况的细致观察，使家长真切感受到了老师对妮妮的用心、真心、爱心，同时初步消除了家长心中的芥蒂。

（2）关心孩子的病情，给出专业的建议

交流好孩子的在园情况后，大沈老师跟妮妮妈妈交流了幼儿园关于幼儿传染病预防与隔离的制度要求，从本着为每个幼儿的健康安全负责的角度传达了幼儿园严格科学防护的重要性。此外，小王老师对妮妮所患的手足口病给出了专业的建议，帮助家长了解了传染病的预防和护理等相关知识。

传染病患儿如何隔离？一是建议妮妮父母严格按照医嘱，继续让妮妮在家隔离一周。手足口病具有一定的潜伏期，在孩子没有完全恢复时，随意与外界接触，很有可能继续将病毒传染给其他人，这是非常严重的。兴趣班的孩子来自各个幼儿园，病毒的传染会引起区级层面各类幼儿园的传染病暴发，因此，在传染病暴发期间，不要上校外兴趣班。二是妮妮的身体还没有完全恢复，尚处于体弱阶段，身体抗体能力不强，容易被其他病毒传染而引起交叉感染，对孩子的身体恢复不利。

传染病患儿在家如何护理？按照妮妮目前的身体状况，建议家长让妮妮在家多休息，加强身体锻炼，在家开展各类亲子活动（如阅读绘本、绘画制作、家庭游戏等）。

小王老师充满专业性的建议，让妮妮妈妈完全打消了对小王老师的顾虑，也对年轻的小王老师的专业有了一定程度的认同。

4. 跟踪病孩的护理，鼓励幼儿早日返园

在结束家访后，两位老师每天都关心妮妮的身体情况，继续和妮妮妈妈进行沟通，为其提供针对手足口病的护理指导。小王老师每天都通过微信视频跟妮妮聊天，讲讲今天幼儿园发生的有趣的事情，鼓励妮妮在家根据医生的要求好好服药。

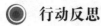 **行动反思**

在日常家园工作中,教师要根据实际工作情况,尝试把幼儿园教育与家庭教育的内容相融合,了解家长的家庭教育规律,为家长提供启发与借鉴。家长在家庭中担负着教育角色,却又不是专业的教育者,所以需要幼儿教师对家长的教育意识、教育态度与教育方法等进行专业的观察、解读与指导,这样才能提高在与幼儿家长沟通时的专业性、针对性与实际效果。

1. 对不同的家长采用不同的指导方案

当家长得知自己的孩子可能患上传染病时,一般会有四种反应。一是配合幼儿园的工作,带幼儿积极就医治疗,尽快帮助幼儿恢复身体健康,最后在医生的指导下,康复进园。二是过度恐慌和焦虑,一旦听闻幼儿周围有传染病发生,马上拒绝入园,生怕被传染。三是隐瞒病情,以其他病情为原因,让幼儿在家休息,直至康复入园。这部分家长认为患上传染病会让自己的孩子被伙伴歧视,因此隐瞒真实病情。四是强行入园,此类家长都会以家里无人带幼儿,或者以幼儿的病情不明显为由,要求入园,并且拒绝就医就诊。

本案例中妮妮的妈妈就是属于第四类情况。教师通过有准备的家访,解除家园之间的误会,指导家长如何护理传染病幼儿,给出专业的指导意见,让家长真切地感受到教师对幼儿的关爱,家园关系得到了进一步的提升。

2. 要明确家访的目的和有效的方法

结合上述案例,我们可以看到,职初教师在"如何进行家访工作"时要注意以下几项内容:

(1)明确家访工作的目的。家庭是幼儿园重要的合作伙伴,争取家长的理解、支持和主动参与,让家长协助教师更好地开展教育教学工作,保持家庭教育和幼儿园教育的一致性。

通过家访,与家长进行良好的沟通,获得家长的信任和理解,更有利于教师开展教育教学活动,达到事半功倍的效果;通过家访,可以更全面地了解幼儿,及时调整对幼儿的教育目标,使教育更有针对性;通过家访,可以挖掘一些优质的家庭教育资源和成功的教育经验,从而更好地为课程建设服务等等。

（2）明晰家访的基本流程。对生病幼儿进行家访的基本流程：家访前与家长事先预约时间、地点；对家访的内容进行前期的知识准备和物质准备，在不影响家长正常生活的情况下开展家访；教师要注意自己的仪态与着装；家访中面对不同层次的家长有针对性地沟通，打开家长的心扉，与其友好地交流，获得家长的信任和支持；家访后，及时对当日情况进行反思与调整，梳理经验，提升个人的家教指导能力。

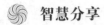 智慧分享

美国学前教育机构的家访工作及其启示

家访（Home Vists）是美国学前教育机构与儿童家庭建立友好关系的一种重要形式。为了充分发挥家访的独特作用，美国学前教育机构的教师会认真做好家访前的准备工作，准时到达儿童家庭进行有针对性的访问，并全面落实家访后的强化工作。本文整理了美国学前教育机构家访工作的相关信息，希望为我国的幼儿园教师提供一个反思我国幼儿园家访工作的平台，以帮助教师巩固和发展家园之间的和谐关系。

一、家访的价值

美国学前教育专家纷纷指出，家访有助于教师、家长、儿童间的相互理解和共同成长，有助于家园合作关系的形成。

1. 家访对教师的价值

有利于教师更好地了解儿童、家长和儿童的家庭环境。

家访是教师与儿童家庭间建立积极平等的伙伴关系的一种重要形式，能帮助教师更好地了解每个儿童及其家庭的社会文化背景，了解家长和孩子之间的关系，了解家庭的特色和家庭成员的兴趣，从而更好地理解儿童的行为。

有利于教师设计出更符合儿童发展需要的活动。

家访既能使教师从家长那里获得关于儿童学习、成长和发展的许多信息，也能使教师对儿童的家庭学习环境进行评估，帮助家长学习如何指导儿童在家里的学习活动。家访还能使教师全面地观察儿童的家庭环境，深刻地认识儿童，了解儿童在家里喜欢的玩具和活动，从而为教师今后设计有针对性的班级活动打下基础。教师可以运用家访获得的信息，设计更符合儿童兴趣爱好和学习特点的活

动,丰富儿童的知识经验。

2. 家访对家长的价值

家访能帮助家长为儿童提供更好的保教活动,从而促进儿童的成长和发展。此外,家访还为家长提供了与教师自由交流的机会,使家长能直接看到教师和孩子的互动,感受到教师对孩子的关爱。正如 Gestwicki 指出的那样,家访能为那些由于工作和家庭的原因而不能来园的家长提供与教师面对面交谈的机会,能为家长提供参与教育、观看教师和孩子交往的机会,使他们意识到教师喜欢他们的孩子。

3. 家访对儿童的价值

家访使儿童感到很新奇,他们会很高兴地把自己的房间、玩具、宠物、兄弟姐妹等介绍给教师,家访还能增强儿童的自豪感,帮助儿童攻克入园难关。特别是入园之前的家访,儿童可以在安全舒适的、有家长陪伴的家庭环境中去认识教师、熟悉教师,这能有效缓解他们日后的入园压力,帮助他们更快地适应幼儿园生活。

4. 家访对家园关系的价值

家访可以在学前教育机构和家庭之间搭建沟通的桥梁,这样不仅能使家长和教师有效沟通,建立信任感,而且能使家园合作关系得以巩固,使教师与儿童和家长的友好关系得到强化。

二、家访的准备工作

为了保证家访的质量,美国学前教育机构的教师在家访前都会注意做好以下几项准备工作。

1. 解说家访的目的

如果在开学前进行家访,教师会通过电话、信函、便条等方式向家长解释家访的目的,即使教师有机会和家长、儿童在一起,以便更好地了解家长和儿童;帮助家长和儿童了解教师,与教师建立开放的、友好的关系;分享信息,解决问题。教师如果在学期初向家长提出家访的请求,那么他们会通过入园教育等方式向家长说明家访的目的:使家长知道自己的孩子是如何适应幼儿园生活的;到家里去看看孩子;和家长进行交流。可见,教师不论在什么时候去家访,都会把家访的目的聚焦在儿童身上。

2. 协商家访的时间

教师往往会通过电话、电子邮件、书信便条等方式和家长取得联系,商定家访的日期和时间。有的教师会先让儿童把便条带回家，然后再给家长打电话，以确定合适的家访时间；有的教师会提出几个家访的日期和时间让家长选择，使访问能在双方都方便的时间里进行；还有的教师会先给家长发一条短信，说明家访持续的时间（如不超过 1 个小时），并列出几个备选的日期和时间，供家长选择，几天以后再给家长打个电话，确定双方都方便的时间，并询问去往幼儿家庭的交通路线。教师和家长协商家访的时间，既能使双方达成共识，也能使家长觉得自己受到了尊重，是他们在邀请教师来访。这样，家长就会期待教师的到来，而不会产生抵触情绪。因为如果教师强行访问一个家庭，那么家长会感到紧张不安，这对家长来讲是很不公平的，对家园伙伴关系的维系也没有丝毫帮助。

3. 商讨家访的地点

绝大部分家访会在儿童的家中进行，不过教师有时也会遇到一些特殊情况，不得不更换家访场所。例如，有的家长害怕教师来家访，教师就会为该家长提供在其他合适的场所进行访谈的机会，会让其选择在校园、公园、游戏场、咖啡馆、教堂、社区中心等地进行沟通。如果教师觉得不便于到某个儿童家里去访问，那可以到家长的工作单位去访谈。总之，教师可以利用家庭、幼儿园、社区等不同场所来实施自己的访谈计划。

4. 备齐家访时需要的物品

家访前，教师会精心准备家访中可能要用到的各种物品，如儿童家庭住址的地图、儿童所在学前教育机构或所在班级的照片、有关学前教育机构简介的书面材料或磁带、儿童画画和写字的笔与纸、儿童操作的游戏泥、照相机等。这些物品为家访的顺利展开提供了物质保障，能满足教师、家长和儿童的不同需要。

三、家访的过程

1. 开始环节

教师穿着大方得体的衣服，按照约定的时间和地点，准时到达，这就为家访提供了一个良好的开端。教师进入儿童家庭时要彬彬有礼，热情地向儿童及其家庭成员问好；及时转换角色，把自己看作是客人，牢记家长是主人，服从家长的安排，接受家长的款待，如高兴地品尝家长提供的点心；适时告诉家长自己打算停留多长时间，如在 20—30 分钟之间；尊重家长，不对家庭环境表示惊奇，不对家庭生活方式进行负面判断，客观地应对家庭的需求，真诚地认可家庭的价值观、信仰和态度等。

2. 中间环节

教师围绕家访的目的，以开放的心态、积极的态度和家长、儿童交流相关信息。

（1）从景物入手，和家长闲谈

教师以轻松自然的方式，与家长就家庭环境中的景物进行简单交谈。例如，教师可以提出"我看到你家门口有块菜地，这些菜是谁种的"之类的问题，然后认真倾听儿童及其家长的回答。

（2）从资料入手，与家长详谈

教师以视听资料为媒介，向家长传递学前教育机构的信息：先把随身带来的书面材料、磁带呈现给家长，与他们讨论学前教育机构的政策、独特的教学方法、儿童的特殊需要、班级的常规和游戏活动；再向家长描述儿童在学前教育机构的一日生活，说明游戏活动是儿童学习的途径，儿童通过游戏能学会许多技能，为今后的学习打下良好的基础；最后再向家长提出想看看孩子、和孩子起玩一玩、和孩子一起聊聊等要求。

（3）从游戏入手，与儿童交流

当家庭成员在阅读资料或收听磁带、填写表格时，教师友好地与儿童交往：先把带来的游戏泥拿出来给儿童玩，再把带来的纸和笔拿出来供儿童画画，告诉儿童临走时要把这张画带走，贴到班级的展示墙上。

（4）从特色入手，与家庭分享相关信息

教师通过观察、提问、倾听来了解家庭的特征、家长的特长和儿童的特点，促使家长参与儿童教育；教师依据儿童的兴趣，把一些游戏、活动、图书引进家庭，使家长能开展亲子游戏、亲子共读等活动；教师根据家庭的条件，提出有关儿童学习活动、学习材料和学习设备的一些建议，但不对家长指手画脚，也不对家庭环境作出消极判断，以免影响信息的获取和分享。

3. 结束环节

教师注意掌握访问的时间，在15—30分钟内结束家访，最长不能超过1个小时，除非受到了家长的特别邀请，如参加聚餐会、生日会等。

在离开儿童家之前，教师会做好以下几件事：一是和家长交谈儿童刚才所画、所写的东西，说明这是儿童绘画技能、书写技能发展的表现；二是给家庭留下儿童喜欢的一本书，提示家长读给儿童听；三是给家庭留下学前教育机构的时事通讯，鼓励家长在家里学习和使用；四是请求家长同意拍一张他们的全家福照片，日后可以贴在班级的家长园地里；五是邀请家长来园参观访问，参加班级里的一些活动，和儿童分享他们的知识经验。

总之，在家访过程中，教师可以运用各种社交技能和策略，达到家访的预期目的。

四、家访后续活动

教师在家访后，还会尽力做好以下几项工作。

1. 致谢家长

教师及时给家长写封感谢信，寄到儿童家里，表达对家长的感激之情。在信中，教师还会表达家访给自己留下的美好印象以及所带来的愉快体验，并对家访中的一些事情进行积极评价，如看到了儿童家里的宠物，抱过了儿童的小弟弟、小妹妹，品尝了庭院里的西红柿等。

2. 引入活动

教师在接下来几周的时间里，会充分利用家庭资源，开展相应的活动，以继续保持与家庭的亲密关系。例如，在家访中，教师发现一位家长有一技之长，在家访后教师就会安排适当的活动，邀请这位家长来和全班儿童分享才能；在家访中，教师发觉一个儿童在身为地理学家的父亲的帮助下收集了很多岩石，知道许多有趣的事情，在家访后教师就设计了以岩石为主题的单元活动，鼓励这个儿童把家里的相关物品带到班级来，向其他儿童展示。

3. 评估成效

教师会适时地对家访工作进行全面评估，以考察家访是怎样有效地加强了教师和家长、儿童之间的联系，自己运用了哪些策略来实现这一目标，今后如何为儿童设计更适宜的活动等。

五、思考与启示

美国学前教育工作者关于家访的看法和做法值得我们借鉴。

1. 重视家访的作用

家访一直是我国幼儿园与家庭建立良好关系的一种形式，但最近 10 年，家访的利用率却呈下降趋势。据调查，在 20 世纪 50 年代至 80 年代，家访在幼儿园各种家园联系形式的重视程度排名中始终位居榜首，并遥遥领先，但到了 90 年代，家访的排名开始下滑，降至第三位，到了 21 世纪初期，已经退至第八位。这一现象值得我们深思。美国学者高度重视家访工作,他们从教师、家长、儿童、家园关系这四个维度来看待家访作用的视角,为我们提供了新的思路,促使我们重新审视我国幼儿园的家访工作,全面认识家访的作用,重视家访的价值。

2. 教师要妥善扮演各种角色

美国学前教育机构的教师在家访前、家访中、家访后采取的一系列措施都值得我们参照,且有助于我国幼儿园教师做好家访工作。在家访前,教师要扮演好发起者、策划者、协商者、采纳者的角色,向家长提出家访的请求,预设家访的目的、时间和地点,征询家长的意见,采纳家长的合理化建议。在家访中,教师要扮演好客人、随从的角色,把自己视为儿童和家长的朋友,尊重家庭的文化,理解家庭的需要,不对家庭环境作出任何否定的评价,不喧宾夺主,不控制访问。在家访后,教师要扮演好致谢者、设计者和邀请者的角色,向家长表示衷心的感谢,设计能充分利用家庭资源的各种活动,热忱地邀请家长来班级和儿童一起活动。

3. 教师要全面提高社交能力

家访是在教师和家长、儿童之间进行的一种互动,为了使这种互动能够卓有成效地进行,教师必须提高自己的社交能力,这是美国同行的一条宝贵经验。为此,教师首先要提高观察能力,全面观察儿童的家庭环境,仔细观察儿童及其家长的行为、表情和体态语言。其次,教师要提高倾听能力,主动倾听家长、儿童的话语,客观地判断家庭成员所传递的信息的真正含义。再次,教师要培养提问能力,以便提出恰当的问题,打开对话的窗口,引导谈话的进程,得到充足的信息。最后,教师要增强探索能力,开辟不同的路径,为儿童创设各种活动,促进儿童的学习和发展。此外,教师还要提高激励能力,鼓励家长参与、支持儿童教育,促进儿童及其家长的共同成长。

4. 幼儿园要适当奖赏教师的劳动

美国学者认为,正像家访有许多优点一样,它也有一些不容忽视的缺点,如费时、耗力,因此尽管家园合作关系的巩固能使教师受到精神奖励,但幼儿园还是要为家访的教师提供一定的时间、物质和精神补偿。这种尊重教师劳动维护教师权利,并从物质和精神两个层面来嘉奖教师的做法值得我们仿效。因为我国的幼儿园是以全日制为主的,教师白天都在带班,而家长又是以双职工为主,他们白天上班,只有晚上和双休日在家,教师如果要去家访,就只能牺牲自己的闲暇时间;又因为我国幼儿园的班级规模比较大,教师需访问的家庭很多,工作量很大，必然会占用许多休息时间；还因为我国幼儿园的儿童并非都是就近入园，他们的家庭住所可能离幼儿园很远，教师去家访时经常需要乘坐交通工具。因此，幼儿园不仅要表扬教师的敬业态度、奉献精神，而且要通过调补休息时间、发放车费、支付超时工资等措施以维护教师的合法权益，从而真正保护教师对家访的热情。

（李生兰.美国学前教育机构的家访工作及其启示[J].幼儿教育，2009 年 12 期）

第二节　日　常　约　谈

日常约谈是幼儿园常见的教师与家长面对面的沟通形式，根据约谈发起者分为教师主动约谈和家长主动约谈两种方式。前者一般是教师为解决某些问题而特意邀请家长来园约谈，后者主要是家长为询问幼儿的情况或有问题希望获得指导主动来园与教师约谈。

教师主动发起的日常约谈应具有很强的计划性，在学期家长工作、家园共育计划中有所预设，如初步确定与家长约谈的人次与频率、约谈的内容。此外，根据计划在日常工作中积累相关资料，通过面对面访谈将幼儿发展中、家庭教育中的问题有针对性地与家长进行交流，将最新、最有效的教育理念、方法有针对性地传递给不同的家长，挖掘家长的教育潜力，提高家庭教育指导工作的效率。

教师对于家长主动发起的约谈要以真诚的态度和专业者的姿态积极参与，认真倾听家长的问题、困惑和需求，提出个性化的、可行的指导策略，帮助家长解决家庭教育中的问题。因材施教是教师的专业能力的体现，对家长实施个性化的家庭指导更是教师专业能力的体现。

✸ 问题聚焦：不欢而散的约谈

丫丫是小班第二学期插进小（1）班的，入园后的两周里，班主任李老师发现丫丫的行为举动异于其他幼儿。丫丫注意力非常不集中，倾听习惯较差，特别是自控能力弱，经常争抢同伴的玩具，游离在集体活动之外。丫丫的行为影响了班级内其他幼儿的学习和生活。此外,开学两周中基本上都是奶奶接送丫丫,且对于李老师反映的丫丫存在的问题,奶奶总是闪烁其词,或者只是简单地叮嘱一下丫丫在幼儿园"要乖一些""要听老师的话",并不是很愿意跟老师做过多的交流。面对这一情况,李老师心里有点着急。一天,丫丫妈妈送孩子来园,李老师赶紧抓住机会,临时约谈,邀请丫丫妈妈到办公室进行交流。由于老师和家长的时间都不多,李老师"开门见山"说了丫丫的各种问题行为,还给丫丫妈妈看了手机里的相关视频,视频没有看完,丫丫妈妈就不耐烦地说:"老师,你不要给我孩子贴标签,我的孩子只是出生的月份比较小,发展可能比其他的孩子慢,等她大一点就会好的!"并以上班时间快到了为由,结束了本次约谈……

教师思考

接待好被"约谈"的家长是家长工作中比较重要的一项内容。往往家长被约谈时,总是带着"老师要告状了,孩子在园闯祸了"等心理暗示来园。因此,作为组织约谈的班主任必须要做好这项工作的前期准备,为家长创设较为宽松的交流环境。教师要事先细致观察幼儿、了解幼儿的发展状况,分析幼儿行为产生的原因,准备好用系统扎实的专业知识、丰富的教育经验与家长进行沟通,共同商议解决的办法,拟定家园相互配合的具体做法。

鉴于本次约谈的失败,李老师对自己的工作进行了思考:如何让丫丫妈妈正视丫丫的行为?用怎样的方式打开家长的心扉,让家长感受到老师的诚意?

总结上次的失败经验,李老师将自己的失败总结为:

1. 没有选择好适当的环境与家长交流,办公室的环境比较开放,出入的人员较多,家长的谈话隐私没有被保护好,双方的交流是有顾忌的。

2. 谈话开场时,李老师为了切入正题,在没有与家长交流过多的情况下,直接出示幼儿在园行为异常的视频,让家长略显尴尬,排斥心理油然而生,导致最后不欢而散。

3. 在谈话冷场后,缺乏前期准备工作的李老师没有及时地打破僵局,使家长误以为老师在故意刁难家长,戴着有色眼镜对待丫丫。

鉴于以上的经验总结，李老师认真查阅与家长成功约谈的相关信息和书籍，并且邀请有着丰富家教经验的吴老师一起寻找对策，包括约谈前的准备、约谈中的沟通方式和约谈后的跟进策略。

教师策略

李老师调整好策略，给丫丫妈妈打电话，坦诚上次的约谈不成功是自己的考虑欠佳，导致产生误会，希望丫丫妈妈能够谅解。李老师说："老师和家长对孩子的目标是一致的，都期望孩子能够健康、快乐成长。希望丫丫妈妈能够再次来园，我们一起探讨一下孩子的教育问题。"收到李老师的真诚邀请，丫丫妈妈表示愿意跟老师进一步沟通丫丫的发展情况。

本次约谈，李老师采取了以下方式：

1. 共同商定约谈时间和地点

与家长的约谈必须要共同商定好时间和地点。在宽松的、不被别人打扰的、安静的环境中双方进行诚挚的交流，消除家长谈话的顾虑，可以事半功倍，为成功地进行约谈做好前期准备工作。家长下班后，幼儿离园后，本班教室就是一个不错的选择，家长可以在相对熟悉的环境中轻松交流，教师也可以结合班级环境来交流幼儿的表现。

2. 轻松自然的开场接待

约谈也有"待客之道"。家长被老师约谈时往往心里比较忐忑，如何让家长放下心防、主动交流，轻松自然的开场接待显得尤为重要。

丫丫妈妈背着包风尘仆仆地赶到小（1）班，李老师迎上前去招呼："丫丫妈妈来啦！刚下班吧！路上堵吗？我们先坐下来休息一会儿，喝口水吃点饼干。你平时工作挺忙的吧？"

一番轻松的开场，让稍微尴尬的气氛有所缓解，丫丫妈妈也放下戒备之心，与李老师打开了话匣子。

3. 在共情的基础上切入主题进行交流

共情指的是一种能设身处地体验他人处境，从而达到感受和理解他人情感的能力。当教师是因为幼儿出现了问题行为而与家长沟通时，首先要理解家长对孩子出现问题行为可能存在的逃避、焦虑或羞愧的心态，让家长感受到老师希望能够共同帮助孩子成长。

李老师说:"丫丫妈妈,今天邀请你来园,主要是想跟你聊聊丫丫进园一个月的发展情况,请你相信,老师和家长对孩子的目标是一致的,都希望孩子能够健康、快乐成长。所以我们应该放下心中的芥蒂,敞开心扉,聊聊孩子的情况,你觉得呢?"

一番真挚的开场白,让丫丫妈妈放下了心中的负担,开始主动与老师交流:"其实,丫丫发展得比较慢的情况,我们家长是意识到的。小区里同年龄的孩子一起游戏,丫丫总是不能合群,为此我们也很着急。但是,孩子的爷爷奶奶不愿意承认丫丫发展慢,总觉得是因为孩子月份小,所以跟不上同年龄孩子的发展。并且爷爷奶奶不愿意我们跟老师交流这个情况,怕老师和小朋友戴着有色眼镜看丫丫。"

从丫丫妈妈的讲述中,李老师感受到了家长心里的矛盾:不愿意接受,又忧心忡忡。李老师告诉丫丫妈妈,其实学前阶段的孩子发育有差异很正常,关键在于教师和家长是否能够正视这种差异,找到帮助孩子成长的方法。此外,李老师还表示自己以前碰到过跟丫丫的发展情况很相近的孩子,这个孩子的家长及时前往儿童医院进行科学鉴定后,家长和老师再根据孩子的检查结果进行有针对性的指导。李老师建议丫丫妈妈也可以试试看。如果孩子的确存在发育迟缓的现象,要尽早治疗或者干预,不要因为家长好面子,耽误孩子的发展。

一周后,丫丫妈妈充满感谢地告诉李老师,丫丫到医院去看过了,医生给出了专业的治疗方案,医生反复强调早干预对孩子的恢复是至关重要的。丫丫妈妈感谢李老师的提醒,没有耽误孩子的治疗。

4. 跟进约谈结果,与家长共同支持孩子成长

幼儿的发展经验往往是在一日生活中获得的。虽然医生给出了治疗方案,但是丫丫作为班级的一员,教师仍然需要关注她的发展需要。丫丫经常游离于集体之外,非常喜欢一个人安静地画画,而且可以画很长时间。李老师为丫丫准备了一个专用画画桌,允许她在想画的时候自主地画画,不参与集体活动,但是在自由活动期间,鼓励丫丫来介绍自己的作品,帮助丫丫建立自信,尝试主动表达。同时,李老师与丫丫的妈妈沟通自己的做法,建议丫丫妈妈能够更多地陪伴丫丫,利用丫丫的作品与丫丫进行交流。

◉ 行动反思

《幼儿园教育指导纲要（试行）》的第三部分"组织与实施"中指出：家庭是幼儿园重要的合作伙伴，教师应本着尊重、平等、合作的原则，争取家长的理解、支持和主动参与，并积极支持、帮助家长提高教育能力。因此，有效的家园沟通将极大地提高幼儿教育质量，而要获得家长的配合，就需要教师有效地与家长进行沟通。

在日常工作中，与家长约谈，交流幼儿在园的发展情况是教师经常采用的一种方法。如何适当地与家长交流，获得家长的认可，坦诚地提出问题，共同寻找解决的对策，帮助幼儿更加健康地成长非常重要。

在接待家长进行约谈时，我们要注意以下几个方面：

1. 让家长感受到双方教育目的的一致性

教师在正式约谈前要做好充分的前期准备。收集可以体现幼儿发展情况的典型事例和档案材料。汇集、查阅孩子各方面发展情况的材料，进行分析，提取典型的事例。准备和孩子有关的观察记录材料及孩子的作品等，可供约谈时使用，让家长感受到家长和教师是作为共同促进幼儿发展的主体。双方在促进幼儿健康成长的目标是一致的。在共同教育幼儿的问题上，双方应本着彼此尊重、互信合作、真诚沟通的态度，同心同德地完成育儿的使命。

2. 为家长创设宽松、温馨的约谈交流环境

适时的约谈时间，宽松、隐私的约谈地点，是开展成功约谈的基础。

心理环境同样重要。教师在与家长交流孩子的表现情况时，应做到及时、全面，以正面引导为主，呈现问题时建议结合具体的事例，尽量少给出贴标签式的判断。只有当家长相信教师是在真诚地关心和帮助幼儿时，才可能实现双方的合作。

3. 为家长提供家教指导要专业且可行

教师要善于利用家长来园约谈的时机，与家长客观、真诚地交流幼儿的发展状况。在具体操作的方法上，教师可以提供专业的建议，但是切不可"高高在上"地命令家长，要与家长共同协商建议的可行性。根据每位幼儿家庭的实际情况，征求家长的意见，与家长共同协商并制定适合的操作方案。

4. 家长自身的情绪也需要被关照

当我们约谈家长时,往往直奔主题,讨论孩子的优点、问题、趣事等,往往容易忽视家长的情绪,其实,家长自身的情绪也需要被关照。当代家长需要平衡自我、事业、家庭等方方面面,特别是当自己的孩子出现问题行为时,容易产生焦虑彷徨、力不从心的心态。教师在与其讨论幼儿的教育问题时,需要同步对家长的心态表示理解,并尝试疏导和改善家长的情绪状况,适度扮演倾听者、疏导者、合作者的角色。

🌀 智慧分享

幼儿教师与家长有效沟通的策略

决定沟通的因素包括沟通的主体、沟通的内容和沟通的地点。因此,沟通的策略要从这三个方面入手,选择因人而异、因事而异以及因地而异的方式,才能进行有效沟通。

一、因人而异的沟通策略

1. 根据家长性别的不同,选择不同的沟通策略

在调查中,我们发现女性家长比男性家长更多地会主动和教师交流,而且也会耐心听取教师的意见,而男性家长则很少主动和教师交流,部分原因是教师也是女性。因此,女性家长与教师之间更容易沟通,也最易成为幼儿园工作的强有力的支持者。对于男性家长,他们更多地是当幼儿出现了急需解决的问题时,希望从教师那里获得方法或帮助。因此,教师可以用简洁的语言给予反馈,或者直接告诉他们明确的建议和可行性的方法。

2. 根据家长年龄的不同,选择不同的沟通策略

在调查和观察中,我们发现年纪大的家长,特别是隔代家长,更关注幼儿的身体、饮食等生活方面的情况,对孩子过于娇惯,而很少关注幼儿其他方面的表现。年轻的家长,也就是父母,他们更关注孩子的在园表现。所以,对于年纪大的家长,教师不仅要反映孩子在园的生活情况,还要用浅显的语言宣传幼儿全面发展的观念,同时,要注意保持诚恳、尊重、亲切的态度,先做晚辈后做教师。对于年轻的家长会更理性地重视幼儿的发展,教师要尽量争取他们对于教育工作的支持,教师在沟通时,可通过各种现代化的手段进行联系,听取他们的建议。

3. 根据家长对孩子的期望值，选择不同的沟通策略

在调查和访谈中，我们发现每一位家长对于自己孩子的期望值是不一样的，有的要求很高，有的则"很低"，甚至不对幼儿提任何要求。因此，针对期望过高型家长，教师要从客观、全面和发展的角度反映幼儿的情况，否则就会伤及家长的自尊心，使家长对幼儿产生过激情绪。在措辞方面，教师要注意委婉，运用先扬后抑的方法，让家长便于接受。针对期望值低的家长，像溺爱骄纵型、放任武断型的家长，教师可以提出严格的教育要求，阐述如此发展下去的不良后果，以引起家长的注意。

4. 根据家长的受教育程度，选择不同的沟通策略

家长受教育程度不同，对于孩子的教育观念也不同。现在很多受教育程度较高的家长，对于孩子的教育关注较高，在观察中发现，受教育程度较高的家长的教育观念往往会出现两个极端，一个是对孩子要求过于严格，他们认为以后竞争太激烈，所以要对幼儿的各个方面进行完美打造；另一个是对孩子过于"尊重"，认为幼儿要发扬个性和自由，结果导致孩子不能融入集体生活。事实上，这样的家长缺乏的是一个参照系数，即孩子的发展水平在群体里所处的位置。因此，与这些家长沟通时，教师要引导家长了解客观的评价观和适当的教育理念，可以从整个年龄段的发展水平来谈孩子的发展。对于受教育程度低的家长，他们往往不太重视幼儿教育，所以教师要一边和家长交流孩子的情况，一边尝试用浅显易懂的语言宣传幼儿教育的重要性。

5. 根据孩子的个人状况，选择不同的沟通策略

每个孩子都是不同的，其中包括孩子的年龄、性别、性格、身体状况、发展水平等等。孩子的个人状况不同，家长的关注点也不同，沟通的侧重点和方式也不同。因此，教师平时要善于认真观察孩子，观察不仅可以帮助教师了解孩子的发展状况，同时，也能观察出每个孩子身上显现出的家教风格。从而，教师在与家长沟通时，才能有的放矢地提出自己对孩子的看法。

二、因事而异的沟通策略

1. 以交流幼儿情况为主的沟通策略

在与家长沟通交流幼儿的情况时，教师最好用具体的语言进行表达。其次，要借助具体事件反映孩子的表现。这样会让家长更容易理解孩子的状况，感受到教师对孩子的关注。笼统的"很好，很聪明"，会让家长感觉到教师在应付自己，认

为孩子是被忽视的。在反映孩子在园的一些缺点时,教师更要注意措辞,避免因使用一些过激的词语而伤害到家长的自尊,所以,教师要多使用就事论事的评价方式以及发展性的评价。

2. 以反映孩子问题为主的沟通策略

教师切忌用"告状"的口吻,要注意维护家长的自尊,不当着其他家长和孩子的面反映孩子的缺点,同时遵循"一表扬二建议三希望"的原则。比如:"这个孩子在幼儿园里很喜欢参与各种活动,这是值得表扬的,如果多学习一些与人合作的方法,就更好了。相信我们好好帮助他,他会变得合作能力更强,更加优秀。"

3. 以布置配合工作为主的沟通策略

教师要明确交待任务,语言要言简意赅,任务要具体。原因是,第一,家长对于幼儿园的工作并不十分了解;第二,每次教师与家长见面的时间有限。此外,要尽量让家长理解配合工作的目的,使家长心里清楚,以便更好地做好配合工作。

4. 孩子在幼儿园出现事故时的沟通策略

幼儿在幼儿园可能会出现各种状况,最严重的就是事故。在这种情况下,教师除了判断准确、送医及时、处理规范外,还要安抚好家长。首先,教师要勇于承认工作中的过失或者诚心向家长表示歉意,赢得家长的理解。其次,教师要详细地向家长反映事故情况,让家长清晰事实真相,降低家长因迷惑而带来的焦虑担忧和不安全感。最后,和家长一起协商做好孩子的恢复工作,包括以后对孩子伤口的观察、孩子活动时的特殊照顾等等,以此获得家长的谅解。

5. 家长因误解情绪过激时的沟通策略

在幼儿园由于种种原因可能会让家长产生误解,使得家长情绪过激。在这种情况下,教师一定要控制好自己的情绪,不要急于辩解,耐心地等家长说完,然后再向家长解释,尽量避免与家长抬杠。教师不分场合与家长争执,只会让家长认为教师对自己的孩子或者对自己有偏见,或者认为教师是不负责任的,这样更不利于沟通。教师要从家长疼爱孩子的角度出发理解家长的心理,并从关爱孩子的角度谈论问题,这样更易于家长接受。教师可以通过说:"你说得很有道理,不过……""你的心情我能理解,你看这样如何?"等这样先认可再建议的方法提出自己的观点。对于蛮横不讲理的家长,教师要不卑不亢,理性地将事情解释清楚。

三、因地而异的沟通策略

教师在与家长沟通时,一定要考虑到地点。有些一般性的沟通,教师可以在家长接送时用简短的语言在教室内与家长沟通。但是，遇到反映幼儿某方面的"问题"时，教师要注意地点，避开其他家长和孩子。人际沟通学中提到沟通主体会因沟通的地点而发生情绪、心理等方面的变化，影响沟通的效果，同时，选择合适的地点也是对家长的一种尊重，对孩子的一种尊重。

（葛琳.幼儿教师与家长有效沟通的策略[J].早期教育(教师版)，2009 年第 6 期）

第六章 ‖ 媒 介 指 导

　　家园合作共育是幼儿园教育的一个重要组成部分,是促进幼儿健康成长的重要途径。家园共育离不开教师与家长的沟通与指导。教师与家长沟通的方式有很多,就其使用的媒介而言,可分为传统媒介与现代媒介。两种媒介都有它独特的功能,对传递信息发挥着重要意义。教师根据沟通和指导需求,要善于选择适宜的媒介,充分地开展沟通与指导,最大限度地提升家园共育的质效。

第一节　微信(QQ)群：即时互动媒介

　　信息技术日新月异,移动手持式终端设备普级,微信(QQ)作为新型网络交流平台受到人们的喜欢。利用这类平台,人与人之间可以不受时空限制地交流,文字、图片、语音和视频等资料可以第一时间在不同人之间传递。如何把家长的移动智能设备用于家园共育,如何利用微信(QQ)平台为家长的家庭教育提供全方位的即时指导是现代教师专业能力的体现。

⬤ 问题聚焦

　　　齐齐是一名大班幼儿,是来沪人员随迁子女。因工作需要,齐齐父母回老家了,但仍然将齐齐留在上海由奶奶照看,于是齐齐就成为了在奉贤上学的"留守儿童"。班主任高老师了解到家长与孩子"分居两地"的情况后,特别邀请齐齐妈妈加入大一班的"贴心微吧"群,希望通过跨时空的便捷手段"微信群",及时沟通或给予帮助。一段时间后高老师发现,齐齐妈在班级群里大多在观望,有时说到孩子的具体表现时又会欲言又止。

　　　"齐齐当上小当家了",老师记录下齐齐非常惊喜的时刻,这次老师以私聊的方式把照片即时传给齐齐妈妈,齐齐妈妈非常高兴,并邀请高老师加入齐齐家的"齐齐乐园"。高老师非常乐意地成为齐齐家庭群中的一员。在班级微信（QQ）群中，大家有即时交流，也有相约交流。"即时交流"大多为老师抓拍孩子日常生活的精彩瞬间，用微视记录孩子的不寻常时刻，让家长跨时空直观地到感受到孩子成长的足迹。相约交流的内容之一是"日常活动记录"，是指在主题进行的过程中，向家长公布开展主题过程中需要配合的内容，帮助家长指导幼儿积累主题经验等；内容之二是"家教问题交流"，这是针对孩子正处在幼儿园的大班，家长非常关注的问题，比如怎样培养大班孩子的学习习惯，大班的孩子该学些什么内容与小学顺利衔接等，通过沟通更便于家长可以正确地指导孩子顺利地度过幼小衔接阶段。

教师思考

1. "留守儿童"家庭教育的缺失

随着市场经济的迅速发展，父母因工作原因把尚在学龄前的孩子留守在爷爷奶奶或者外公外婆身边，或有的投靠在亲朋好友家里，由此，在当今教育领域出现一个新兴的名词——留守儿童。父母是孩子身边最亲密的人，也是孩子的第一任老师，父母的亲情关爱、言传身教是孩子成长的必要条件，而"留守儿童"恰恰存在着这一缺失。信息化手段能在父母和孩子两地分居的情况下弥补直接接触和交流的不足，增加亲子间互相倾诉、感情交流的机会，也能弥补家园即时交流、互通信息、互相探讨的机会。其中，微信以其技术便捷、功能多元、声情并茂等特点，特别受到家长和小朋友的欢迎。

2. 微信有区别于其他家园沟通方式的优势

随着现代人工作节奏的加快，父母和老师之间的面对面交流常常受到时间和空间的限制。但是，幼儿的身心状况、点滴成长无时无刻不牵动着家园各方的心。预约式的沟通方式，如家访、约谈等已不能完全满足家园即时交流的需要。而微信以其即时性的强大功能，恰恰可以弥补这一不足，父母和老师可以通过照片、视频等形式记录幼儿在家庭或幼儿园的快乐瞬间和精彩时刻，也可以通过文字或者语音等形式交流家园双方共同关注的教养问题等。在可开放可私密的空间里，家园各方互为浏览者、倾听者，同时又是主动参与者，突破时空限制，或列举、或抛问、或质疑、或解答，在互动中身临其境、了解现场，明晰问题、提高认识，传播经验、优化行为。

3. 微信在群体指导和个别指导中的不同作用

目前,微信交流在家园指导中的应用已非常普遍,特别深受 85 后家长的欢迎。通过对微信用于家庭教育指导的常用方式的分析发现,一种是学校预设式的,如在新生入园的第一次家访或者第一次家长会时,班级微信群已经产生了,一般班主任为群主,每个家长为成员。另一种是自主生成式的,随着家园双方的了解,家长之间逐渐熟悉,家长与教师,家长与家长因为沟通的需要自主建群共同参与。案例中的高老师在发现齐齐妈妈的特殊困难后,先是以群体指导的方式邀请她加入班级的"贴心微吧"群,而后又从个别指导的角度,加入了由齐齐家庭成员组成的小群"齐齐乐园",满足个别特殊家庭的指导需求。

教师策略

1. 即时问题的沟通

人与人之间是需要通过沟通与交流的方式来增进了解、加深感情的,那么,对于天真无邪的孩子们来说,幼小心灵的成长变化是无时无刻的,因此更需要成人,特别是父母和老师即时的沟通了解和爱护。即时沟通的最好方式是每天有一段时间的亲子间直接的肢体爱抚和耐心倾听,但是对于"留守儿童"这样的特殊家庭,面对面亲子沟通交流的时间很少,于是教师想到了用现代媒介来弥补这一不足。高老师会将齐齐扮演"大老虎"成功了,齐齐种植的草莓开花了,齐齐轮到升旗手了等一个个精彩的时刻马上以照片和小视频的形式传到微信上。当然,即时沟通是幼儿成长的见证,也是家长和教师互动交流、达成家园共育的需要。如在主题活动"旅行去"中,每个幼儿都要带来几张和父母出去旅行的照片,这时,老师就可以告诉齐齐不要着急,微信上,妈妈已经及时传来照片啦,这下马上消除了齐齐的小顾虑。

2. 现场活动的参与

孩子的成长需要良好的亲子陪伴。幼儿园的亲子活动丰富多彩,有主题式的,如亲子运动会、亲子义卖会等;有结合节庆的,如三八妇女节和妈妈同乐,庆六一亲子嘉年华等。幼儿园邀请父辈家长来园,共同参与现场活动,活动中亲子共同歌唱、制作、游戏,但对于"留守儿童"来说,父母的陪伴就成了一种奢望。但是,借助微信等新媒介，能弥补"留守儿童"没有父母参与活动的遗憾。"大家安静，请看屏幕上是谁在讲话？"老师把班级微信群的视频投在大屏幕上，齐齐妈妈正和大家打招呼，并亲切地鼓励齐齐勇敢地穿上环保服装上台表演。齐齐获得了妈妈的鼓励，原本耷拉的神情马上精神起来，美滋滋地穿上妈妈从远方寄来的环保衣服登上了舞台。这场跨时空的亲子参与也在高老师和齐齐妈妈的预先计划中成功了。

3. 专题问题的探讨

孩子在成长过程中总会遇到各种各样的问题，父母在陪伴孩子成长的过程中也会遇到不一样的问题。如小班刚入园时，父母担心孩子会哭闹，不会自己吃饭，不习惯午睡，不会自己如厕。而当孩子快从幼儿园毕业，要上小学了，父母的关心会自然偏向孩子的知识储备、学习能力等，随之的问题也会出现：孩子比较好动，坐不住怎么办？孩子需要报兴趣班学拼音、学写字吗？这些问题会出现在每一届大班家长的家长会专题讨论、见面约谈、信箱留言中。当然，这同样也是这些"留守儿童"家长所关注的。因此，除了即时交流外，高老师在微信"相约交流"中制定了几个主题。当然这些主题是通过和家长的共同探讨形成的。当其他幼儿都离园了，高老师与齐齐就会和妈妈相约视频，聊天的内容有齐齐一周以来最开心的事和最惊喜的发现，也有齐齐到小学参观、学做小学生，在班级模拟小课堂认真学本领的情景。高老师还会向家长推荐一些做好孩子入小学准备期的好文章。了解了一些幼小衔接的活动，分享了一些正确案例，齐齐妈妈原本的焦虑情绪也慢慢消除了。

● 行动反思

1. 全面了解家庭教育的问题，提供适切指导

家庭是社会的细胞，是儿童成长的第一环境。每一个孩子生来就在不同的家庭环境中，父母的教养观念、态度等直接影响着孩子的身心发展。就不同教养观念来说，有重视身体健康却忽视心理健康，重智商、轻情商等不同问题。就不同教养人员来说，有父辈教育、祖辈教育等不同问题，目前还出现了像"留守儿童"这样的新问题。幼儿园作为专门的教养机构，教师作为专业的教养人员，在开展家庭教育指导时，要分析不同类别家庭不同的指导特点，也要重视个别家庭的特殊需求。

2. 分析同种媒介指导价值，挖掘适宜的方式

随着网络走进千家万户，新的网际沟通平台成了家园沟通的新载体。QQ、微信、班级博客、掌通家园、萌宝家园、手机E家园等典型的现代沟通与指导媒介发挥着不同的媒介功能。就目前来说，在众多的信息媒介中，"微信"最受众人追捧，其优势体现在：一是便捷性。从技术层面来说简单易学，不管是年轻人还是老年人都能驾轻就熟。二是多功能，在一个平台上可以快速发送文字、语音、视频、图片等。在微信上，我们还可以使用"摇一摇"、"漂流瓶"、"朋友圈"、"公众平台"、"语音记事本"等服务插件，一个智能终端提供的即时通信服务"声情并茂"、"免费好用"。上述指导案例中，教师发挥了微信群体平台和个体平台的不同功能，满足了特殊家长的个体指导需求。

3. 正视现代媒介的局限，加强多种指导方式的整合

微信等现代网络媒介具有特殊的优势，但它不是万能的，不能完全取代父母的言传身教与陪伴。对于像齐齐这样的留守儿童，在亲子人格发展、社会情感建立的关键期，缺少父母的陪伴，身心的发展无疑会受到影响。虽然现代媒介可以解孩子和父母的相思之苦，但亲子间的身体接触、日常的交流是这些媒体无法替代的。所以，教师还是要引导家长以孩子的成长为重心，排除万难，给孩子一个不缺陪伴、不缺关爱的童年，为他们幸福的人生奠定良好的基础。

🌀 智慧分享

借助QQ群实现家园互动

家园互动指的是家庭、幼儿园双方积极主动地相互了解、相互配合、相互支持。在以往，家园互动一般就是开家长会、开放日、家访等，而有的家长工作繁忙，无法参加幼儿园的活动，从而降低了家园互动的有效性。如何让家长及时了解孩子在园的生活？如何宣传科学的教育理念？如何取得家长对教育工作的理解和支持？随着网络时代的到来，80后的家长都走进了网络，使用着QQ等新型的沟通工具。我在尝试了常用的几种家园沟通手段之外，还尝试了一种新型的现代化手段——班级QQ群。

QQ群作为新型网络信息交流平台受到广大人群的喜爱。在这个虚拟空间，人们可以不受拘束地聊天，能互相认识，群发文字、图片、音视频。各种各样的咨

询可以第一时间速递，其中的灵活性让人们的不同需求得到满足。在跟家长交流的过程中，可以巧用 QQ 群这个互动平台，搭建一个家园互动的新模式。

一、家园交流的"咖啡屋"

（一）有关事务的交流

利用班级 QQ 群可以借助文字、有趣的 QQ 表情和各种温馨、可爱的图片等进行沟通，在这种氛围下拉近了家长和教师的距离，使大家都能敞开心扉，畅所欲言地进行交流。通过 QQ 聊天窗口，可以交流幼儿的近况，针对幼儿的个别问题开展个别化教育；也可以针对幼儿发展所面临的共同问题开展网上家长会进行讨论，共同商讨教育的方法。

刚入园的小班幼儿，牵动着家长的心，宝贝在幼儿园能吃饱吗？能睡好吗？上厕所怎么办？会哭闹吗？有小朋友欺负吗？通过建立 QQ 群相册，每天将幼儿在园生活的点点滴滴，用相机拍下来，并及时上传到班级 QQ 相册，让家长直观了解孩子的在园生活、学习和游戏情况，满足家长需求。幼儿在园取得的进步，都会给家长带来巨大的喜悦，降低和消除家长的焦虑感，家长跟教师和幼儿园之间的信任感就这样慢慢建立起来了。

（二）有关误会的谈心

在我们的教育教学中，教师已经十分尽心尽力地去做好自己的工作了，但是工作有时是无法尽善尽美的，因此总会有一些事情发生。而很多孩子都是由爷爷奶奶或保姆来接的，不能及时地跟孩子的父母当面沟通，QQ 群刚好填补了这个空白。

如小班的孩子自控力很弱，又特别喜欢玩水。在刚刚进入幼儿园阶段，由于还没有熟悉常规，常常会出现把衣服弄湿的现象。作为家长会以为教师对孩子的关注度不够，容易造成误会。而 QQ 群可以让教师专门针对一件事情进行详细的解说，从而消除教师与家长之间的误会。

二、有问必答的"百度神"

（一）解决大家提出的共性问题

通过 QQ 群的信息传递，将这种共性的问题或现象直接告知家长，既可以得到家长的配合教育，也可以减少教师一个个解释的工作量。同时，教师可以通过 QQ 群和家长就共性问题进行讨论，一起寻找解决幼儿问题的方法，互相交流和学习家长的育儿绝招。

（二）深入探讨某个孩子的某个问题

在孩子入园一段时间后,孩子已经初步适应了幼儿园的生活,家长就会希望深入了解幼儿园的教育教学工作,由此就会产生一些家庭教育中的困惑。教师接受过专业的学习,积累了科学的教育方法和教学经验,可以为家长提供一些教育方法和策略,帮助他们消除教育中的疑虑。因此,这个阶段的 QQ 平台主要是以解答家长的疑问为主题的"问答式"沟通。

三、学习提升的"加油站"

家庭教育指导的一个很重要的内容,就是将正确和科学的教育理念和方法渗透给家长。我们充分利用 QQ 平台,适时给家长提供一些相关教育理论的文章和网站的链接。让家长用科学的理论指导自己的家庭教育行为,从而和幼儿园的教育达成一致,实现教育的合力。在 QQ 群中开展这方面的指导家庭教育,确实起到了事半功倍的效果。

四、信息传递的"高速路"

QQ 公告是班级 QQ 群聊天窗口里的一块"公告板",在这里,教师等管理员可以展示班级里的活动通知、温馨提示等内容,每个班级群里的成员都能够及时、准确地看到,并通过讨论加以了解或互相转告。有了 QQ 公告,教师可以更便捷、高效地向家长集体传递信息,极大地提高了教师的工作效率。比如:

QQ 公告(班级通知):"尊敬的家长:为庆祝'端午节'的到来,本班将在 5 月 8 日上午九点,举行'包粽子'亲子活动,请各位家长准时参加。祝大家节日快乐、合家幸福!"

QQ 公告(友情提醒):"尊敬的家长:近来天气不稳定,早晚温差较大,请家长多准备一些厚衣服、薄衣服,我们可及时更换。感谢您的配合与支持!"

QQ 公告(请您配合):"尊敬的家长;班级里最近在开展《花儿朵朵》的主题活动,请配合收集与花卉有关的一些资料,并带一盆花来园。感谢您的支持与配合!"

QQ 群的运用,给教学带来了方便和快捷。要成为一名出色的幼儿教师,还要学习利用各方面的资源,提升、扩充和完善自己的知识结构,为家长服务,引领家长成长。时代不断发展,与家长的沟通方式更加多元,而家长 QQ 群这个新平台,改变了传统的家园互动模式,使家园沟通变得轻松自然,更好地实现了家园互动,实现了家园教育同步,促进幼儿的健康和谐发展。

（叶菁菁.借助 QQ 群实现家园互动[J].教育实践与研究,2015 年第 4 期）

第二节　家长慕课：专业定制媒介

随着互联网＋时代的来临，以及家长对提高自身家教能力的诉求，教育系统陆续引入家长慕课这一新型的沟通平台。家长慕课包含小程序、APP、网页端三类服务产品，可满足家长学习和教师管理的个性化需求。平台的微视频课程以《全国家庭教育指导大纲》和《上海市 0—18 岁家庭教育指导内容大纲（试行）》为蓝本进行开发，覆盖幼儿小班到高三共 15 个年级，体现了一定的专业性和系统性。每个年级的课程又分为习惯培育、智力培育等若干专题，家长可通过有计划地学习平台的课程，逐步提升自身的家教能力。

相应地，教师可通过观察、分析后台数据，了解家长的需求，进行有针对性的沟通。同时，在已有的慕课的基础上研发更适合本园、本班家长需要的慕课，有效体现慕课在家庭教育指导中"按需订制"的特点。

● 问题聚焦

王老师是小班的班主任，新学期开始，班里又迎来了一群活泼可爱的孩子。这一届的家长大多是 85 后、90 后，都非常关注孩子的身心健康发展。每天放学后，王老师的身边都会围一圈家长，七嘴八舌地询问孩子的在园情况。"老师，薇薇说她不想上学了，发生了什么事啊？""宁宁回家都闷闷不乐的，是不是没人陪他玩啊？""我家浩浩午睡时间睡不着，这会不会影响他的身心发育？"……回到家里，家长们的微信消息也是一条接一条，薇薇妈妈甚至发消息称"担心孩子在幼儿园受到了不公正的对待"。面对家长们事无巨细的询问，王老师有点头疼。

教师思考

1. 小班幼儿入园适应问题突出

幼儿从家庭进入幼儿园，开启了最初的集体生活。幼儿园与家庭各种各样的

"不一样",入园前若家长没有提前让孩子做好充足的生理和心理准备,孩子有可能陷入分离焦虑中,有的孩子甚至会出现极度焦虑反应,如不停哭闹、呕吐、绝食等现象。同时,孩子入园前若家长自己没有做好心理准备,也会产生焦虑,如不能安心工作,对幼儿园教师不放心,甚至会出现一些无端猜疑的心理。家长自身的焦虑情绪会加剧幼儿的入园不适应,也给教师的工作带来了困扰。因此,入园前的家庭教育指导显得尤为重要。

2. 家长慕课平台的资源与学习方式具有优势

家长慕课作为新型的家庭教育指导平台,在系统指导家庭教育问题方面具有优势。家长可通过下载家长慕课 APP 或在微信搜索家长慕课小程序进入平台学习。平台的微视频课程以年级为单位,覆盖幼儿园每个时期的幼儿习惯培育、智力培育、身心培育等若干专题,通过每集 3—5 分钟的微视频来讲解一个知识点,家长可以利用碎片化时间系统地学习家庭教育知识。像案例中家长提到的那些问题,都可以通过学习幼儿入园课程得到解答。此外,家长还可查看资源库里班级管理员上传的视频资源,学习富含本班特色的课程,了解幼儿园的育人理念。

3. 家长慕课平台中家长指导管理可视化

家长慕课平台除了学习平台(小程序、APP),还有管理平台(网页端)。家长慕课管理平台可以实现"大数据分析 + 多层级管理"。通过对数据的准确分析,班主任可查看本班家长的课程完成率、家庭参与情况、学习时段、学习成绩等情况,实现了家庭教育工作的科学化管理。通过管理平台,班主任可以全面掌握本班家长的学习情况,校管理员可掌握各班的学习开展情况,区管理员可掌握各校的工作开展情况。此外,家长慕课管理平台最多支持 7 个层级,支持直属代管学校管理;支持全家总动员,可添加多名(最多可支持 7 名)家庭成员共同学习。

除此之外,各级管理员还可向资源库上传各具特色的区域课程(校本课程),支持自定义课程目录,充分满足个性化诉求;上传内容版权归上传人或版权所有人所有。

教师策略

1. 开通账号,指导家长使用

为了更好地了解家长的需求,王老师在家长慕课网页端开通了班主任账号,并根据平台提示将学生信息上传到管理后台。这时，后台生成了学习号，家长需绑定手机号激活账号才可以使用。王老师利用家长会的时间，将家长慕课 APP 及小程序介绍给家长，实地演示登录，并在现场进行答疑。确认每个家长都熟悉了操作流程后，王老师给家长布置了"任务"：两周内学完"专题 3 习惯培育"的 15 个视频课程，每个视频下面都有留言区，可以将感悟或学习心得写下来，也可以查看其他家长的留言信息，进行沟通交流。

2. 定期观察后台，指导家校沟通

接下来，王老师便利用每天的闲余时间查看本班家长的学习情况。她观察到，本班的账号开通率为 100%，这意味着家长们都激活了账号，有了观看平台课程的权限。经过几天的观察，王老师发现，在课程完成率排名前 10 的名单中，有 6 位家长每天的完成课程总数的增长比较稳定，这意味着他们每天都会登录学习一部分课程，其中就有浩浩妈妈。

其他 4 位家长的排名则忽高忽低，有些相隔两三天会忽然上升。王老师猜测，这些家长可能会每隔两三天集中学习一次。有近 1/5 的家长只有第一天完成课程数的记录，之后五六天都没有数据。于是，王老师主动联系这些家长，询问课程进度。有些家长说，由于工作繁忙忘记了这项"任务"。王老师适时提醒，工作再忙也要关注孩子的成长，给孩子多一些陪伴，这样亲子关系才会更亲密。

3. 家校合作，让沟通更有效

将慕课平台介绍给家长后，王老师发现，家长们开始有了细微的转变。之前，家长们都是向她抛来各种各样的问题，急切地询问缘由。现在，家长们开始有了反思，并向老师寻求合作，一起解决孩子生活中的问题。比如，关注家长慕课一周后，浩浩妈妈跟王老师分享了自己的心得。她说，之前听到孩子说午睡睡不着，她很担心是不是孩子身体不适，看了"如何让孩子按时睡觉"这节慕课后，她猜想是不是孩子午睡前和伙伴玩闹，过于兴奋导致的。接下来的几天，王老师特别关注浩浩，发现浩浩精力充沛、非常活跃，尤其是午饭过后，会拉上小伙伴迅速跑向操场。于是，王老师想出了一个办法：每天午饭过后，给孩子们讲午睡故事。果然，浩浩被有趣的故事吸引了过来，不再脱离集体出去运动了。接下来的一周，浩浩午睡时不再东张西望，可以安静地午睡了。

行动反思

1. **家长慕课平台优化家园沟通,提升了家长的家教能力**

随着信息技术的不断发展,家长与教师交流的方式、方法发生了根本的变化。信息化手段让家校沟通更便捷,互动性更强。随之而来的是沟通信息的分散、零碎,是家长随时随地询问、质疑,以及教师随时准备答疑的紧迫感。信息化手段虽然让家校沟通更便利,但也带来了新的问题与挑战。家长慕课平台从技术上给家校沟通搭建一个便利的平台,让家长通过学习专业的家教知识,提升自己的家教能力,把陷入了"焦虑的爱"、"自以为是的爱"的家长拉回到"理智的爱",让家长的爱更科学、更有方法,让"家庭规律"适合"幼儿园的规律"。

2. **教师适时反思,改善了自身的沟通策略**

家长慕课管理平台运用现代信息技术收集家长学习的数据,并从课程完成率、家庭参与情况、学习时段、学习成绩等多个方面反映家长的学习情况。教师通过简单的分析,即可对家长的学习效果进行评估。结合家长的学习规律,教师能更加全面地反思自己的沟通行为,改进沟通策略。

在上述案例中,当王老师通过观察后台数据发现有些家长没有按时完成课程量时,及时和这些家长进行了沟通,并提出了改进策略。在沟通的过程中,王老师也发现,教师对家长家教行为的指导内容要因人而异,要看到家庭的差异,进行有针对性的指导。

和浩浩家长的沟通,也让王老师意识到,作为班主任,她无法关注到每位幼儿细微的变化,这就需要家长的适时提醒和帮助。在这个过程中,教师和家长都积极地参与到互动式指导中,教师的沟通策略也在不断提升、完善。

3. **构建班级特色课程,聚焦家长真实需求**

家长慕课平台的资源库可上传视频文件,并支持自定义课程目录。教师可将其作为促进家校沟通的一块特殊阵地。教师可以上传在其他平台看到的优秀视频,作为拓展性内容供家长查看;也可以结合当下热点,分析家庭中常见的家教问题;还可以发挥家长的智慧,让优秀家长分享家教经验,带动更多家长转变家庭教育观念、掌握科学的教育方法。教师甚至可以上传一些轻松幽默的家教视频,让家长在放松之余反思自身的家教行为……

✿ **智慧分享**

微课平台在家园互动中的运用

"微课"是指经过精心的信息化教学设计,以流媒体形式展示的简短、完整的活动,能使学习者通过自主学习获得最佳效果。微课通过手持移动数码产品和无线网络,借助网络平台,有效进行远程学习、移动学习、在线学习和"泛在学习",这种新型的教学模式和学习方式的广泛运用,使我园的家园互动发生了根本性的革新。

一、微课平台使家长学校课程更活了

1. 微课让家长学校的课堂翻转了

在家长学校中,当以讲座的形式向家长宣传科学的育儿理念、知识和方法时,教师在台上讲得口干舌燥,家长在台下听得昏昏欲睡,只是出于礼貌才没有走出会场。我园通过开设"母亲学校"、"父亲学堂"、"祖辈学校",运用微课形式带领不同角色的家长开展形式多样、有针对性的家庭教育实践活动,让家长学校的内容丰富多彩。

大班老师制作了漫画形式的微课"爸爸去哪儿了?"并在父亲学堂中激起了爸爸们的浓厚兴趣。视频形象地展现了爸爸陪伴孩子给孩子带来的成长和快乐,让爸爸们认识到了陪伴孩子的重要性及紧迫性,爸爸们纷纷表示回家一定要远离手机及电脑,放下工作,做孩子游戏的陪伴者、智慧的启蒙者、情商的引导者、个性的促进者。

2. 微课平台让网上家长学校插上了翅膀

年轻父母对互联网有着浓厚的兴趣和依赖感,我园抓住这一契机,通过微课平台开设网上家长学校,让家长方便、快捷地了解到最新的科学育儿知识。为使家长的自主学习获得最佳效果,经过教师的精心设计,以流媒体形式通过优酷视频、幼儿园网站、QQ群、微信群等平台向家长展示科学育儿的知识点,教学活动简短、完整,方便家长自主学习。

为了让家长明白孩子的学习方式和学习特点,小班老师把孩子们的科学探索活动"颜色变变变"制作成微课。在制作微课的过程中,教师需要在教学现场进行操作拍摄,幼儿则需自主识别红、黄、蓝三原色,感知两种颜色混合后变出新颜色的现象,体验发现的乐趣。幼儿在认知颜色变化这一轻松愉悦的氛围中,感受颜色的奇妙,产生浓厚的兴趣。这种将生活中的细节通过微课形式进一步具体、形象化地呈现出来,让家长们进一步认识到孩子是通过直接感知、实际操作和亲身体验才能使认知水平得以进一步细化和深化。那种强迫孩子死记硬背的方法根本就是无效的。这种学习时间不定、学习场所不定、学习内容不定的方式让家长在网上家长学校进行自主学习的热情更高了。

二、微课平台使家长本领更强了

家长在互动平台上用小视频或图片的方式向教师反馈幼儿在家的情况,及时与教师交流、沟通。我园每个班都建立了微信群和 QQ 群,便于教师及时了解幼儿在幼儿园之外的学习生活情况,了解家长在教养孩子过程中的困惑,以便更好地有针对性地制作微课,以对幼儿进行有效的教育干预。

微课的制作和使用不仅仅局限于家庭教育中,甚至可以请家长来尝试制作微课,整合家长的有效资源,医生、消防员、警察、蛋糕师等各行各业的家长可发挥自己的职业优势为孩子提供优良的微课,丰富幼儿的学习资源。比如,请医生职业的家长讲解疾病防控方面的内容,将保健知识制作成微课,让幼儿观看,提高幼儿的自我保护意识。良好的家园互动和沟通,让孩子们能够更好地全面发展。

家长们认真学习微课的制作过程,选择呈现方式和内容,待制作成功后上传至平台与大家分享。大班苗苗的爸爸在弄懂了微课制作的程序后,在家里和苗苗一起制作了一只惟妙惟肖的公鸡,并制作成了微课,放到了平台上,让全体家长大开眼界,大家在赞赏的同时也都纷纷效仿。通过微课平台互动,家长们的教育理念不断更新,对幼儿发展的把握更加全面,教师对家长的作品肯定与推介也激发了家长的创作热情,教育智慧也随之得到了进一步的提升。

教师、家长是平等的教育者,只有发挥双向的资源优势,进行优势互补,形成正向的互动和教育合力,才能促进幼儿的健康成长。微课平台有效地解决了以前家园互动中家长主体地位的缺失、难以满足不同层次家长和不同发展阶段幼儿的需要以及家长园地、家园联系卡等静态的互动方式死板等问题,让家园互动更直观生动、方便快捷,提高了家长学习的主动性、教师工作的针对性。在学习、实践、总结、提升的过程中开创了家园互动的微时代。

(黄翠萍,游婷婷.开创家园互动的微时代[J].早期教育(教师版),2017(9))

第三节　AI＋家教：未来已来媒介

AI(Artificial Intelligence)，即人工智能，是研究让计算机接受教育、提高智能的科学技术。"AI＋家教"，通俗地讲，就是利用人工智能技术及互联网平台，让人工智能与家庭教育进行深度融合，创造新的发展生态。与互联网教育强调通过互联网来解决信息互通所不同的是，人工智能通过实时采集与分析处理教学信息，迅速为教师和家长的教学决策、学生学习方法的选择提供重要信息，从深层次改变教育的每一个环节。

2017 年 7 月 8 日，我国首部国家级人工智能发展规划《新一代人工智能发展规划》正式出台，由此将新一代人工智能发展提高到国家战略层面，这已是未来发展的必然趋势。人工智能将会对人们的生活、孩子的教育产生重要的影响，教师在主动学习、掌握其有效教育理论和方法的过程中要主动引导家长了解它、认识它、适应它、掌握它。

❋ 问题聚焦：需要"搭把手"的家长

> 刘老师是中(2)班的班主任，家长会结束后，很多家长围着她询问孩子在幼儿园的情况。慢慢地，家长们的关切变成了"吐槽"。小杰的妈妈为难地说："老师，我们也知道陪伴的重要性。但是，孩子的问题太多了。昨天儿子问我天空为什么是蓝色的，我都懵了。赶紧用手机查，才发现和太阳光的散射有关。家长也不是百科全书啊，哪禁得起孩子的十万个为什么。"晓雯的爸爸也开始吐槽："对啊，现在的小孩可精着呢。昨晚我给孩子讲《睡美人》的故事，讲着讲着就和《长发公主》混淆了。哎呀，女儿就抱怨我记忆力不好！但是，我精力也有限，哪能记得那么清晰啊。""是啊，有时不得已要在家里处理点工作上的事，孩子非要拉着你和他做手工，工作也耽误了，孩子也玩不好。真是！"……家长们七嘴八舌的讨论让刘老师陷入了沉思。

教师思考：何不尝试"AI＋家教"？

美国学者托兰斯及其同事在对儿童创造思维发展的年龄特征和规律进行研究后发现，3—5岁是幼儿创造力倾向发展较快的时期，5岁以后呈下降趋势。因此，教师和家长应该充分发挥这一关键期的优势，为幼儿创造力的发展提供条件。在培养幼儿创造力方面，教师应指导家长充分发挥自身的智慧，成为保护和培养幼儿创造力的最好支持者。

刘老师在和家长的交流中发现，孩子平时的问题会涉及方方面面的知识，提出的问题五花八门，家长们往往会感到知识储备不够。虽然现在互联网技术很发达，家长通过上网搜索也能找到答案，但是每次都要经历搜索、筛选的过程，不仅家长感到繁琐，浪费了时间，也让孩子对家长失去了"崇拜感"，不利于和谐亲子关系的建立。

可不可以借助一种媒介，将家长从繁琐的"知识储存"模式中解救出来，同时让孩子更加全面地发展呢？刘老师经过认真的思考以及和同事的讨论，将关注点放在了智能机器人上面。刘老师发现，智能云陪护机器人受到了很多家长和孩子的关注。刘老师以科大讯飞旗下的阿尔法小蛋机器人入手，详细了解了智能云陪护机器人的功能和操作方法。阿尔法小蛋主要有"语音交互"功能、"自学习"功能、"云存储"功能……

语音交互：在联网状态下，机器能够智能识别，基于孩子特定的词汇习惯做深度优化，听懂孩子说的话，陪孩子聊天、唱歌、学习。比如孩子说"我今天不开心"，小蛋会回答你"不开心的时候，要露出牙齿晒晒太阳哦！"孩子的"十万个为什么"也难不倒它，"美国的首都在哪里？""为什么夏天会下冰雹？"……智能机器人都能做出专业而详细的回答。

云存储：小小的身体，可容纳超100万的海量云端内容，贴合孩子成长的每一步，为幼儿的成长赋能。阿尔法小蛋拥有丰富的教育资源库，多样化的学习模块，给幼儿更多选择。数量超10万的丰富充足的故事，包括睡前故事、神话传说、经典故事，满足孩子不一样的需求；诗学、国学、成语、历史，孩子在家就可以趣味学习。

自学习：阿尔法小蛋具有强大的"自学习"功能，如果孩子提出了一个很奇妙的问题，小蛋一时难以回答，它就会通过强大的搜索功能去学习，很快告诉孩子答案。

除了以上功能，阿尔法小蛋还是孩子生活中的贴心小助手，可以帮助孩子问天气，问资讯，定闹钟。家长也可以通过下载 APP 与机器人互联，通过"萌宝说说"版块了解孩子的需求。即使家长不在身边，也可通过"微聊"实现"陪伴"。

教师策略

1. 普及与"AI＋"知识，发现家教的另一种可能性

刘老师专门开展了一期名为"未来我们如何做家长"的主题家长会。家长会开始时，刘老师结合围棋人机大战中亮相的"阿尔法狗"、历史上首个获得公民身份的机器人"索菲亚"等社会热点，向家长普及与人工智能相关的知识。

接着，刘老师从家长们反映的常见问题（如，知识储备不够，无法应对孩子的诸多疑问；时常提醒自己要充满耐心与爱心，却还是忍不住会责怪孩子等）入手，引导家长思考人工智能与家庭教育结合的可能性。晓雯的爸爸说，周末和孩子去科技馆的时候，看到有一些早教机器人，不仅外表可爱，深受孩子的喜爱，而且它们都多才多艺，可以聊天、对诗、唱歌、讲故事、问百科、中英互译等。此外，家长还能在 APP 上查看孩子的聊天记录，了解孩子的需求。小杰的妈妈也感叹道，如果将智能机器人运用到家庭教育中，不仅可以让孩子了解更多的知识，还能将家长解放出来。

2. 引导家长使用智能机器人辅助家教

听到家长们的感慨，刘老师体会到其实家长们对新事物都保持着包容、接纳的态度。家庭教育并不是一件简单的事，如果能利用科学技术辅助家长，将会大大提高家庭教育的专业度，提升家长的教育自信，促进孩子的全面发展。

接着，刘老师向家长们推荐了几款市场上口碑较好、功能较优的智能机器人，然后，刘老师以自己较为熟悉的阿尔法小蛋机器人为例，给家长详细介绍了智能陪护机器人的各项功能。最后，刘老师播放了提前准备好的阿尔法小蛋操作演示视频，让家长深入了解智能机器人各项功能在实际中的运用及操作方法。

3. 提醒家长关注技术的两面性

了解了智能机器人的功能及操作方法后，好多家长跃跃欲试，声称回去后就

给幼儿买一台。刘老师适时提醒，智能机器人虽然能够辅助家长的家教活动，但是家长要认识到，不能过度依赖智能机器人。智能机器人强大的存储能力能为孩子提供更多的专业讲解及系统知识，但父母也不可懈怠，仍要努力学习专业的家教知识，提升自身的家教能力。另外，智能机器人虽然外形可爱，声音符合儿童的特点，但毕竟是一个机器，而父母在陪伴中对孩子流露出的爱意，对孩子发自内心的鼓励和拥抱是机器所不能代替的。所以，家长要多多陪伴孩子，切不可完全用智能机器代替父母。引导家长认识到人工智能的利弊，能更好地开展家教活动，避免家长对技术过度依赖而放松自身的父母职责。

🎯 行动反思

1. AI 技术应用将激发教师的研究能力

刘老师发现，在指导家长使用智能机器人的过程中，她自己需先深度了解人工智能系统的功能，并对全新的人工智能产品作出合理的评价和判断。"深度学习"、"大数据"、"区块链"这些名词，以前她只是听别人讲起过，并没有深入了解。现在，她需要给家长普及 AI 技术，需要解答家长在使用过程中的疑问。在整个过程中，人工智能产品在家庭教育中的使用倒逼教师提高自身的专业能力，激发教师的研究能力。为了解答家长的疑问，刘老师专门跑去科技馆，向专业的科技工作者请教。她也多方搜集资料，了解人工智能产品更多的功能和可能性。

刘老师在搜索资料时发现，2018 年 8 月 24 日，在线教育集团 iTutorGroup 聘请智能机器人"索菲亚"担任人类历史上首位 AI 教师，开创了在线教育新纪元。所以，刘老师也在思考，能否将 AI 技术应用到课堂里，重构教学方式，实现更高效的学习过程，提供更公平的教育机会。

2. AI 时代，父母要以科学思维养育幼儿

未来，人工智能将会对人们的生活、对孩子的教育产生深刻的影响，人人需要人工智能。教师要引导家长了解人工智能、使用人工智能、掌握人工智能，从而让家长引导孩子尽早接触 AI，理解和适应这个时代所发生的变化，成为未来时代的主人。同时，有学者指出，脑科学与类脑人工智能的协同发展是未来的前景，两者相互支撑、相互促进、共同发展。对脑科学的研究将会让教育向更科学的方向发展，所以，教师要引导父母改变传统的思维方式，以批判性思维、科学思维去养育

幼儿。要让家长意识到，孩子是独立的生命个体，要尊重孩子的权利，在科技的协助下深刻了解孩子的需求，进行更加科学、更有针对性的教养。

3. "AI＋家教"还是"家教＋AI"值得思考

"AI＋家教"还是"家教＋AI"，字面上只有顺序之别，却也是思维方式的区别。如果在人工智能时代，我们只是在家教基础上加个 AI 的工具，用机器人来帮助幼儿解答一些知识性的问题，那么我们的思维还停留在传统的教育模式上。然而，马云提出人工智能并不是某项技术，而是一种认识和思考世界的方式，也是我们为自己的未来确定的一种生活方式。未来数据将会是生产资料，而计算则是生产力。

家长需要建立"AI＋家教"的思维模式。首先，建立数据意识，AI 除了输出知识，它还会记录人的行为轨迹，幼儿选择学习的时间、内容特征，幼儿与机器对话的内容特征等，都可以成为家长了解自己的孩子的重要数据。其次，要学习 AI 的计算方式，除了借助机器人这样的媒介，在与幼儿面对面沟通时，同样需要建立收集数据、循证分析的思维方式。第三，借助 AI 帮助幼儿在使用 AI 的同时建立 AI 时代的学习模式和思维方式。

智慧分享

AI＋教育，又一个需要关注的德育场

人工智能正全面赋能各行各业，教育领域和教育人更应以时不我待的态度迎"风"而去，让人工智能在教育领域落地生根。AI＋教育，是教育领域又一个需要关注的"德育场"。

首先，我们要深刻理解这场新技术变革盛宴的能量所在，自觉学习和传播新技术新思想，将其转化为学校德育思想高地的重要内容。作为引领未来的战略性技术，人工智能正成为新一轮产业变革的核心驱动力。对于促进人和社会发展的基础性、先导性的教育领域，德育工作的本质就是一项赋能的工作，是将深厚的文化传统和时代的思想精华传递给受教育者，这种赋能是在引领人的价值导向和精神追求。尽管一个是技术领域，致力于改变生产生活方式；一个是精神领域，专注对人的情感和精神世界引导，但两者本质上是相通的。这就需要教育人尤其是德育工作者，主动学习，自觉掌握和运用 AI 理念和方法。同时，深入了解青少年群体对 AI 的敏感度和掌握程度,找到共同语言,建立有效的德育话语体系,这是做好新时代学校德育的前提和基础。

其次,从教育教学范式和流程锻造上早着手准备,厚植学校德育内容。任何一种新思维新技术都要影响甚至主导教育教学思想的变革。随着 AI 的普及应用,对于学校教育而言,教的工具、学的工具、课的结构等一定会发生变革。我们要深度思考,"AI＋教育"如何影响青少年学生的思想和价值观,如何重构我们的教学方式。这些教育教学要素的变革,带来的是参与主体"人"的变革。我们要从教学思想和学习思想进行主动变革,教育和引导学生不仅掌握"关于世界的知识",更要真正掌握"进入世界的知识"。

最后,因地制宜地让"AI＋教育"资源变为德育资源,实现学校德育途径和方式的变革运用。要让学生不光了解 AI,还要知道人类的科技发展历程,了解中国科技的发展轨迹,也要清醒地看到当下中国科技发展与世界科技发达国家的差距,在自信中激发动力。2018 世界人工智能大会会址——上海徐汇滨江西岸地区本身就有深刻的历史人文教育意义。1950 年,人工智能之父阿兰·图灵向全人类首次公开提出人工智能的概念,巧合的是,同一年上海飞机制造厂在徐汇西岸成立。该厂诞生了新中国首架水上飞机"飞龙一号"。如今,徐汇西岸吸引了众多互联网巨头企业入驻,正在布局和打造 AI＋交通、AI＋教育、AI＋健康等多领域应用。

人的情感、精神世界的丰富和高尚,是具体的、鲜活的。树立科学"三观"、健全人格养成,是技术本身无法完成的,这是德育工作的重要内容和责任使命所在,也是学校德育的立身之本。

(张竹林. AI＋教育,又一个需要关注的德育场[N]. 光明日报,2018－9－19:12 版.)

第四节　网课开发:提升指导力新媒介

当下,开展教师家庭教育指导的途径丰富多样,除了传统的家长会、家长开放日、亲子活动等面对面的交流外,随互联网技术发展兴起的微信群、AI、网络课程等新媒介也给家庭教育指导提供了新途径。这其中,网络课程因其精心设计的课程内容、丰富多彩的表现形式，以及资源共享、学习自主、结构开放、传播迅速等特点，成为开展教师家庭教育指导的一种有效途径。开发和使用网络课程，既能提高教师自身的综合素养，又能扩大教师家教指导专业的受教育面，成为广大教师学习方式转变的重要途径。

在开发网络课程的过程中，为了让网课教学科学、有趣，富有实用价值，实施者需要引导广大教师在实践中关注三个方面要领：

一、整体把握，设计科学合理的文本教案

教案作为开发网络课程的"剧本"，其重要性不言而喻。教师在编制教案的过程中要有全局观，不仅要思考文本内容的逻辑性和完整性，还要思考后期呈现的丰富性和趣味性，用真实案例、照片、表格等丰富表达。

首先，紧抓主题，设计课程框架。一个科学、严谨的课程框架能使撰写者明晰重点、清晰阐释课程主题。教师在设计课程框架时，需围绕主题进行整体设计。

在整个教案的设计过程中，要注意把握三个"实"：分步实施，源于实践，注重实效。从当下开展教师教育培训的实际看，一般提倡一个专题系列以 5—8 节课为宜，不超过 10 节。

以上海市奉贤区教育学院撰写的《又一种教育智慧：家庭教育指导教师教程（义务教育版）》为例。每节课程严格按照"问题聚焦—教师思考—教师策略—行动反思—智慧分享"五个方面展开，案例鲜活可信、典例示范；思考直击要点、理念引领；策略步步为营、切实可行；反思查漏补缺、精益求精；分享拓展延伸、开阔视界。思路清晰，操作性强。比如，掌握家访能力是教师家教指导的一项基本要求，围绕"家访"这项教师需掌握的"基本功"，教师可设计为若干专题。如根据不同的侧重点，分为"不同类型的学生家访怎么做"、"教师家访的误区及策略"、"外来务工人员子女的家访工作如何开展"、"互联网时代，家访如何与时俱进"四个专题；从家访实施的具体环节来看，可分为"家访的前期准备""家访过程中的'二要''二不要'"、"教师家访时的谈话'技巧'"、"家访后的总结和反思"等专题进行详细阐述，撰写方案。但无论采用何种方式，要求整个专题归纳起来又都围绕"家访"这一主题进行，即俗称的"打得开、收得拢"。

其次，设计 PPT 课件，整合课程内容。随着信息技术的发展和受众接受信息

方式的转变,PPT 课件作为视频课程"专业性"和"趣味性"的承接和补充,在整个课程中占据着十分重要的地位。一份好的课件,既能够将丰富深奥的内容变得简洁直观,又能够以形象化的展示体现美感,起到"讲者不累,听者易懂,传播高效"的效果。PPT 课件要做到简洁明了、重点突出,还可用图片、表格、关系图等多样化的内容辅助展示。目前,主要有两种 PPT 设计形式。

1. 纯文本型

当教案内容涉及到概念解读、流程讲解、要点总结、案例列举时,可用文字直接表达。进行概念解读和要点总结时,要提取关键信息,切忌大段文字堆积,关键信息的提取要准确、简洁和视觉化。进行流程讲解时,要层次分明,同一层级的文本,其字号、颜色、字体等需保持一致,还可使用流程图辅助表达,增强文本的可视性。进行案例列举时,可使用表格工具对主要信息进行提取、分类,直观呈现案例间的异同。

以上海市奉贤区教育学院开发的网课《亲子活动,亲子交流的好平台》为例(图 6-1),教师在列举四个年级开展的"感恩教育"系列活动时,以表格的形式将各个年级的活动名称、主要活动内容和活动目的呈现出来,清晰明了,还可进行纵向对比分析。

以"感恩教育"系列为主

年级	活动名称	主要活动内容	活动目的
六年级	"心存感恩,且行且珍惜"	游戏	亲子互动,增进了解
七年级	"亲子共读美文"	阅读	亲子合作,促进沟通
八年级	"亲子寻找身边的美"	踏青	亲子同游,相互融合
九年级	"爱心早餐 温暖你的胃"	劳作	亲子同工,情感交流

图 6-1 "感恩教育"系列活动

2. 图文并茂型

为丰富 PPT 的呈现形式，增加网络课程的趣味性，教师可使用图文结合的方式设计 PPT 教案。图文互补，图片让单纯的文字更加生动，文字让单薄的图片表达更加立体。而且，美观、自然的图片可缓解学习者在网课学习过程中的视觉疲劳，让学习者集中注意力，达到更好的学习效果。为保证 PPT 课件的呈现效果，单图大小不低于 1M，图片需清晰、构图工整、衔接主题。

仍以网课《亲子活动，亲子交流的好平台》为例（图 6-2），当讲到六年级的"心存感恩，且行且珍惜"亲子活动时，教师插入现场照片，注解和图片相得益彰，既让教案内容真实可信，又升华了主题。另外，还可根据排版需要将照片剪辑成不同的形状，使页面更具设计感。

图 6-2　"心存感恩，且行且珍惜"亲子活动现场照片

为了增强画面的创意性，也为了保护家长和学生的隐私，还可用漫画、动画的形式进行展示。画面内容需紧贴主题，主体突出，色彩鲜明。

如家长慕课平台二年级课程"生命教育"专题中的"生命教育从小开始"一课（图 6-3），采用动画人物演绎的形式展示课程内容。在保护家长和学生隐私的基础上，用充满创意和灵动的动画演绎增强了课程的趣味性。

再者，提供佐证资料，丰富课程表达。教师可将自己开展家教指导和家校沟通过程中的典型案例或身边优秀的案例放入教案中，让课程内容更真实、更生动。

图 6-3　"生命教育从小开始"课程内容

在撰写教案的过程中,教师要对讲授主题中提到的概念进行简单介绍,便于教师理解。同时,在结尾处设计 1—2 道思考题,以便授课内容结束后引导教师继续思考,并考察教师对课程要点的掌握情况。

教师的教案要思路清晰、文字简练、结构严谨、语言生动且具有启发性。一般来讲,从目前的教师网课教学实践看,提倡每节课 8—15 分钟为宜,文字一般在 1 500—2 500 字为宜。

二、灵活转换,录制"专业＋趣味"的视频课程

在实际录制网络课程的过程中,教师需注意以下几点:

一是精准定位授课对象。教师家庭教育指导课程的授课对象是教师,不是家长,更不是学生。很多讲师由于职业习惯,会把授课对象误认作家长,甚至是学生授课对象不同,授课的语气和神态也会随之发生变化,因此在录播时讲师要精准定位授课对象,注重内容的科学性、全面性、系统性、时代性,让教师通过学习切实提高自身的家教指导力。

二是注重书面语言到视频语言的转换。网课侧重于授课教师的"讲",因此,如何把严谨的书面语言转化为通俗自然的视频语言,是授课教师需要掌握的必备技能。有些语言在教案中看起来很适当,讲出来却有些"文绉绉";有些语言在教案中很有气势,讲出来却有些拗口。所以,讲师需提前做好准备,将书面语转化为

视频语言,还要注重过渡语的运用,使各个环节衔接自然。从实践中看,教师进行视频课程录制时,需注意:

把握节奏。授课教师不可将讲义"读出来"或"背出来",要根据课程内容变换语速、调整节奏,可适当添加口语表达的修饰要素,进行语调、节奏、语速的设计,让课程内容"生动"、"活泼"。

控制时间。在进行课程录制时,时长应保持在 15 分钟以内。如果时间过长,听课教师会产生疲劳,注意力不能集中,难以达到预期效果。

循序渐进。在撰写教案时,部分教师缺少对课程整体架构的思考,当授课内容以系列的形式呈现时,书面语言到视频语言的转换需要体现内容的层次性、序列性。

三是肢体与媒体的配合要自然。很多授课教师面对镜头会紧张,肢体语言比较僵硬,与媒体配合不够默契。为了达到更好的录制效果,讲师在录制前可以对着镜子多排练几遍,并提前进行体姿、手势、眼神、表情等方面的设计,确保在录制时"胸有成竹",神情自然,同时让课程具有"可读性"。

三、技术要求

从当下录制技术和教学实际看,录制课程有 4 个基本要求。

1. 网页要求

主页设计美观大方、具有课程特色。主页与下级各页面应保持色彩、结构、风格的一致性。网页设计以知识点为单位,文字较多的知识点在页面设计时可采用折叠方法(即文字部分显示,部分隐藏,点击可显示全部),使页面更加整洁,减轻观看者的阅读疲劳。

2. 图片及视频要求

图形、图像素材应采用目前通用的格式处理和存储,即 GIF、JPG 和 PNG 格式;彩色图像的颜色数不低于 256 色,图像尺寸以能够清晰显示图像细节为宜;装饰用的图片应简洁、美观,与内容相适应。

若需要插入短视频(横版)辅助呈现,要注意:视频尺寸 $\geqslant$ 1 280 * 720,成片码流需控制在 2 Mb—4 Mb/秒之间;视频尺寸大于或等于 1 920 * 1 080,成片码流需控制在 4 Mb—6 Mb/秒之间。

3. 动画要求

如网络课程需配有适量的动画,要做到科学、准确、形象,有较强的表现力,并配以必要的文字或声音讲解。动画素材使用的格式为 MP4、AVI、MKV 或 RMVB(目前常用的为 MP4 格式)。

4. 链接要求

程序响应链接准确、及时有效、无死链。提供学习过程跟踪记录的机制,令学习者可从前一次退出的地方开始新的学习。各种媒体的选择要以学科专业内容的表现特点为依据,有良好的交互性,可及时对教师的学习活动作出相应的反馈。热字、按钮等交互因素的设置要合理、标示一致、清晰易辨。

总之,为了提高视频课程的可视化和趣味性,除了传统的 PPT 课件,也可在视频课程中加入短视频、动画演绎、实景图等素材,丰富表现形式。除了单人讲解,还可根据内容选择双人访谈、多人座谈等形式,增加互动性。

四、案例分享

家长会,可以分类开(家长会系列课程之一)

授课教师 上海市奉贤区西渡学校王艳娥

【设计背景】

家长会是学校教育的有机组成部分,是增进学校、家长、学生三者之间相互沟通、相互理解、相互配合的有效途径,同时,也是班主任动员家长积极从事家庭教育、主动配合学校教育、扩大教育合力的主要途径。要想使学校教育和家庭教育统一起来,使家长、学生和老师真正成为和谐的整体,就要认真开好家长会。

但传统的家长会内容和形式单一,家长会的氛围较严肃,缺乏双向沟通,导致家长会的效率不是很高。为了改变这种状况,我区多所学校在家长会的形式上进行了创新,召开分类家长会就是其中一项有效的尝试。分类家长会是由班级部分家长参加的小规模家长会,主要针对班级需求及家长或孩子存在的问题,是由教师或家长采用讲授、研讨等方式制定家校共育策略的一种新型家长会形式。小型家长会时间安排灵活，内容选择针对性强，便于老师和家长的交流以及家长之间的相互讨论学习，实效性比较强。

【活动目标】

帮助教师明确分类家长会的意义，认识分类家长会的作用。

指导教师掌握召开分类家长会的方法和策略，为今后工作带来便利。

引导教师认真做好家长会工作，提高家庭教育指导素养。

【活动准备】

制作教学课件

制作动画

【活动过程】

◆ 问题聚焦，引出课题

1. 播放动画《我们不想开家长会》

故事概况：期中过后，又要开家长会了。可是，通知一发……

老师们手拿着家长会通知，不禁长吁短叹："家长不愿交流，从头到尾就我一个人干讲……""有的家长听听就开始玩手机了。""有的爸爸妈妈不来，来的是爷爷奶奶，他们懂啥呀……"老师的内心想法是：我们不想开家长会！

家长们接到家长会通知后，也显得忧心忡忡："开家长会老师们说的没啥意思。""听了许多道理，可还是教不好我的孩子……"家长心里想的也是：我们不想开家长会！

2. 教师思考

为什么老师和家长都不想开家长会呢？主要原因可能有两个：

（1）传统的家长会内容和形式单一

传统的家长会往往以教师汇报，家长聆听为主，由于形式枯燥、内容单一，家长参与的积极性并不是很高。

（2）家长会的氛围较严肃，缺乏双向沟通

传统的家长会，很多老师会开成"告状会"，老师们"居高临下"的模式注定了家长和老师之间很难有真正的、平等的交流和沟通。

3. 引出课题

如何改变这种局面呢？根据家长的需要，召开分类家长会是不错的选择。

分类家长会时间安排灵活，内容选择针对性强，能够有效地指导家庭教育，形成家校合力。

◆ 方法与策略指导

1. 找准时机

召开分类家长会必须选择适当的时机。每个班的学情不同，班主任要善于结合本班实际，主动灵活地组织好学校安排或自行决定的每一次家长会。如果每次统一考试结束后，班主任已将学生的成绩情况掌握在手，家长对学生考试前后的学习态度和方法了解到位，就可以召开分类家长会了；班级里出现某种情况，涉及到某些学生，可以召开分类家长会；某一阶段，家长对孩子的教育出现同类问题，也可以召开分类家长会。

2. 做好分类

在召开分类家长会前，教师要认真梳理，合理归类，这样能够把握学生中的共性问题和差异性问题，为家长会的有效开展、家庭教育的有效实施奠定坚实的基础。

（1）学生的分类

可以按照学习成绩划分学生类别，按照学生的行为习惯好坏划分学生类别，按照学生的性格、脾气、人缘划分学生类别等。

（2）家长的分类

家长是进行家庭教育的关键。家长会要想开出实效，教师就应该分类研究家长。只有透彻了解家长的人生观、价值观以及家庭教育理念和家长在家庭生活中的角色分工，才能有效指导家长开展家庭教育。

如按照角色和性别划分，我们可以把参会人员分成妈妈组和爸爸组，并根据各自不同的需求，有针对性地选择相应的指导内容。王老师的爸爸家长会，就把目标定位在指导爸爸们不要缺席孩子的成长。

（3）问题的分类

为了提高家长会的有效性，我们可以对学生的问题进行分类，比如把学习问题细分为厌学、注意力不集中、学习困难、自信心缺失、偏科、经常不交作业等；行为问题细分为自我约束力差、顶撞老师、严重缺乏行为规范等；心理问题细分为孤独、情感困惑、网络成瘾等。这样，立足于学生的生理、心理特点及班级的整体情况，综合归纳，把学生群体中存在的共性问题和特殊个例梳理、筛选出来，在分析梳理这些问题的同时，问题产生的根源也就一目了然。这样召开家长会，既能引起家长的高度重视，又能提高家长教育引导孩子的针对性。

3. 发出通知

假设你要在10号召开小型家长会，那么，在6号就要通知学生，让学生回家告知家长安排好工作。班主任可以以书面邀请函的形式通知家长，同时班主任可以利用家校通、微信群等网络手段，给家长发信息。

王老师在召开"爸爸家长会"前，发出了这样一张邀请函：

××的爸爸：

您在孩子心中如山一般高大！请您在百忙之中于11月10日13：00在学校录播室参加三(1)班"爸爸家长会"！

热情期待您的到来！

XX学校三(1)班

2016年11月6日

4. 会议筹备

首先，会前班主任要对同类学生的共性问题有整体的认识，对个体差异也要有一定的把握。其次，班主任可以通过查阅资料、向有经验的教师请教等方式掌握一定的家庭教育知识，保证家庭教育指导能够有效进行。再次，在家长会形式上班主任要注重创新，提前准备，如"头脑风暴式"家长会，班主任要准备好问题；"论坛分享式"家长会，班主任要提前请家长做好交流准备……

案例中的王老师在通知发出后忐忑不安：爸爸们会来吗？家长会产生什么反应？怎样开好这次"爸爸家长会"呢？她翻阅教育杂志，边读边思考。会前，她做了两项工作，一是请孩子们说说各自眼中爸爸的形象及其陪伴自己的情况，二是录制了几位孩子对爸爸说的心里话。而这一切，都在暗中进行，爸爸们毫不知情。

5. 会议开展

会议开展的形式要多样，切忌教师一言堂。可以采取如下形式："头脑风暴式"——围绕一个主题，确定议题，家长分组讨论；"论坛分享式"——围绕一个主题,邀请班中有成功经验的家长,通过经验分享交流的方式展开论坛式的交流,进一步启发其余家长。

案例中的王老师采用了如下形式:

(1)故事引入,拉开序幕

家长会正式开始了,大部分的爸爸都来了,少数因工作不能参加的爸爸也都亲自打电话请假,委托妈妈来参加。王老师首先给大家深深地鞠了一躬,继而热情洋溢地说:"奥巴马说竞选过程中有一件事他很自豪,那就是在其长达21个月的选战中,他没有错过一次孩子的家长会。他无论多忙仍每晚和女儿一起吃晚餐,耐心回答她们的问题,为她们在学校交朋友的事儿出谋划策。而这一切只因奥巴马知道自己不可能做一辈子的总统,却一生都是孩子的父亲!"就这样,"爸爸家长会"拉开了序幕。

(2)播放心声,触动思考

孩子眼中的爸爸是什么样的呢? 王老师首先用幻灯片打出孩子对爸爸的评价:"忙于上班"、"喜欢打牌"、"喜欢上网打游戏"……接着她播放了一段视频:《爸爸去哪儿》第三季里,刘烨自顾自地玩着手机,儿子诺一突然说:"爸爸,我做了一个梦,观音菩萨让我陪你聊会儿天……"很童真的一句话,道出了孩子内心对父母陪伴的渴望。王老师趁热打铁,播放了几位孩子对爸爸说的心里话,有的孩子说:"爸爸,请你周末不要玩牌了,多陪陪我好吗?"有的孩子说:"爸爸,这个周末能不加班吗?"……听着孩子们一句句真挚的话语,爸爸们陷入了沉思。

(3)家教老师,现场宣讲

接着王老师邀请了区家庭教育指导团的何老师为爸爸们开展了一个微讲座,何老师运用理论与案例相结合的形式,深入浅出地诠释了什么是健康的家庭教育,爸爸在家庭教育中的重要作用,并对爸爸怎样参与对孩子的教育提出了针对性的建议。爸爸们或静静聆听,或低头笔记,个个都是那么认真,一股暖流在教室里静静流淌。

(4)情感熏陶,触动心弦

最后,在《父亲》这首文辞优美、旋律动人的歌曲中,爸爸们畅谈了对此次家长会的感受。"从今晚起我争取每天陪伴孩子!"一位爸爸站起来,激动地立下"军令状"，好多家长当即表示赞同。会后还有很多爸爸发来短信表示会多参与孩子的教育，让王老师感动不已。

◆ 总结反思

1. 分类家长会目标很明确，集中解决一个中心问题

分类家长会主题单一，能有的放矢，话题集中，容易谈到点子上，增强了家长的主体意识，促进了老师与家长的配合。

2. 家长得到相互交流的机会

分类家长会规模较小，使具有相同问题的学生家长聚到一起，相互间有更多的共同语言，也敢于说出自己真实的想法，便于交流和沟通，真正起到了家校合作教育孩子的作用。

3. 分类家长会解决了家长的认识差异

传统的全体家长会，往往为了照顾全体学生，必须面面俱到，这样很难突出需要解决的重点问题，其效果自然大打折扣。而分类家长会可以突破"重点不突出"的瓶颈问题。

◆ 智慧分享

课程最后，跟大家分享一篇文章《家校互动之各国家长会》，可以看到，在国外，学校开家长会另有一番情形，家长会形式多样，氛围轻松，甚至成为家长参与学校管理的重要渠道。老师们也可以借鉴文中其他国家的做法，不断优化我们的家长会。

第七章 ‖ 合 作 指 导

《幼儿园教育指导纲要(试行)》指出,家庭是幼儿园重要的合作伙伴,应本着尊重、平等、合作的原则,争取家长的理解、支持和主动参与,并积极支持、帮助家长提高教育能力。家长参与幼儿园活动的形式多种多样,按照参与内容来看,包括家长参与班级保教工作、幼儿园管理、家园共享资源建设等多种类别。在家长参与幼儿园事务的过程中,教师可以借家长的力量开展家庭教育指导。如发挥家长委员会的作用,分享家庭教育经验,对其他家庭进行指导,促进家庭教育和幼儿园教育同向同步;发挥家长志愿者的作用,为幼儿园日常工作服务,宣传先进家庭教育理念和科学家庭教育方法。

第一节 家 委 会

家长委员会(简称家委会),是在幼儿园、教师的引导下,由家长代表成立的组织。家委会是增进幼儿园与家长、社会之间沟通的桥梁。成立班级家长委员会的目的是希望能充分调动家长的积极性和创造性,挖掘家长和社会的教育资源,使教育资源最大化,实现多方共赢。教师应该把班级家委会作为教育合作者,特别是作为家庭教育指导合作者,引导家长委员会开展一系列的活动,充分发挥家委会在指导家庭教育中不可替代的作用。

● 问题聚焦

在一次家长开放日活动中,活动内容为"运动＋学习活动"。操场上,孩子们在教师的带领下做着热身运动,玩着圈、球等器械,有的年轻家长还和孩子们一起互动起来,有的拍、有的滚、有的接……也有家长发现自己孩子还不会拍球后一边责怪一边拉着孩子拍球。接着,家长们还兴致勃勃地观看了孩子们的模仿操,忽然一阵笑声传来,原来是家长们看到有几个孩子动作非常不协调而忍不住笑出了声,班级家委会主任连忙用动作示意的方式阻止了家长们的这一行为。此外,在运动结束学习活动还未开始的间隙,家委会已经独自组织参加活动的家长进行了交流……

教师思考

家委会作为班级管理的支持者、后援团,是教师开展班级工作的得力助手团队。可以通过家委会这个平台得到了进一步的推进和拓展。家委会这个渠道有利于教师关注班级家长的动态,从而带动全班家长共同进步。

1. 建立"家长教育家长"指导机制,促进家长教育观念的转变

交流沟通只有在平等、相互信任与尊重的基础上才能更有实效。家委会委员的家庭教育理念和方法较为科学,教师可以让家委会委员结对班级中的其他家长,组建小组互助苑,由家长来"教"家长,相信在这样的氛围中家长更能够主动建构、获取家庭教育中所需要的理念、知识和方法。如:有些家长发现别的家庭都有父辈家长带孩子出去散步、游戏,也就不好意思一直把孩子扔给祖辈家长带了;有些家长发现别的家长一直以正面方式教育孩子,也会更正自己的教育观念。通过小组互助苑的方式,不同的家长会主动学习他人的成功育儿经验,反思自己在家教中的不足。

2. 挖掘家委会家长资源,丰富幼儿实践活动

家委会队伍中的家长来自不同的工作岗位和层面,有着各自的思维、性格和行为方式,但他们有个共同的目标,让自己的孩子受到良好的教育。从家委会切入,可以充分调动家长参与幼儿园教育的积极性,同时还能充分利用家长的不同资源,带领幼儿走出幼儿园,走进社区、大自然,使幼儿的活动丰富起来。通过外出实践激发幼儿的运动兴趣从而促进幼儿运动能力的发展。

3. 协同家委会,多元互动促家园共育

著名幼教专家陈鹤琴曾说过:"幼儿教育是一种很复杂的事情,不是家庭一方面可以单独胜任的,也不是幼儿园一方面可以单独胜任的,必定要两个方面共同合作才能得到充分的功效。"协同家委会形成真正意义上的共同体,幼儿园和家庭二者同向、同步形成教育合力,才能有效地促进幼儿的发展,家园的沟通交流、支持合作才能达到"家园共育"的目的,促进幼儿、家长、教师三大人群的共同成长,

为孩子们的健康、快乐成长营造良好的教育环境。

教师策略

以家委会为桥梁、把家长当作能动的合作者，调动每一位家长的积极性，争取和每位家长都能进行良好的沟通与交流，以达到实现高质量家园共育的目标。

1. 分析现状，策划活动，班中集结

教师和家委会成员共同参加策划会，教师将本班孩子在"运动方面"的优势和不足向家委会成员一一解析，寻求激发幼儿运动兴趣、促进其协调能力发展的活动。互动商讨后，家委会决定开展一次"户外亲子运动"，在教师的建议下确定了一些活动，同时决定充分利用家长资源，向班级中的各位家长征询意向及资源。家委会"集结号"的拉响，得到了每位家长的支持与配合，有提供场地的、有提供活动物品的、有提供志愿服务的……在家委会的牵头下，一次"户外亲子运动"顺利开展并非常成功，通过家长间的互动，爸爸妈妈们表示今后应该多多和孩子一起来运动。

2. 分组搭配，经验共享，你我共进

班上家长的年龄、知识水平、学历层次及所处环境的不同，使得家长们在对待孩子的"运动能力"上所持的态度、观念往往也各不相同。观念各不相同，行为、方法也就自然不相同，班级家委会决定每个家委会委员结对 3—4 个家庭，定期组织小活动一起交流经验，或提出案例组织家长共同讨论，实现"教育经验的充分交流，教育资源共享，你我共同进步"。

3. 反馈互动，增加交流，合作共赢

教育是一个复杂而反复的过程，在教育的过程中家长总会面临各种各样的教育问题，因此每个月家委会及时与老师进行沟通，互相反馈活动情况，如：某某孩子最近拍球进步了；某某家长现在不抱着孩子来上学了，让孩子自己走路了；某某家庭开展了远足活动等。同时，在班级群内将这些信息全部告知家长，这样的方式增进了家长与老师之间的交流，也增进了家长对幼儿园工作的理解，更为突出的就是增进了孩子与家长之间的互动、情感，我们的孩子更快乐了。

⬤ 行动反思

班级管理不仅仅是班主任的事情，家委会也能起到很好的桥梁作用，一个好的家委会团队会调动家长参与班级工作的积极性。

1. 精选人才，健全班级家委会

"火车跑得快，全靠车头带"。为了使家委会有质有量，能胜任各项工作，班主任在全面调查了解、做好家访工作、掌握第一手材料的基础上，将那些具备热心、爱心和能力、实力的家长选入家委会，使之成为班级管理的组织者、指挥者和领导者。

2. 转变观念，强化家委会责任

长期以来，家长往往被看作是被教育的对象，甚至因孩子不争气，有时要接受教师的"训话"，有的家长为此抬不起头来。我们在实践中逐渐认识了这一弊端，开始转变了观念。在家委会成立后，班主任主动把家委会推到台前，在各种场合下树立家委会的形象，明确它在班级中的地位。

3. 积极参与，使家委会的工作正常开展

首先，要加强和家委会的沟通，让委员们参与班级管理，了解班级情况，了解自己工作的计划、重点和难点。其次，要强化协调。家委会应成为教师与家长之间的沟通桥梁。班级面临的困难和对一些问题的处理也可由家委会出面向家长作协调工作，进一步增进双方之间的了解与信任。

🌀 智慧分享

班级组建家委会的建议

班级管理不仅仅是班级教师的事情，家长也是其中的一员，有参与班级管理的义务。家委会是幼儿园和家长之间实现有效沟通的桥梁，也是班级工作最大的支持力量。我细细梳理了班级家委会的组建工作，特提以下几个建议，但愿能对老师们有所帮助。

建议一：组建时间

班主任新接一个班，对孩子和家长都不太了解，这时不要急于组建家委会。

至少要有一个月的时间对家长进行观察,教师要做到心中有数,寻找那些对班级工作有热情、有责任、有能力、有胸怀的家长作为家委会的骨干力量。

建议二：组建方式

可通过家园通群发的方式向全体家长发诚挚的邀请,对于主动报名参加家委会的家长要表示感谢。由于小班孩子刚入园,家长和家长之间也不太熟悉,这时班主任可根据自己的观察了解,与"看中"的家长交流沟通,征得家长本人同意后再在全体家长会上宣布。等到中大班,待家长之间熟悉后,进行换届选举比较合适。这样,也给更多的家长一个为班级服务的机会。

建议三：敞开大门

家委会的委员由个别家长担任,起到了牵头组织活动的作用。一个班级需要每个家长的支持。不同的家长,不同的岗位,就有不同的特长。组建好的家委会要善于和其他家长做好沟通工作,虚心听取建议,尽量发挥每位家长的特长,让他们也从心底乐意为班级服务。在班级,不管你是不是家委会成员,只要你想为班级服务,家委会和班主任就应极力配合支持他的工作,做好他的助手,让班级活动开展得更顺利。"一切为了孩子!"这种博爱的思想在班级不应是一句空洞的口号,而应是许多家长实实在在的行动。

建议四：开好会议

选出了家委会的会长后,班主任就要下放权力,和会长做好沟通后,家委员的会议就让会长和委员轮流主持召开。

建议第一届第一次会议的主要议题

1. 家委会正式成立,讨论《委员会章程》。

2. 听取班主任的学期班级工作计划,讨论家园如何做好配合工作。

3. 家委会给班级工作提建议。

4. 倡议家长为班级做一件实事(根据班级工作开展的需要而定)。

建议五：教师作用

在组建班级家委会的事情上,班主任的作用不容忽视。一个班级就是一艘远航船,班主任就是舵手。这艘船驶向何方,班主任起着举足轻重的作用。当海上起风浪时,教师要及时转舵,保证船上每个人的安全。班主任要敢于承担责任,要相信每个委员的能力,如此才能让家委会成员放心大胆地工作。班主任只有用自己的人格魅力引领孩子和家长前行,这艘船才能行进得更快更顺利。

建议六：架好桥梁

家委会是家园沟通的有效桥梁。有时候,有的家长可能会对幼儿园或某位老师(或保育员)的工作方式有意见,但为了怕自己的孩子受委屈,不好意思直接提出来,他就可以告诉家委会成员,然后由委员反映给班主任,班主任再做好协调工作。有时候,家长与家长之间因为孩子有了些误会,也可以通过家委会进行调解。当班级有家长组织活动的时候,家委会可以和班主任沟通好,借助家园通的群发功能,通知其他孩子家长活动的时间,地点和注意事项等,尽力做好支持工作。

实践证明,班级里的家长因孩子的活动常常能聚在一起聊教育,聊读书,渐渐地,很多家长和孩子都成了朋友,大家的感情更深了,再进行什么班级活动也就更顺利了。班级管理因家委会的介入而走上了良性循环的道路,班主任的工作也就随之得心应手起来。

以上建议仅供参考,各班的情况不同,家委会的议题要根据班级需要和家长需求而定,千万不可原样照搬,这样才能真正发挥家委会的作用。

(http://www.yejs.com.cn/yzzc/article/id/50621.htm)

第二节　家长志愿者

家长志愿者是指凭着自己专业和资源优势,无偿地为幼儿园发展和幼儿教育做出力所能及贡献的家长。随着幼儿园和社区、家庭的合作育人模式的建立,家长志愿者越来越多地参与到幼儿园的各项活动中。实践也证明,家长资源是一种重要的教育资源,家长不同的职业背景、成功的育儿经验、鲜明的个性特征,都是有效教育资源的来源之一。广大教师在开展家园共育中要充分发挥家长志愿者的作用,有效提升家教指导的实效。

问题聚焦

又到一年春季传染病高发期,保教推进会上,保健老师、班主任、生活老师就如何做好传染病的预防展开了讨论。

保健老师强调,幼儿勤洗手是最有效的传染病预防措施,班主任和生活老师一定要督促幼儿用正确的方法把手洗干净,尤其是入园时。但保健老师晨检时发现,总有一些孩子没有洗手就入园,或者洗手时没有用洗手液。班主任沈老师反映,她在向孩子们宣传洗手的重要性时,贝贝说:"奶奶说我洗不干净还把衣服弄湿,所以,出门前奶奶会帮我洗好的,我到幼儿园就不用再洗了。"小晴说:"我在洗的时候,妈妈总是催我快点快点,她上班要来不及了,让我冲冲就好了。"乐乐说:"我爸爸洗手从来不用洗手液的。"从孩子们的表述中,教师判断,家长对幼儿洗手重要性的认识是不够的。所以,沈老师认为,幼儿良好卫生习惯的养成需要老师和家长的共同努力,尤其要发挥好家长志愿者这支队伍的力量。

沈老师的话引起了在场教师的共鸣,家长志愿者在班级各工作开展的过程中都发挥了积极的作用,利用"幼儿来园洗手监督志愿者"这支队伍向其他家长宣传洗手的重要性,督促幼儿每天入园正确洗手是个可行的办法。

教师思考

家长志愿服务作为家园合作的一种全新模式,越来越受到教师和家长的青睐。它区别于家长会、家长沙龙、家长开放日、QQ微信等只注重表面交流的合作方式,而更注重家长的实际参与,从而使家园共育真正落到实处。

1. 家长志愿服务有助于幼儿教养行为的一致

学龄前儿童的行为处于模仿阶段,具有不稳定性,需要成人不断督促、反复引导。孩子在园活动范围广,教师精力有限,孩子的每个行为不可能都在教师的视线范围内。此时,家长志愿服务者就是教师的补充力量。比如早上来园洗手这一问题,很多大班孩子在幼儿园门口就与家长告别了,没有了家长的监督,孩子很可能就偷个懒不洗手直奔晨检处,有了家长志愿者的监督与提醒,孩子就能认真地洗手。也有些顽皮的孩子,只顾着玩水不好好洗手;或者不用洗手液,冲冲了事;或者洗完手浪费擦手纸巾、乱扔纸巾、忘记关水龙头。对于自己家长的叮嘱,孩子往往充耳不闻,而对于穿着红马甲戴着红袖章的家长志愿者,还是有些畏惧感的。家长志愿服务的要求与教师的要求是一致的,幼儿的不良行为可以及时得到纠正，久而久之，就能养成良好的行为习惯。同时，家长志愿者认真负责的工作态度也能"教育"其他家长。

2. 家长志愿服务有助于家长教育理念的改变

"保教并重"是幼儿教育的根本任务，对于幼儿园老师来说这是基本的教育原则，但是，很多家长更看重的是幼儿智力教育。志愿服务参与过程需要家长投入一定的时间和精力，志愿服务的实质是付出行动，而行动最大的益处就是引人反思。幼儿洗手监督志愿者在上岗前先要接受保健老师的集中培训，因为带着任务，又是小范围的培训，家长听得比较认真，在培训的过程中，家长详细了解到正确洗手对预防传染病的重要性，思想上引起了重视。培训结束，家长志愿者进行为期 5 天的上岗值勤，每天将近 1 个小时的监督、指导幼儿洗手的过程是家长保育理念强化的过程，同时，也是向其他家长宣传的过程。

3. 家长志愿服务有助于教师实践能力的锻炼

组织家长志愿服务的过程也是锻炼教师家庭教育实践指导能力的过程。从最初的家长志愿资源的挖掘到资源库的梳理；从志愿服务岗位的招募启动到岗位的统筹安排；从志愿服务的岗前培训、过程性指导到对家长志愿服务工作进行反馈评价等，都需要教师系统、深度地思考和设计，在这个过程中，教师的家教指导水平得以提升。同时，在与家长沟通合作的过程中，家长不同的专业知识背景，丰富的生活阅历，独到的见解也会给教师的工作带来新的启发。

教师策略

教师的正确引导、家长的积极参与、幼儿园对家长志愿服务的反馈评价是家长志愿服务有效发挥的关键因素。

1. 向家长宣传志愿服务精神

志愿服务需要家长具有不求回报、友爱无私的奉献精神，而很多家长的服务动机是通过深入幼儿园关注到自己孩子的成长。沈老师觉得，要想家长内化志愿服务精神，形成自觉行为，可能身边的案例是最能给人启发的。张老师是幼儿园的公众人物，家长们都并不陌生，因为幼儿园的很多大型活动都是张老师主持的，但她同样是奉贤区睿宝亲公益服务社成员，定期参加公益活动，这件事家长们并不知情。因此，沈老师将张老师参加活动的花絮和她的感言制作成了几分钟的

PPT,并在开学初的班级家长会上进行分享。宣传短片使家长们深受触动,会后就有很多家长报名参加志愿服务。

2. 向家长征询志愿服务意见

家长是志愿服务项目的执行者,项目内容、形式是否有待改进,家长是最有发言权的。因此,沈老师向家长发放了志愿服务意见征询表,内容包括服务时间、内容、形式等几方面,家长们提了很多中肯的意见。比如,家长提出:洗手志愿服务项目因为要连续 5 天,是否可以考虑由几个人来认领;种植园地最好能提供一定的经费用于购买秧苗、锄头等工具;一日园长值勤时最好由负责的教师陪同,碰到问题可以及时沟通反馈。沈老师将家长们的意见进行汇总,及时向园领导汇报并作出适当调整。

3. 向家长发放志愿服务小卡

沈老师请在某一广告公司任职的家长制作了"志愿明星"的宣传版面,张贴在教室进门处,版面上呈现的是 35 棵小树,树根上有幼儿的照片。家长每次服务结束,教师都会对家长的服务进行及时评价,并且发放服务小卡,记录服务的内容和时间,根据服务效果,在小卡上粘贴不同数量的苹果贴纸,再由幼儿将服务小卡粘贴在自己的小树上。期末,根据苹果数量评选出优秀家长志愿者。发放服务小卡的模式既是对家长志愿服务的即时肯定和反馈,又使优秀家长志愿者的评选过程更加公开透明。孩子们看到自己小树上的苹果越结越多,也会为家长的付出倍感自豪,家长们的志愿服务精神为孩子们树立了榜样、传播了正能量。

● 行动反思

家长志愿服务工作是否能做好,需要幼儿园、教师、家长三方的合作和努力,而教师是其中的桥梁和纽带,在具体落实分配、协调反馈的过程中,还应该在哪些方面努力呢?

1. 志愿服务应考虑到家长价值的体现

在志愿服务中获得成就感是家长继续参与的动力,期末幼儿园的集体表彰、宣传版面的即时鼓励都是在努力体现家长服务的价值。除此以外,教师还可以尝试通过其他方式使参与志愿服务的家长感到自己的付出是有意义的。比如,教师引导幼儿来园时与家长志愿者热情地打招呼。天冷时幼儿园为他们准备厚马甲御寒，使家长在付出的同时也感受到被尊重、被关爱的温暖。种植园地的家长志愿服务的时间比较灵活，往往在劳作时无人看到，有心的教师可以抓拍他们劳作的镜头，并打印出志愿者服务的照片，在家园版报、家园联系栏上张贴出来。当庄稼成熟，欢呼雀跃的时候，教师可以把家长志愿者请到现场，告诉孩子们，正是他们无私付出，才有满满的收获，并引导孩子们对他们的付出表达感谢之情。期末的集体表彰也可以采取先进事例的形式，在征得家长同意的基础上，选取一到两个优秀有代表性的事例公开在幼儿园的网站、家园小报上，加大宣传力度，以吸引其他家长的积极参与。

2. 志愿服务应考虑到家长资源的挖掘

家长志愿服务者的征集对象一般局限于幼儿父母、（外）祖父母，而实际参与活动的对象可能也仅限于幼儿母亲或奶奶。因此，一方面，教师要鼓励爸爸、爷爷更多地参与其中，另一方面，教师也要挖掘幼儿其他监护人的资源，比如，孩子的阿姨叔叔、婶婶伯伯等，以壮大志愿者服务队伍。同时，教师要将家长资源库进行归类，对家长的兴趣特长、适合的岗位和已经参加过的岗位进行记录，以方便查询、利用。

3. 志愿服务应考虑到家长经验的传授

每学期志愿服务的岗位是相对固定的，但是，家长是轮流参与的，每到一个新岗位，需要进行岗前培训，除了教师承担岗前培训外，还可以通过家长互培的方式进行，这样既减轻了教师的工作量，又使指导更具体、更有针对性。同时，这样也使家长之间增加了交流的机会，使家长在合作分享中树立主人翁意识，将班级志愿工作做得更细致、更出色。

智慧分享

美国学前教育机构家长志愿者制度

在美国的学前教育机构中，教师与家长沟通合作的形式多种多样，而邀请家长担任志愿者是其中的一种颇受欢迎的形式。它能使儿童、家长、教师及学前教育机构从中获益，是增进家园之间信任关系的一项有效策略。

一、家长志愿者的招募

美国学前教育机构通过多种途径招募家长志愿者。1. 通过调查。通过调查研究的形式来招募家长志愿者，以便充分了解家长志愿者的才能、空闲时间和兴趣爱好。2.通过家长手册。学前教育机构在利用家长手册招募家长志愿者时都会详细说明家长志愿者的标准、所从事的工作和可能获得的奖赏以及所在机构的各种方针政策。3.通过家长会。在家长会上,教师会向家长详细介绍家长志愿者的责任和机会,从而使家长更愿意参与志愿者活动。4.通过家长园地。教师会根据班级活动开展的需要,在家长园地上贴出求助广告,请求家长的支持和帮助。5.通过开放活动。学前教育机构每学期都会向家长和社会全面开放一两次活动,到时众多家庭成员都会前来观看开放活动,也会参与开放活动,这是教师邀请家长担任志愿者的好机会。6.通过个别交谈。当家长来班级参观访问时,教师会特别关注那些能与儿童友好交往的家长,并同他们就机构的教育目的、个体儿童的发展目标、家长想在班级中做些什么等话题进行个别交流,并鼓励他们定期到班级来做志愿者。

我国幼儿园可以借鉴美国学前教育机构的经验,在召开家长会时,向家长宣讲家长志愿者的重要性,引导家长委员会成员带头报名成为幼儿园的志愿者,鼓励退休家长、离岗家长踊跃报名成为家长志愿者;在家园小报、幼儿园网站、家长园地及时发布招募家长志愿者的信息;通过电话交谈以及发手机短信等形式专门邀请有某种兴趣爱好、经验特长的家长来做志愿者;在每天的接送时间、每学期的开放日里热情邀请家长提供志愿服务。不同形式的邀请可以促使更多家长成为志愿者。

二、家长志愿者的指导

为了更好地组织家长志愿者开展工作,美国学前教育机构在家长志愿者上岗前会对他们进行相应的指导。1.指导家长志愿者认识个体与团队的关系。教师要帮助家长志愿者了解自己和团队其他成员的角色,以充分发挥自己的作用。2.帮助家长志愿者理解活动的常规和时间安排。教师要帮助家长志愿者理解班级的行为规范,使他们认识到幼儿在班级里什么样的行为是恰当的。3.引导家长志愿者观察教师与幼儿之间的互动,使他们能更好地理解教师是怎样实现教育目标的。4.指引家长志愿者掌握各个活动区的规则,因为儿童每天都有许多时间是在活动区里度过的。5.引导家长志愿者选择合适的工作。为了使家长志愿者认识到教师对他们的期望,教师会具体地告诉他们工作任务。

我国幼儿园可学习美国学前教育机构的成功经验,在对家长志愿者进行指导时要考虑他们的志愿。对于想在幼儿园层面上做志愿者的家长,园长应给予他们一定的指导,使他们了解幼儿园的环境布置、班级设置、游戏场地的安排、一日作息制度的运行、厨房和保健室的要求等。对于想在班级层面上做志愿者的家长，教师应给予他们特定的指导。

三、家长志愿者的工作安排

美国学前教育机构在为家长志愿者安排工作时，会从他们的实际情况出发，注意考虑他们的独特性。教师会密切注意每位家长志愿者的职业背景，重视并发现他们独特的知识经验，促使他们把知识经验用于班级的教育活动中。教师热忱欢迎家长成为定期志愿者，经常参加班级活动，并承担管理区角活动，为有特殊需要的儿童提供个别帮助，为班级的庆祝活动做好准备工作，帮助制订活动方案，定期为儿童阅读故事，指导儿童学习玩特别的游戏，在午餐和读书时间里管理儿童等责任。教师也热情欢迎家长担任临时志愿者，在班级有特别活动的时候参与进来，为教师提供帮助。同时，教师还非常欢迎没有时间来班级的家长志愿者在家里为儿童创编游戏，为区角活动提供材料等。此外，教师还重视邀请所有家庭成员来做志愿者，为他们提供各种各样的参与机会，鼓励他们自由选择角色以及自己决定参与的活动和参与的程度。教师会引导家长志愿者先在班级做一点简单的工作，等到熟悉全体儿童和各项活动以后，再做其他更复杂的工作。

我国幼儿园可借鉴美国学前教育机构的经验，在为志愿者安排工作时要考虑到他们的实际情况。教师要引导有大量空余时间的退休、下岗、待岗、离岗的家长定期到幼儿园提供志愿务，还要提示具有不同职业专长、兴趣爱好、文化水平的家长根据自己独特的知识、经验和技能及时到幼儿园提供志愿服务。

四、家长志愿者的评估

为了考查家长志愿者的服务情况，强化他们志愿服务的精神和行为，以便更有效地发挥他们的作用，美国学前教育机构还会对家长志愿者的工作进行评估。通过评估，学前教育工作者能更好地了解家长志愿者的特点，更快地发现家长志愿者的强项，知道哪些家长志愿者对班级的哪些工作是最有帮助的。借助评估结果，教师还能在总结工作成效的基础上制订出调控班级家长志愿者的规则，解决班级中家长志愿者过多或过少的问题。学前教育机构答谢家长志愿者的方式多种多样，主要有写感谢信，发小礼品，为他们举办晚会和野餐，在广播电台和报纸杂志上宣传他们的事迹等。

（伯玲，张丽. 浅析美国学前教育机构家长志愿者制度[J]. 才智，2011(9)）

/第三编/

家庭教育指导实务

‖‖‖‖‖‖‖‖‖‖‖‖‖

教育是一门科学，家庭教育更是一门科学，一个孩子的方方面面，从生理到心理再到养育方式，从知识的学习到人格的形成，是一门大学问。我们不能够让没有经过培训的"司机"充斥在国土上，不能够让大量不懂得教育、不懂得什么是好教育的父母教育我们的孩子。

——朱永新

本编概要：

▶ 当前家庭教育被一些普遍性的问题困扰着，如幼儿入园适应、习惯养成、人际交往、兴趣培养、幼小衔接等，这些问题是家庭教育指导的热点，也是教师指导家庭教育时需要重点关注的内容。

▶ 随着社会发展，家庭结构类型的多样化，不同的家庭结构有着不同的家庭教育问题与矛盾，需要作为专业指导者的教师，仔细观察和分析，寻找矛盾的症结，为家庭教育指出明确的路径。

▶ "以幼儿发展为本"要求关注幼儿的年龄特点与每个幼儿的个性特点和需要，为每个幼儿提供适宜的教育，包括为发展特殊的幼儿提供适宜的教育。相对于发展正常的幼儿的家庭，特殊幼儿的家庭更需要获得专业的指导，以帮助家长走出家庭教育的误区，从而帮助幼儿获得最大可能的发展。

第八章 ‖ 源于问题的家庭教育指导

家庭是儿童的第一课堂,家长是儿童的第一任教师。儿童的心理特征、行为习惯等深受家庭教育的影响,家长的教育理念和教育行为是否科学会直接影响儿童一生的发展。家庭教育指导服务是幼儿园的重要任务,幼儿教师是幼儿园家庭教育指导的参与者和实施者。教师如何与家长携手处理好幼儿成长中的种种问题,纠正家长对现代教育理念存在的理解"误差"和执行"偏差",是当前亟待解决的问题。

第一节 "热闹"的入园适应

每年 9 月开学季第一周,幼儿园往往是最热闹的,这"热闹"在于园内小班新生的哭声此起彼伏,家长在园外张望不愿离去,还有小班老师恨不得有"三头六臂"。小班幼儿从家庭走向幼儿园集体生活,需要重新建立与环境、与他人的依恋关系,入园焦虑是幼儿自然的反映,必须经历一个适应过程。在这一过程中,小班教师逐步帮助幼儿建立规则意识,养成良好的社会性品质,开发幼儿的智力潜能。但不少孩子的家长却时时担忧:没有一对一的照顾,孩子是否能吃好、睡好、玩好,不碰伤、不生病、不与人发生冲突? 家长和教师对幼儿关注点的不同让幼儿的入园适应困难重重,因此,教师及早地介入与适时地对家长进行家庭教育指导显得尤为重要。

⊙ 问题聚焦

萱萱是小 1 班哭闹得比较厉害又难安抚的宝贝,每天一踏进园门就抱着爸爸的脖子哭得歇斯底里。老师抱、爸爸推,如同生离死别,爸爸好不容易抽身离去,萱萱各种挣脱、闭眼大哭。山洪爆发式的哭闹太耗体力,十分钟下来,她基本也闹不动了,抽噎着站在教室门口张望着。小小的人儿悲伤又孤独,不要老师抱,不听老师劝,也不愿玩玩具，更不愿和小朋友坐一起。张老师只好给她拿把小椅子坐在教室的一角，只有吃饭、上厕所、午睡时她才不得不离开椅子。几天下来，萱萱的声音完全哑掉，人也更瘦了，回到家只要说起上幼儿园就大发脾气，哭闹不止。

奶奶十分心疼，她让爸爸向老师提出要来幼儿园陪读，要是老师不同意，就索性休学一个月后再说。妈妈很生气，觉得奶奶分明是在无理取闹，向爸爸抱怨萱萱上学这么哭闹就是奶奶从小太溺爱的结果，别的孩子能适应为什么萱萱就不能适应？爸爸虽然也反对奶奶的做法，但不知道怎么和奶奶沟通，妈妈和奶奶坚持己见，爸爸夹在中间左右为难。

教师思考

奶奶的焦虑、妈妈的责备、爸爸的无奈，使得原本和谐的家庭氛围变得紧张起来。萱萱的入园反应确实比较强烈，这是什么原因造成的呢？

1. 父母缺位，孩子安全依恋难建立

很多年轻的父母被指责"只会生不会养"。一种情况是，父母工作比较忙少有时间陪孩子，或者父母因为贪玩享乐逃避了做父母的责任。另一种情况是，祖辈认为父母太年轻，不放心让他们照顾孩子。就像萱萱奶奶，白天晚上都在带萱萱，这就剥夺了父母与孩子亲密接触的机会。孩子哭着闹着不去上幼儿园，大部分情况是因为离开了熟悉的环境和亲密的养育者，缺乏安全感，无法适应陌生的环境，害怕与陌生人接触。

2. 祖辈溺爱，孩子自理能力难培养

祖辈带孩子存在的普遍问题是"溺爱"。孩子蹒跚学步跟跄摔倒，未等孩子哭出声来，祖辈一定已经抱在怀中急切安抚；孩子上桌吃饭，菜热了怕烫伤，饭冷了怕伤胃，孩子自己吃饭把饭菜洒满一桌，祖辈觉得还不如喂饭省事；孩子起床入睡，穿衣脱衣毫无章理，衣裤前后反穿，鞋子左右不分，祖辈怎能坐视不理。对于祖辈来说，孩子的身体健康远比能力培养更重要。萱萱的奶奶是溺爱型祖辈的典型代表，萱萱入园前的生活自理能力十分欠缺。入园后，面对新的环境，很多事情都要自己做，萱萱的害怕和不适应可想而知。

3. 理念冲突,孩子良好品格难塑造

祖辈与父辈、父亲和母亲之间在育儿理念上的冲突导致他们在育儿行为与要求上不一致,这必然阻碍孩子良好品格的形成。萱萱的奶奶对孩子百依百顺,什么事情都包办代替;妈妈又非常严厉,只要奶奶不在家,必然要求孩子自己的事情自己做,做不好还要责备;爸爸既希望孩子不那么娇气又觉得妈妈过于苛刻,基本是两面派。所以,萱萱在家比较任性,什么事情都要依着自己的想法来。入园后她常与小朋友因争抢玩具而闹矛盾,她没有与别人分享玩具的经验,觉得老师又没有像奶奶那样维护自己而异常委屈。

教师策略

针对萱萱家的情况,张老师觉得只有先理解家长的忧虑,与家长真诚沟通,引导家长看到问题所在,才能探讨出有效可行的办法,共同帮助萱萱尽快适应幼儿园生活。

1. 分析陪读休学中的利弊,帮助祖辈解疑释惑

奶奶因为对萱萱的担心和疼爱,提出陪读和休学的想法,对此张老师表示十分理解,随后,帮助奶奶分析了其中的利弊,使奶奶认识到,这样只会使萱萱入园的适应期无限延长、循环反复。因为,陪读只会让孩子更依赖家长,更不愿意亲近老师和同伴;自己能做的事情,会因为家长在身边而不愿意自己动手;学习、游戏、运动,会因为有家长的陪伴而不能专心融入;孩子之间的交往会因为有家长在其左右而显得不自然;并且,孩子也会因为时常担心家长中途离开而总是心绪不宁。而休学后再入园,孩子面对的还是陌生的环境、老师和同伴,其他孩子已经熟悉了一日生活各环节的规则,能独立如厕、吃饭、午睡,游戏交往、生活学习也从容自如。如此,一切都要从零开始的萱萱会不会更加胆小不自信? 张老师向奶奶解释,入园适应期是每个孩子必须克服的困难,是孩子成长不可或缺的过程。家长因过度关注引起的焦虑情绪必然会影响到孩子的情绪,更不利于孩子情绪的稳定。

2. 指导家长理解孩子的行为,缓解父母焦虑情绪

孩子个性气质不同,家长教养方式不同,孩子入园初的表现必然不尽相同。有的孩子入园第一天就能完全融入集体生活,这可能是因为他先前上过托班,有

集体生活的经验；有的孩子虽不乐意上幼儿园，会害怕和紧张，但不会大哭大闹，往往得到家长早点来接的承诺后就安然无事。当然也有孩子会哭上一个月、两个月，甚至一个学期。家长千万不要把自己的孩子与别的孩子比较，要分析孩子不适应的原因，比如，萱萱虽然有点任性，但胆子很小，生活自理能力差、依赖性强。生活环境的改变、陌生教养者与同伴的介入、随性自由的生活状态转为规律约束的作息制度，玩具、食物从独占到分享，这对于处在以自我为中心阶段的小班孩子来说，感到害怕、紧张、委屈、生气都是很自然的。家长要及时安抚孩子的焦虑情绪，培养孩子基本的生活自理能力，鼓励孩子学会分享，对于孩子的点滴进步及时予以肯定，允许孩子入园适应的脚步放得慢一些。

3. 协同商讨制定改变对策，营造和谐的家庭氛围

孩子的问题实际上反映的是一个家庭的问题，通过谈话，萱萱奶奶和父母都意识到，家长教育理念上的不一致确实不利于萱萱的成长。因此，家长都要扮演好自己的角色，不越界，彼此之间不指责、不抱怨，营造和谐的家庭氛围。

面对萱萱的问题，张老师的建议是，每天还是由爸爸负责送，并且，约定每天10点半，幼儿午餐前，爸爸与萱萱视频聊天，由爸爸鼓励萱萱多吃饭，并承诺如果饭菜吃完，那么当天下午由奶奶来接她放学作为奖励。这个办法，确实改善了萱萱的状态，因为视频时要用到老师的手机，萱萱也愿意与老师交流，椅子也慢慢向教室里靠，饭菜也吃得比以前多了。对于萱萱的进步，老师也及时反馈给家长，增加家长的信心。

◉ 行动反思

萱萱入园适应问题，折射的是家长不同的教育理念和教养模式，考验的是教师对幼儿行为的分析和洞察能力，以及与家长沟通的技巧和解决问题的智慧。为了缓解开学初疲于应付幼儿哭闹的局面，教师可以从以下几个方面入手：

1. 提早进行家访，尽早发现家庭教育问题

开学初的上门家访工作是为了让教师对幼儿及幼儿家庭情况有直观的了解，从中教师可以了解到班中幼儿不同的个性特点和发展水平，比如有些孩子自理能力差、语言发展缓慢、体质较弱、胆小退缩、好动任性等，往往这些孩子的入园适应期要比其他孩子长，所以，老师要尽量多与家长沟通，多了解孩子的情况。通过和

家长的交谈,也可以判断出家庭教养方式中存在的不妥之处。对于萱萱的家访,因为各种原因,张老师逗留的时间很短暂,使首次家访匆匆而过,与家长也仅限于浅显的交流,并没有全面详细了解到幼儿的信息。可见,对于初入园的新生幼儿家访,老师要格外重视,及早发现问题,准备应对方案。

2. 畅通家园联系,尽量缩短入园适应周期

开学前,老师可以通过提早建立 QQ 群、微信群,将夏季小班幼儿的一日生活作息安排及相关的入园适应指导建议发在群里,使家长有更多的时间调整孩子在家的作息,尽早培养孩子的生活自理能力。老师还可以鼓励家长自发地组织一些活动,让幼儿彼此间提前认识,建立的小小友谊也会有助于缓解幼儿入园后的紧张情绪。

开学后,老师可以将幼儿在园的活动情况以照片、视频等方式及时分享给家长,让家长安心;对于适应缓慢的幼儿家长,老师更应该多花点时间与家长进行面对面的沟通,共同分析问题、探讨对策,赢得家长的信任与支持。

3. 理解孩子需求,尽快拉近师幼的心理距离

老师的笑容和拥抱,温柔的鼓励和不厌其烦的安抚,能给幼儿亲切感和安全感。老师用幼儿熟悉的语言表达方式与其交流,可以消除孩子对教师的陌生感;适当帮助喂饭、如厕、穿脱衣服,可以消除孩子入园后的紧张感;准备一些小零食、小礼物奖励给不哭的宝贝,可以增进与孩子的亲密感;组织一些有趣的游戏,可以转移幼儿的注意力以稳定幼儿情绪。老师对刚入园的幼儿来说只是陌生人,要想让他们对老师从排斥到喜欢,是需要教师付出足够的耐心和爱心的。

智慧分享

小班幼儿入园适应期出现问题的家庭原因分析与家长辅导策略

一、小班幼儿入园适应期出现问题的家庭原因分析

(一)家长自身因素

第一,家长的情绪对孩子造成影响。学习理论认为,学习的最基本机制是联结,表现为经典条件联系和操作条件作用。无条件情绪反应来自遗传,大多数情绪反应则是通过条件作用而产生的。大部分家长对于孩子上幼儿园这一事实都会出现或多或少的焦虑,担心孩子在幼儿园不习惯,没吃饱,受到其他小朋友的欺

负，等等。家长焦虑的程度是影响幼儿焦虑情绪产生与持续时间的重要因素，家长焦虑程度越高，孩子对集体生活的适应性能力越差。同时，有的家长在管教孩子或面对孩子哭闹的情形下，会不经意间透露教师的权威，给孩子带来一定的心理压力，从而畏惧教师。

第二，家长缺乏对孩子独立性、社会交往能力的培养。据相关研究，大部分幼儿需要在成人的帮助下才能完成进餐、如厕、入睡，自己不能独立完成。在现实生活中，尽管大部分家长都认为应该培养孩子的独立性，但在实际操作中会遇到一定困难。因为幼儿缺乏相应的生活经验，通常需要在成人的帮助下，才能完成一件事，长期如此，幼儿就会产生依赖心理，面对自己做不好的事会求人帮忙。一般说来，独立性差的孩子刚开始是不适应幼儿园生活的，会对幼儿园产生抵触情绪。对孩子家长的访谈结果发现，有27％的幼儿在面对陌生人、新环境时有恐惧现象，而只有8％的幼儿表现出好奇，愿意主动与别人交往。这表明，在现实生活中，家长忽视了对孩子的人际交往能力的培养。

第三，家长准备不足，一是自身准备不足，二是对孩子准备不足。家长自身准备不足主要表现在没有事先预料到孩子去幼儿园可能出现的情况及相应的处理措施；对孩子准备不足主要是忽视对孩子的心理建设。家长初次送孩子到幼儿园时，都知道要给孩子最好的物质准备，比如为孩子准备书包、文具等，而忽略了孩子的心理准备，既没有带孩子去幼儿园参观，熟悉幼儿园环境，也没有告知孩子去幼儿园的好处，只是干巴巴地通知孩子要上幼儿园，给幼儿带来心理上的不安，造成恐慌，使得孩子畏惧幼儿园。

（二）家庭环境

家庭环境包括多方面的影响因素，本文主要探讨家庭氛围和家庭成员教育的不一致性对孩子入园适应的影响。

家庭是幼儿生活的主要场所，家庭氛围的好坏会对幼儿的身心造成截然不同的影响。良好的家庭氛围更容易给孩子营造一种安全感，更容易让孩子树立起积极健康的心态，孩子也能更好地适应幼儿园的生活。反之，如果一个家庭的氛围常常是冷漠的，家庭成员之间缺乏交流，这会让孩子缺乏安全感，孩子容易形成胆怯、内向的性格，孩子入园后也很难适应幼儿园的生活。

家庭成员教育的不一致性也会对孩子的入园造成影响。目前的家庭结构通常是由爷爷、奶奶、爸爸、妈妈、孩子组成的。一方面，平时爸爸妈妈工作比较忙，通常是由爷爷奶奶带孩子,只有在休息日与孩子相处的时间较多,而老人往往比较溺爱孩子,没有注重对孩子良好习惯的培养,尤其是独立性的养成。另一方面,父母对孩子的期望较高,要求较严,比较注重孩子良好习惯的养成。这就在孩子的教育方式上形成了冲突,一家人对孩子的教育方式是不一致的。但往往是孩子与老人相处的时间较多,老人的教育方式对孩子能产生更大的影响,更容易让孩子养成一些不良的习惯,如依赖、孤僻、不懂谦让等习惯,让孩子很难融入到幼儿园这个大家庭中。

（三）家庭教养方式

教养方式是指家庭生活中父母对子女抚养过程中所表现出的一种相对稳定的行为方式,是父母在抚养、教育子女的日常生活中所表现出的一种行为倾向,是对父母各种教养行为特征的概括。家庭教养方式的不同对孩子适应幼儿园生活也会造成一定的影响。比如放任型的父母平时对孩子的管教过少,关心过少,平时也缺乏与孩子的交流,孩子的内心是孤独的,也存在不安的现象。在这种心理作用下,孩子进入幼儿园通常都是不善交际的,喜欢独处,不能很好地适应幼儿园生活。专制型的父母平时对孩子要求比较严格,通常以成人的标准来要求孩子,长久下来,就会让孩子产生一种畏惧心理,这样的孩子到了幼儿园之后,有可能会产生畏惧教师的现象,具体表现为比较胆小与内向,不善交际。而溺爱型的父母,平时容易溺爱孩子,会让孩子养成一些不良行为,也没有培养孩子的独立性,孩子到了幼儿园之后会有一种心理落差,感觉自己没有受到重视,有可能会用一些过激行为来引起他人的关注。

（四）家园合作

在家园合作中,家长往往处于被动的地位,很少主动和教师联系,了解孩子在幼儿园的表现。一是因为家长工作过于繁忙,没有足够的时间与教师联系;二是很多家长都是抱着把孩子送入幼儿园,让教师管的心态,不会想着主动与幼儿老师联系,不关心孩子在幼儿园的表现以及与其他孩子的相处情况,等等。同时,也很少有家长会把孩子在家里的表现反映给老师,未能让教师更全面地了解孩子,使得家园联系脱节。

二、缓解小班幼儿入园适应期的家长辅导策略

（一）为孩子入园做好充分准备,培养孩子的自理能力

值得注意的是,为孩子入园做好准备之前,家长要先做好自身的心理准备。

要清晰认识到，孩子初次入园可能有不适应现象，出现抵触幼儿园的情况，预测一下自己应该采取什么样的措施，而不是一味地满足孩子的要求，溺爱孩子。为孩子做好充分准备，既包括物质准备，更包括心理准备及孩子自理能力的准备。

一方面，在入园前，家长就要有意识地引导孩子对幼儿园产生兴趣，多与孩子聊聊幼儿园的趣事，让幼儿喜欢上幼儿园。同时，家长也可以在孩子入园前，先带孩子感受幼儿园的氛围，熟悉幼儿园的环境，淡化陌生感，能让孩子入园后更好地适应园内生活。

另一方面，注重培养孩子的自理能力，尤其要培养孩子的独立性和社会交往能力。孩子渐渐长大，家长就要渐渐有意识地培养孩子的独立性，要让孩子做力所能及的事情，比如穿衣、洗漱、吃饭、如厕等。首先，在幼儿入园之前，就要让孩子有意识地学会独立吃饭，养成不挑食的好习惯；其次，教会孩子学会表达自己如厕的意愿，培养如厕时脱裤子的习惯；最后，让孩子的日常作息尽量接近幼儿园，让孩子养成午睡的习惯。对孩子社会交往能力的培养，家长也需要分步引导，要多带孩子出去玩耍，让孩子养成活泼开朗的性格，在此基础上让孩子接触更多同龄的小朋友，学会与他人相处，从而教给孩子适当的交往技能，使其能更好地适应幼儿园生活。

(二) 优化家长教育的技能技巧，促使家庭教育方式的一致

首先，家长要提高自身素质。家长自身素质的提高与对孩子的教养方式息息相关，家长应该采取科学、合理的方式教养孩子。同时，家长也应该积极引导孩子树立乐观的态度，以积极乐观的态度看待问题，让孩子更加适应幼儿园生活。

其次，要为孩子创设良好的家庭氛围。良好的家庭氛围容易让孩子产生一种安全感，更容易培养孩子积极乐观的心态。反之，冷漠的家庭氛围容易对孩子产生不良的影响。孩子进入幼儿园后，从自己熟悉的生活环境进入到全然陌生的环境，刚开始，孩子也会出现忐忑不安等不适应幼儿园的现象。因此，家长给孩子创造一个舒适温馨的家庭环境是很有必要的，孩子自小在良好的家庭环境中长大，更能学会分享、与他人交往，更容易融入集体生活，能更好地适应幼儿园环境。

再次，提倡民主型的教养方式。放任型、专制型、溺爱型的教养方式都会对孩子的身心健康带来一定影响，不利于孩子适应团体生活、园内生活。因此，在家庭生活中，家长既不能过度权威，又不能过分溺爱孩子，遇到与孩子相关的事，要与孩子沟通交流，多倾听孩子的想法，尊重孩子的意愿。

最后，家庭教育方式要一致。教育的一致性是指家庭教育的各种力量在态度、要求、内容和方法上的一致，统一指导家庭成员特别是孩子的行为，养成良好的道德行为习惯，培养优良的品质，促进孩子的健康成长。因此，家庭各成员在面对孩子的教育问题上要多沟通、多交流，在教育孩子的方式上争取达成一致，共同培养，让孩子养成良好的行为习惯，不娇惯孩子，让孩子能更好适应幼儿园的生活。

（三）完善家园合作体系

完善家园合作体系，有利于家长和教师互通有无，更全面地了解孩子，帮助孩子适应幼儿园生活，帮助孩子顺利度过关健期。家长可以从以下几个方面来完善家园合作体系：在家访活动中，家长积极配合，主动与教师谈论孩子在家里的表现；在家长会上，家长及时与教师沟通，了解孩子在园内的日常表现；在幼儿园举办的亲子活动中，家长积极参与，构建良好的亲子关系，从而缓解孩子的入园焦虑。

（节选自吴言惠，杨雪.小班幼儿入园适应期的家长辅导研究[J].天津市教科院学报，2007(4)）

第二节 "特别"的饮食习惯

培养良好的生活习惯是人生的第一课。生活习惯体现在日常生活的方方面面，包括睡眠习惯、饮食习惯、卫生习惯等。幼儿时期良好的生活习惯包括每天按时睡觉和起床，不偏食、挑食，常喝白开水，不贪喝饮料等。良好的生活习惯不仅关系到幼儿的身心发育，也有助于培养幼儿独立、自信的社会适应能力，使其获得终身受益的生活能力和文明的生活方式。生活习惯的培养贯穿幼儿园的整个阶段，家园双方能否在幼儿生活习惯的培养观念和方法上达成一致是教师在家园共育工作中必然会碰到的问题之一，需要引起广大幼儿教师的足够重视。

⚫ 问题聚焦

小班组保教综合推进会围绕"如何家园配合，培养幼儿良好的生活习惯"开展研讨，A老师说："我们班有个'光吃白饭的阿宝'，轮到吃花式饭时，他的桌前是一片狼藉，都是他从饭里挑出来的方肉粒、胡萝卜粒，一丁点小菜叶也不会放过。"B 老师说："我们班'不吃碎肉的俊俊'吃馄饨和吃肉包子时，他光吃皮不吃肉，趁我们不注意，还经常偷偷把那碎肉扔在桌子底下。"C 老师说："我们的妮妮来幼儿园两个月了，每天还带一个奶瓶，不愿意用小杯子喝水，在家里睡觉还离不开奶瓶呢。"保健老师发言："小班幼儿的挑食、偏食现象一届比一届严重，出现的问题也越来越奇怪，这直接影响了幼儿的正常生长发育，据我们统计，这一届营养不良的幼儿的数量远远超过前几届，其中有最多的是一个班级有 8 个，这是历来最多的。"

教师思考

幼儿期是良好生活习惯养成的关键期。幼儿良好生活习惯的养成受环境和不同教养方式的影响，因此，在家庭教育指导中，既要关注基本知识的传授，更要关注到对症下药式的方法指导。

1. "开小灶型"——家庭教养方式的影响

作为独生子女的一代人，80 后、90 后已经成为父母，也是当今双独家庭的主力军。由于生活节奏加快，工作压力较重等原因，父母、祖父母三代同堂的主干家庭非常普遍。上文中 A 老师提及的阿宝从出生起就生活在爸爸妈妈、爷爷奶奶共同教养的环境中。妈妈是银行职员，属于"早八晚六"的工作节奏，爸爸是驻沪部队军人，一般要到周末才回家。奶奶退休在家，对阿宝的生活照料自然而然地落到了奶奶身上。在家里，当一桌菜端上来时，总是有几个"专供"阿宝的菜。为了方便做少分量的菜，奶奶专为阿宝添置了炊具。

2. "不良榜样型"——家长饮食习惯的影响

所谓"身教重于言教"。父母的饮食习惯、睡眠习惯、卫生习惯、家庭成员之间的关系等随时随地都在潜移默化地影响着幼儿。上文 B 老师所提的俊俊宝宝，家里的饭桌上从来没有出现过用碎肉做成的菜肴。经老师上门家访进一步了解终于"真相大白"：原来俊俊的妈妈不爱吃碎肉。因此，俊俊到幼儿园看到碎肉就像看到了不曾接触的异物。

3. "认知缺失型"——家长养育观念的影响

观念是个体通过对社会生活的长期、反复体验，并接受相关的知识文化教育而逐步形成的。孩子的健康成长需要自由的生活空间和精神空间,但不讲任何规则,不提任何要求,一味地顺从,那么自由就变成了放任。上文 C 老师说到的妮妮宝宝是一名外省市来沪的随迁子女,爸爸妈妈做点小生意,每天早出晚归非常忙碌。妮妮出生五个月起就断奶了,家里请了有亲戚关系的阿姨来代为照顾,阿姨就成了妮妮的主要照顾者。婴幼儿期间,妮妮常常是含着奶瓶入睡的。妮妮三岁了,要上幼儿园了,爸爸妈妈还没有想到要让妮妮用杯子喝水,奶瓶还是妮妮形影不离的"小伙伴"。

教师策略

1. 日常约谈——以多维沟通的方式促进教养人员的观念达成一致

孩子年龄越小,围绕在身边的教养人员越多。就以上案例所提及的家庭教养人员就有爸爸妈妈、爷爷奶奶和相当于保姆角色的阿姨,在幼儿园有老师、保育员和保健老师。家园各方教养观念是否能达成一致直接影响着幼儿良好生活习惯的形成。针对幼儿的挑食、偏食问题,教师采取的策略之一是"相约周五对对碰"。比如,针对"光吃白饭的阿宝",第一次的约谈对象是妈妈、奶奶,班主任老师、生活老师和保健老师,各方沟通交流、思维碰撞、倾听互动,在营养角度、生活自理能力上,各方达成对"家长克制溺爱心理——坚持原则、不开小灶"、"老师小步递进——故事引导、榜样激励"等方式的认同,初步达成教养方式上的一致。接下来,第二次的约谈人员有所改变,如请来甚少出现在平时领养人群中的爷爷和爸爸,多方人员的参与使教养一致的家园互动得到进一步的巩固。

2. 专业介入——从平衡膳食的角度丰富家长科学养育孩子的知识

校外教育基地拓展了孩子们探索世界、自主体验和积累知识的空间,也为家庭教育指导提供了各方的资源。其资源包括环境、物质的硬件资源,也包括知识、人力的软件资源。如在健康营养膳食方面,资源库里储备了相关专业人士,有五星级饭店的大厨,也有来自医学专业的儿科医生。针对以上案例,在教师和保健老师共同商议罗列出孩子们在挑食、偏食方面的若干问题后,幼儿园请来儿科主任开展"幼儿健康膳食专题讲座"。讲座中的指定对象为全体小班幼儿的妈妈,特邀对象为偏食和挑食比较严重的幼儿的祖辈家长。当妈妈、奶奶们听到儿科专家讲授的权威知识后,对平时幼儿园老师所提出的不良习惯的危害有了更深入的了解，也获得了优化幼儿膳食结构的科学方法，如米面搭配、热量增高，粗细搭配、营养提高，荤素搭配、营养互补，蔬果搭配、营养增强，色香味形、儿童特色等，同时获得了合理营养烹饪的一些好方法，如一般以炒、煮、烧、蒸、焖、烩、煨为主，炸、煎、烤尽量不用或者少用。

3. 实时对碰——以突破时空的网络互动实现跟踪式的长效指导

在互联网铺天盖地的影响下，年轻的爸爸妈妈们以极大的热情参与到网络育儿的潮流中，甚至有部分新潮的爷爷奶奶也尝试着使用微信平台"刷个存在"。相对博客、QQ 群、电子邮箱等方式，近年来，微信以其图文并茂、音频共享等多种交流方式体现出互动沟通的优势，在家园交流中也自然成为信息化的重要手段之一。在幼儿园中，"妮妮第一次使用杯子喝水啦"、"俊俊完整地吃了一个小馄饨"，这些孩子在园的瞬间镜头，教师即时通过微信将其上传至"妮妮宝贝群"、"俊俊家园群"，所有家庭成员和教师一起给宝贝送去掌声和拥抱。在家庭中，"妮妮有小猪佩奇新杯子了"、"俊俊和妈妈比赛谁先吃完小肉圆"，这些孩子快乐进餐的时刻，家长也通过微信将其上传给教师，教师马上点赞，给幼儿的每一点滴进步加油。通过多维度多平台每日、每时、每刻，一点一滴的润泽和日积月累的浇灌，健康饮食的小绿苗在每一个孩子的成长过程中破土、发芽、绽放。

◉ 行动反思

《全球幼儿教育大纲》指出：儿童的发展是"家庭、教育、保育人员和社区共同的责任"，教师要和家长"就儿童成长以及和儿童家庭有关的问题，经常进行讨论、交流"。案例中以"幼儿良好生活习惯的培养"为核心内容，从问题聚焦引发教师思考再实施教师策略，体现了现时期教师在家庭教育指导工作中的角色定位，即研究者、实践者、评价者，也体现了现时期家园共育的方法导向，即信息互通、观点碰撞、多元互动、合作共赢。

1. 观察分析、梳理思考，从幼儿的显性表现综合分析不良习惯形成的背后成因

当幼儿还是婴儿的时候，并不存在自己的生活方式，就像一张白纸，后来在父母、家庭、社会的影响下，才渐渐有了一定的生活方式，久而久之，形成了习惯。可见幼儿所处的不同环境和教养方式是其形成生活习惯的主要影响因素。

如案例中幼儿挑食、偏食现象都属于不健康的饮食习惯一类,但是形成坏习惯的原因却是多样的,有家长教养方式中的过分溺爱,有家长本身不健康的生活习惯的影响,也有家长育儿知识的源头缺失等。当教师发现这些问题后并不是单向地告知家长应该怎么做,而是以共同关注孩子的健康成长为共同目标,以"相约对碰"交流互动为指导方式,开展平等尊重的、互为倾听的、重在细微的茶话式的沟通交流。

在聚一聚、说一说、议一议的氛围中,教师既能直观地描述孩子在生活习惯方面的一些小镜头,又能直接地听到家长在家庭养育方面的一些小困惑,既能交流一些好的经验,又能推荐一些好的知识和建议。如在沟通交流中有奶奶提出:孩子不肯吃,饿着怎么办? 在场的老师、保健老师提议:一是关注孩子的身心健康状况,究竟是身体不适引起的胃口不好,还是孩子不良习惯养成的挑食、偏食? 二是关注有规律的作息,注意孩子三餐的间隔时间,特别避免餐点之间给孩子过多吃零食;三是关注孩子一日生活的动静交替,适当增加孩子的运动量,有助于增强孩子的食欲。亲和、融入的交谈中,家园各方共探讨、共学习,不良习惯的成因在磨合中"水落石出",对症下药的指导方法也在探讨中"投石问路"。

2. 整合资源、汇聚力量,从好习惯养成的规律达成多方教育观念的一致

一个好习惯的形成有认知上的知识认同,同时也要有行动上的体验反复。因此,各方人员在认知上的一致是培养孩子良好生活习惯的根本。案例中提及的各方人员有家庭一方的父母、祖辈和替代领养者,园方的教师、保育员、保健老师及各岗位人员,这是开展家庭教育的最基本力量。而在现代开放教育的背景下,社会的多方资源也是开展家庭教育的有力支撑。

案例中,在幼儿健康营养方面,专聘的儿科医生成了我们家庭教育的专家资源库成员,专家介入式的指导使医教结合的新型科学方式成为可能,也深受家长欢迎。除了在认知意识上需达成一致,一个好习惯的形成是在日常生活中潜移默化、日积月累而成的。因此,家园合作的经常性、密切性对幼儿良好生活习惯的形成有着重要影响。

网络微信平台为多方教养人员互动交流提供了平台,不仅能达到多方参与共说一题、分享经验、分享成果的目的,更能起到正向激励、鼓励幼儿的作用。教师可以和个别家庭单独建群交流,预定时间定期沟通,针对性地互动切磋良好生活习惯养成的小方法,也可以有即时的记录和互动,时常晒晒幼儿生活习惯养成的

小惊喜等。教师也可以建立整个班级家长微信群，如结合每月的生活习惯培养重点，有目的地在群中发起话题，点赞群里好的家长培养方式、幼儿每一天的成长进步等。

🌀 智慧分享

家园配合，共同培养幼儿良好的饮食习惯

孩子不良的行为习惯，包括不良的饮食习惯，都会对幼儿身心的健康发展产生影响，从而影响儿童未来的发展。为此，家长和幼儿园老师应该积极进行互相沟通，采取有效措施帮助儿童养成良好的行为习惯。一般情况下可采取以下几种方式。

1. 创设良好的饮食环境，让进餐的氛围变得轻松、温馨。家长对孩子饮食习惯的养成不能操之过急，不能在孩子进食时对其进行严厉的批评，甚至采用粗鲁的语言与行动教育孩子，因为这不但不能让孩子养成良好的行为习惯，而且还会损害孩子的心灵，使他对家长的教育产生恐惧。因此，家长在指导孩子养成良好的进食习惯时，要先创设轻松愉悦的环境，如鼓励孩子自主进食，表扬孩子的积极进食等，从而提高孩子进食的能动性。教师也应该让孩子在幼儿园感觉如在自己家中进食一般轻松愉快，这就要求幼儿园必须要采用一些适当的、能让孩子感到开心的措施，如将教室和饭堂打扫干净，在轻松快乐的音乐中积极鼓励孩子进食，又或是以生动活泼的小故事来给孩子讲解饭食的丰富营养价值。同时，幼儿教师也可以以自身的进食行为来教导孩子，提醒孩子注意相关事项，形成温馨和谐的进食环境。

2. 保持平和的心态，给孩子足够的安全感，增强孩子的食欲。每个家长都担心孩子去了幼儿园后无法正常进食，又或是担心幼儿园的饭食不够有营养。其实，家长应该保证对孩子最基本的信任，在孩子进食时让其自主选择自己想要吃的食物，不要总是担心孩子会出现吃不饱等情况，只要孩子自主选菜的习惯养成了，家长会发现，即使自己不在孩子的身边，也不会吃不饱。尤其是家长在给孩子尝试新的食物时，孩子对家长也不是完全信任的，他自身就有一种对新事物进行研判的能力，若家长为此批评孩子，会让孩子失去进食的欲望，甚至会对食物产生排斥心理，导致孩子无法养成良好的进食习惯。只有家长保持平和的心态，慢慢引导孩子尝试新的食物，才能让孩子养成良好的进食习惯，从而让孩子生活得更加健康。

3. 让孩子在循循善诱中逐步形成良好的饮食习惯。孩子良好进食习惯的养成，更重要的是受到教师与家长对其的引导作用的影响。在孩子产生挑食的情况时，家长或教师可以采用游戏或讲故事的方法来给孩子讲解不正常进食的坏处，让孩子从故事中体会养成良好的饮食习惯的重要性。家长要改变过去孩子在吃饭时呵斥孩子的习惯，否则会使孩子打心里将吃饭当成了一种很重的任务，并对其感到痛苦。而在幼儿园，幼儿教师也可慢慢引导孩子进食，如赞扬某位积极吃饭的孩子，让大家向其学习，从而让孩子放心、放松地吃饭，养成良好的吃饭习惯。

4. 让孩子在主动探索中纠正不良的饮食习惯。让孩子通过实践活动来养成良好的进餐习惯也是个不错的方法。日常生活中，家长带孩子出门探索，或父母可以通过培养孩子的动手能力来提高孩子进食的兴趣，进而养成良好的进食习惯。除此之外，幼儿园教师还可以与家长积极沟通和交流，在幼儿园为孩子开辟菜园，教授孩子如何种菜，并借此给孩子讲解每种菜的营养价值，并让孩子想象他们种植的菜成长后的样子，提高孩子的动手能力，同时，又让孩子从劳动中体会到种菜的不易，从而更加珍惜食物，养成良好的进食习惯。孩子的思维还没有成熟发展，因而若是家长与幼儿园纯粹地给他们灌输植物的理论知识，并不能让孩子真正感受到菜的难得之处。只有让孩子积极动手，从实践中感受到来之不易的营养价值，才能让其更加有进食的动力，养成良好的进食习惯。

5. 正确引导孩子饮食，变"不准"为"可以"。随着时代的发展，每个家长都希望自己的孩子能够吃得健康，吃得营养，因而总是不惜金钱购买营养价值高的绿色食品。但孩子的观念与家长的观念并非一致，甚至是相反的，有许多孩子，总是对家长不让吃的垃圾食品更感兴趣，甚至极其容易受到这些食物的诱惑。这也要求家长在培养儿童良好的进食习惯时，要多换位思考，从孩子的角度去思考孩子想要的东西是什么，从而以正确的方式来引导孩子进食。同时，家长在满足了孩子的好奇心的同时能够让孩子更加信任家长，从而为家长引导孩子养成良好的进食习惯打下坚实的基础。另一方面，幼儿园也要积极发挥在孩子进食上的引导作用，为孩子提供营养价值高又符合其口味的食物，让孩子感受到食物的美好，积极进食，从而养成良好的进食习惯。

（杜尧. 家园合作对幼儿饮食习惯的影响[J]. 人才资源开发，2014(8)）

第三节 "退缩"的人际交往

人际交往是幼儿社会学习的主要内容之一，也是其社会性发展的基本途径。《3—6岁儿童学习与发展指南》提出"愿意与人交往"、"能与同伴友好相处"的发展目标。幼儿在与成人和同伴交往的过程中，不仅学习如何与人友好相处，也在学习如何看待自己、对待他人，不断发展适应社会生活的能力。教师和家长都十分重视对幼儿交往能力的培养。但是家长对幼儿交往能力的高期待和对幼儿实际交往水平的不了解，导致了不当的家庭教育方式，因此需要教师在幼儿人际交往方面给予家长科学的指导。

◉ 问题聚焦

贝贝经常会和邻居小伙伴一起玩，同时也会和他们分享自己的玩具，虽然也会有争抢玩具的现象，但基本上都能和他们玩得很好。可是他一到其他环境（尤其是生人面前）就显得拘谨胆小，比较安静，不太爱主动与其他小朋友交往、玩耍。为了改变贝贝的这种状况，奶奶就让贝贝带糖果到幼儿园，试图吸引其他小朋友与其交往。但有一天贝贝忘记带糖果去幼儿园了，结果小朋友就没有跟贝贝玩，贝贝感觉很郁闷。

妈妈对贝贝的这一情况表示担心，不知该如何正确引导，于是找到老师寻求解决的方法。

✍ 教师思考

现在的家长越来越重视孩子的社交能力，在这种环境下，贝贝妈妈如此焦急也就不足为奇了，那么到底是什么原因导致了孩子交往的问题呢？

1. 幼儿个性差异对其人际交往的影响

孩子自身的个性特点一方面制约着同伴对他的态度和接纳程度，另一方面也决定着他自身在交往中的行为方式。孩子天生就具有对陌生环境的不适应感。

只是贝贝这类孩子的不适应感表现得较为持续，他们的个性特点表现为：性格偏内向、腼腆，对于外界环境过于敏感、易紧张，对于不熟悉的人、事、物本能地感到拘谨；在较为熟悉的环境里安全感较强，随性而为。

2. 家庭不同因素对孩子人际交往的影响

（1）家庭环境

儿童的社会性发展与其所处的环境有很大的关系。在家庭中，孩子通过耳濡目染，模仿成人的言谈举止、待人接物的方式进行社会学习，可见家长的一言一行直接影响着孩子。教师通过沟通了解到贝贝妈妈在家庭中显得比较强势，爸爸平时也不善言辞，不擅长与人交往，是"闷葫芦"性格，这可能对贝贝有影响。因此，家长应该调整、改善家庭氛围和自己的人际交往模式，为孩子做好榜样引导。

（2）家庭结构

家庭结构的不同，家庭人际关系的复杂程度也就不同，家庭结构直接影响家庭的氛围，影响孩子的人际交往能力的发展。贝贝家结构属于传统的三代同堂家庭。由于传统的祖辈对孙辈有着特殊的溺爱，贝贝对奶奶很是依赖，使得贝贝自我中心意识强、不善于与人交往。所以，教师和家长应该多为孩子提供与同伴交往的机会，引导孩子理智地解决与同伴之间的冲突，培养他们的人际交往能力。

（3）教养方式

父母通过教养行为，把社会的价值观念、行为方式、态度体系及社会道德规范传授给孩子。通过了解后发现，贝贝所在的家庭中既有爷爷奶奶的溺爱又有妈妈的专制，在"交往"这件事上，心疼贝贝的奶奶也动足了脑筋，让贝贝用"糖果"去赢得朋友，但是用"零食"诱惑仅仅是暂时的，并不能真正改善贝贝与人交往的现状。

教师策略

通过进一步的沟通后，教师对贝贝的基本家庭情况有了了解，并和家长一起尝试了以下做法：

1. 以朋友式的关系切入，建立良好的亲子关系

良好的亲子关系对孩子的个性形成、社会交往能力有积极的影响。关爱、有回应的教养方式总是与稳定的情感、安全的依恋、良好的同伴关系相联系。因此，针对贝贝腼腆，对于外界环境过于敏感、易紧张的现状，让宠爱贝贝的奶奶和贝贝

在"心理上断乳"，促使贝贝产生与同伴交往的愿望；同时，让不善言辞的爸爸首先克服自己的"难题"，在陪伴沟通中，让爸爸和贝贝一起来"照镜子"，清楚地了解、认识自己，超越自己，从而获得更大的安全感和自信。在与爸爸的互动交往过程中，贝贝会模仿并用同样的方式融入伙伴中。重要的是，渐入佳境的交往能力能成为潜意识中指导孩子社会交往行为、扩大社会交往范围的主导因素，帮助孩子在社会交往中形成良性循环。

2. 走出去、请进来，营造积极的交往环境

孩子与父母及家庭人员的交往在内容、性质、作用上与同伴交往有很大的差异，所以不能以亲子的交往来替代同伴交往。因此，教师建议贝贝爸妈主动为贝贝打开家门，采取"走出去，请进来"的方法，鼓励贝贝走出家门，自己去寻找新同伴，与他们一起游戏，并给予他及时的肯定和表扬；或是让贝贝邀请邻家的伙伴或幼儿园里的小伙伴、亲戚家的表兄弟姐妹等同龄伙伴到家里一起玩耍，并给予他们一定的空间和时间，鼓励贝贝与小伙伴分享玩具、图书等，让孩子独立地去面对、解决，体验交往的乐趣。

3. 利用生活情境，学习基本的交往技能

日常生活中处处都有与人交往的机会，家长可以利用自然的生活情境，指导贝贝学习交往的基本规则和技能。家长带贝贝外出购物时，让他观察顾客与营业员礼貌对话的场景并鼓励他自己也去试一试，从而让贝贝扩大与人交往的范围，并且通过模仿与尝试，习得经验，从而消除贝贝的惧怕心理，让他更自信地面对他人。

⦿ 行动反思

苏霍林斯基说过："没有家庭教育的学校教育和没有学校教育的家庭教育，都不可能完成培养人这一极其细致而复杂的任务。"社会行为的学习，交往能力的培养是一个长时间的连续过程，家长和教师只有一致要求，共同培养，才能取得较好的效果。

1. 建议家长正视问题，构建正确观念

每个孩子在生命的最初都是一张白纸，父母的教育观念和教养方式直接影响孩子的发展。溺爱型、专制型、民主型等不同教养方式下的孩子自然各不相同，那

么就需要我们去说服、引导家长修正自己的教育理念，正视问题所在，树立正确的儿童观和教养观。可以利用现代化家园联系软件，如：微信群、晓黑板讨论区等发布关于"不同教养方式对儿童影响"的相关内容，并抛出问题让家长们讨论，通过互动让家长们自检行为，从而改变自身，建立良好的家庭氛围，让幼儿更好地成长。

2. 引导家长以身作则，树立良好榜样

在日常生活中，家长是幼儿社会学习的重要影响源，模仿是幼儿社会学习的重要方式，父母正向积极的影响有助于幼儿交往能力的发展。因此，建议家长注意自己的言行，以身作则，为幼儿提供良好的榜样。如：与邻里和睦相处，在家中应保持良好的夫妻、亲子关系，经常问候、看望父母，主动为父母做家务；利用闲暇时间，借助故事、图书等给幼儿讲讲父母抚育孩子成长的经历，让幼儿理解和体会父爱与母爱，让幼儿初步懂得感恩；尊重、关心长辈和其他人，在公交车站主动给老人让座，看到别人有困难能主动关心并给予一定的帮助。孩子就是在观看、模仿成人交往的过程中学习社会交往的。

3. 鼓励家长创设条件，满足幼儿需要

愉快的交往经验可以提高幼儿的自信心，而自信心的增强又会引发更强的交往主动性，两者相互促进，形成良性循环。因而，教师可以鼓励家长多为孩子们提供机会和条件，如：生活中的实际情境（乘车、购物等）、大型集体活动（节日活动）、角色游戏、小组亲子活动等，这样有助于幼儿与同伴间的相互交往、增进感情，促进幼儿社会性情感的发展。

智慧分享

帮助家庭形成融洽的亲子交往氛围

亲子关系是人一生中的第一个人际关系，其重要性不言自明。然而，许多家庭中的亲子交往情况并不尽如人意，幼儿园教师常常会遇到家长来求教："老师，我孩子在家怎么不听话，你说我该怎么办？"其实，帮助家庭建立融洽的亲子交往关系，也是幼儿园教师的重要工作。

第一，教师必须认识到家庭在幼儿人际交往能力培养中的作用，并与家长建立合作伙伴关系。许多研究都表明，学龄前儿童的社会性教育的最重要基地是家庭,幼儿园只是促进幼儿社会性发展的重要合作者,当家庭与幼儿园建立起彼此尊重、相互合作的关系时,幼儿的社会性教育才能取得最佳的效果。有些教师常常抱怨:"为什么我在这个孩子身上花了这么多时间和精力,但他还是不能和其他小朋友和睦相处?"其实,这种抱怨反映出教师没有考虑到家庭在幼儿人际交往中的重要作用,因为如果家庭中没有好的人际交往氛围,那么仅靠教师的干预也是很难达到理想的效果。教师与家长进行有效沟通,改善家庭亲子交往的氛围,对提高幼儿的人际交往能力起着事半功倍的作用。

第二,教师在和家长沟通的过程中要多提建设性意见。一项针对幼儿园家长委员会的调查显示,家长对教师指导作用的满意度不是很高,认为教师的批评性意见太多,而建设性意见太少。例如,一位家长因孩子依赖性强而苦恼,询问教师该怎么办。教师认真倾听,并不时发表评论,告诉家长这种做法不对,会剥夺孩子独立的机会,那种做法不适宜,会造成孩子的不自信。在整个谈话过程中,家长对教师的分析连连点头称赞,可是回家后仍然不知道正确的做法是什么。

下面摘录一段香港学者李中莹有关亲子交往技巧的论述,教师可以借鉴这些理念,并依据不同家庭的特点有针对性地传达给家长,以帮助家长更好地进行亲子交流:

1. 少一些埋怨(如"都是你不好,你本来就不应该"),多一些用"我"开始的句子,对自己的行为负责(如"每当你发怒,我觉得不想说话")。

2. 少一些"以偏概全"(如"你从来没有听过一次话"),多一些用描述的方式直接说出事情(如"听到你这样说,我觉得你没有做好这件事")。

第三,教师要不断学习,掌握相关的专业知识。家长对于幼儿园教师的信赖很大程度上源自教师的专业性。不断充电,获悉更新、更全面的专业知识,会让教师在与家长沟通时更自信,且指导性更强。例如,在说到如何在家庭中建立良好人际氛围的话题时,教师可以借鉴社会心理学关于家长角色的研究成果,并告诉家长:家长希望得到别人的尊重,孩子也一样;家长希望别人对他们和蔼友善,孩子也一样;家长希望做得好的时候有人赞赏,孩子也一样;所有亲子关系的改善,必先来自家长的一些改变。

有人说,人际交往是一门智慧的艺术,需要人们花费一生的时间来学习,幼儿期正是发展人际交往能力的基础阶段,教师应该抓住这个关键期,从各个方面关注幼儿人际交往能力的发展。在幼儿园一日活动中,教师应创设环境让幼儿之间产生更多互动,并且在师幼互动中关注幼儿对人际交往技能的学习与使用。与此同时,教师还要帮助家长形成良好的亲子交往氛围,从而有效地促进幼儿人际交往能力的发展。

(张明红.3—6岁儿童人际交往能力培养的教育建议〔J〕.幼儿教育,2015(16))

第四节 "爱恨交织"的兴趣培养

爱因斯坦曾说:"兴趣是最好的老师,它可以激发人的创造热情、好奇心和求知欲。"孩子对周围世界充满了好奇心,对社会、自然及各方面的知识都会产生浓厚的兴趣。家长非常关注幼儿兴趣的培养,从小让幼儿参加各种兴趣班,但由于幼儿的兴趣具有广阔性、可塑性,且有一定的不稳定性,易使家庭教育出现各种分歧和矛盾。教师在开展家庭教育指导时,如何帮助家长了解幼儿兴趣培养的规律,与家长一同支持幼儿的兴趣是解决问题的关键。

问题聚焦

> 好几次路过琴行的时候,萍都会被琴房里传出的钢琴声所吸引,久而久之表现出了羡慕的样子。萍妈见孩子喜欢钢琴而且有意愿尝试,便给萍报了钢琴班。刚开始由于感觉很新鲜,萍还能每天坚持练习指法等,可是学了一段时间后,萍渐渐失去了兴趣,"三天打鱼,两天晒网",去琴行学习的积极性不高了,只有在妈妈的要求监督下才不得不练习。
>
> 随着学习难度的增加,妈妈要求萍练琴的时间越来越长,经常在萍玩得开心的时候命令她去弹琴。被妈妈逼着练琴,萍越来越烦躁。在一次练琴时,听着楼下有同伴的游戏嬉戏声,萍走神了,弹错音,被妈妈狠狠地数落了一番,萍一边流着泪一边吼道:"我要把钢琴从楼上扔下去! 我再也不想弹琴了!"

教师思考

现在家长对孩子的早期教育越来越重视，往往不遗余力地挖掘孩子的潜能，报各种"兴趣班"，但常常事与愿违，孩子的"兴趣"没有得到培养，孩子的学习兴趣反而被抹杀，"学什么怨什么"，还造成亲子之间的矛盾，家长也感到精疲力尽。分析原因，家长的引导存在着诸多的问题。

1. 无视兴趣，注重结果，忽略了孩子的真正需求

兴趣是吸引孩子关注的最佳方式，而快乐的过程是维持孩子兴趣的稳定剂。当萍被琴声吸引萌发学琴的兴趣时，萍妈给予了支持，但是为了巩固学习效果，萍妈把孩子的兴趣撇在了一边，占用了萍本该休息和自由玩耍的时间，忽略了孩子的真正需求。超出孩子极限的挑战和坚持，带给孩子更多的是排斥和厌恶，不但没能增加孩子的自信和情趣，反而因过多的数落给孩子带来了挫折感，影响了孩子的身心健康。可能孩子通过努力最终也达到了预期的结果，但是孩子最终彻底丧失了对这项兴趣的追求和乐趣。家长"培养孩子的兴趣"的心理能理解，但是需要按孩子的节奏来，顺应孩子的成长规律，满足孩子的真正需求。

2. 抹杀兴趣，枯燥练习，忽略了对孩子的引导鼓励

由于幼儿阶段孩子的兴趣表现出一定的不稳定性，因而需要教师和家长进一步引导和鼓励。对钢琴充满兴趣的萍没想到练琴会如此辛苦，再加上萍妈让孩子每天进行枯燥的练习，让原本不稳定的兴趣直接被抹杀了，孩子的兴趣得不到很好的引导鼓励，值得发展的兴趣自然就会"胎死腹中"。很多孩子浅尝辄止或是中途放弃，并不是孩子真的不喜欢，而是在学习和坚持的过程中体会到的挫败感和压力感远远超过了原先的兴趣所带来的成就感和乐趣，这跟家长的引导方式有着直接的关联。可见引导孩子稳定兴趣的方式很重要。

3. 冻结兴趣，缺乏沟通，忽略了对孩子的情绪疏导

案例中发现：萍对弹奏钢琴的兴趣几乎冻结了，从"三天打鱼，两天晒网"——练琴拖拉——对着妈妈吼"把钢琴从楼上扔下去"，每一阶段的行为其实都是在向妈妈"抗议"，萍因为被妈妈监督着每天练琴而感到反感，从而产生不良的情绪反应。如果幼儿的不良情绪得不到适时、适当的排解，积蓄过多，就会导致一系列不良的后果。如果在第一阶段萍妈与萍多一些沟通，让萍大胆地表达出自己的想

法,倾听萍的真实感受,及时对萍的不良情绪进行排解的话,最终的结果也会有所改善。

🌀 教师策略

面对妈妈的不解,老师与其进行了沟通。老师简述了兴趣培养的重要性,针对萍的实际情况提出了几点建议。

1. 建议家长关注尊重孩子,发现兴趣所在

幼儿期的孩子对父母还是相当依赖的,因而建议萍妈萍爸多一些时间和萍一起玩耍、活动。此外,孩子真正的兴趣往往是通过日常生活中的点点滴滴表现出来的,在陪伴中细心留意孩子的行为、关注点以及兴趣,并和孩子一起来商量、决定相关活动。后来,在书展中萍妈发现萍可以在书本前停留很久,而且还乐意把看到的内容和大人一起分享。于是,萍爸萍妈和萍进行了一次"购书"活动,边购书边和萍聊"书本",了解萍关于阅读的一些想法,妈妈把萍想有一个"书架屋"的想法记了下来,帮助萍来完成。

2. 助推家长创设环境氛围,引发兴趣养成

幼儿阶段的孩子容易受环境的感染,沉浸其中。老师建议萍妈按萍的想法在萍的卧室里添置一个"书架屋",给孩子提供一个她想要的环境、活动空间。萍妈在购书时也采纳了教师的建议,和萍一起选书买书,因为是自己想要的"书架屋"和自己喜欢的书本,所以萍很喜欢窝在"书架屋"里看书。每每临睡前,萍爸、萍妈还和萍一起进行亲子阅读,并将亲子共同讲故事的内容录下来,第二天带到幼儿园和其他孩子一起分享。渐渐地,活泼的萍又"回来"了,而且还成了小伙伴们的"不倒问"。

3. 家园联合参与更多活动,稳固兴趣发展

孩子的兴趣会出现不稳定性,这就需要成人的参与和鼓励,稳固兴趣发展。于是,家园联合一起策划了"读书漂流"活动,由萍一家启动"漂流瓶",同时展示他们家庭的亲子故事表演,让萍大胆地在伙伴们面前展示自己,有了成功的体验后她变得更自信,不知不觉中爱上了阅读,更离不开阅读了。

4. 提醒家长减少过多干预,支持兴趣拓展

随着对阅读的喜爱,萍似乎并不满足简单的阅读活动了,此时,老师善意地提

醒萍爸、萍妈不妨做个"懒惰"的父母，不要干预过多，让萍自己解决问题，把主动权交给萍，给予萍更多的空间。后来，老师发现萍把看到的、听到的画出来，制作成小图书分享给了小伙伴们；还借阅其他图书，学会到书中找答案。萍的阅读兴趣获得了进一步拓展。

● 行动反思

儿童的世界是一个具有他们个人兴趣的世界，因而我们成人需要关心、呵护好他们的"世界"，用适宜的方式促使孩子的兴趣得到最大化的展现。

1. 多方跟进，转变家长理念

随着素质教育理念的逐渐深入，父母越来越认识到孩子的兴趣爱好的重要性，可是还是会存在理念模糊的家长。因而，教师选择以家长学校讲座的方式向家长宣传"兴趣培养的重要性"；多媒体平台讨论"孩子的兴趣选择"，帮助家长明晰如何对待孩子的兴趣；辩论赛"要不要上兴趣班"，让家长了解更多孩子兴趣培养的方式，从不同的角度让家长恰当地把握孩子的"兴趣观"，从而转变理念，促进孩子更好地发展。

2. 个别指导，读懂孩子行为

孩子天生是一部书，很难读懂，许多家长往往忽略解读，以为自己很了解自己的孩子，这种情况不利于培养好孩子。只有读懂了孩子的行为，才能优化培养，优势发展。因而，个别指导帮助家长去读懂孩子的行为很有必要。个别指导中会有不同层次、背景的家长，应该根据他们的实际情况通过给予意见分析、案例式分析等方式给予指导，让家长善于从孩子的一言一行中发现他们的潜质，并为孩子提供宽松愉悦的成长氛围，通过孩子乐于接受的形式有意识地培养和挖掘孩子的兴趣点。

3. 沙龙活动，学习成功经验

家庭教育中也会有许多共同性问题，如：阅读兴趣培养、艺术兴趣培养等，因此，选择沙龙活动的形式，根据家长所需，调动家长参与活动的积极性，让有共鸣的家长能学习到成功经验，同时也能及时回应家长的育儿困惑，提高指导的有效性、实效性。

❀ 智慧分享

论儿童的潜能与儿童的教育

儿童先天的潜能从生命的角度看来自遗传基因。从生物学那里可以知道，人类的基因是具有开放性的，人类基因开放的程度不同于一般的生物或其他动物，人类基因中的这部分开放性要通过与后天环境的相互作用才能完成编码，而微生物或植物等这些低级的动植物的基因则是封闭的。例如猪、牛、羊、鱼等动物，它们的幼崽一生下来几个小时甚至更早就已经像成年动物一样自由行走活动。人则不同，要经过几个不同时期的成长才能变成成人，其中一个比较关键的时期就是儿童期。儿童期在人的一生中有着特殊和重要的作用。在这个时期，儿童要发展、成长，必须依靠教育、文化的濡染，这也是潜能得以实现的方式。儿童在属于他/她的时空里锤炼自己的本能来实现自身的潜能与天赋，所以，儿童能在这么短的时间里发生翻天覆地的变化。正如蒙台梭利说，"新生幼儿的机体极其脆弱，又缺乏所有的一般心理能力，但是他们具有巨大的潜在能力使其在不到 6 年的时间里的能力就已经超过了所有其他生物"。儿童天生的潜能需要后天的作用才能激发，从而不断发展。教育对潜能的发展与转化具有重要的作用，这一转化的过程也就是儿童发展的过程，如果我们没有充分了解儿童这一潜能或者在这一发展过程中处理不好，那就不能培养一个真正全面发展的人。归根到底，对儿童进行教育首先要了解儿童潜能的发展。它是儿童发展的内部环境，又是儿童最重要的自然因素。儿童的潜能促使儿童的身体和精神按照一种固有规律主动地发展，是儿童内在生命需求不断实现的发展过程。蒙台梭利很重视"潜在生命力"在儿童身心发展中的意义，称它为生命发展的原动力。另一方面，蒙台梭利又认为要启动蕴藏于儿童身上的这种潜在能力，必须要为儿童提供"有准备的环境"，保证其分化和发展的自由。儿童的教育应该包括两个方面的和谐：一个方面是儿童身心的和谐，另一个方面是儿童与客观外在的和谐。儿童通过德、智、体、美方面的教育可以实现身心和谐的发展，身心和谐发展有利于他们适应客观外在，从而更好地在社会中生活。儿童与外在的和谐又会反过来促进其身心内部的和谐。所以，教育要根据儿童的潜能发展进行，儿童的潜能发展也离不开外部环境等因素的作用。

　　儿童潜能的发展，在适当的时期发掘出来就需要进行相应的教育，因此，根据潜能发展的特点，历来许多教育家强调依据年龄段来进行教育。卢梭很重视儿童成长的阶段性和顺序性，强调根据儿童不同年龄时期的身心特点实施教育，他曾说过："大自然希望儿童在成人之前就要像儿童的样子。如果我们打乱了这个次序……将造成一些年纪轻轻的博士和老态龙钟的儿童。"显然，卢梭认为教育的过程应当顺应儿童成长的过程。而我们今天的儿童教育，却常常脱离儿童的实际情况对儿童潜能进行过度的开发，更不用说去遵循儿童的生长规律了。例如，幼儿参加兴趣班、学习班的初衷是好的，满足幼儿有各种兴趣的需求，可以使幼儿的潜能和天赋被更多地发现与培养。但是很多家长对于兴趣班的认识不够，急功近利，盲目跟风，让儿童很小的时候就要学习芭蕾、钢琴、绘画、珠心算等，从而剥夺了儿童享受童年乐趣、与伙伴一起玩耍的时光。家长们恨不得孩子年纪很小就十八般武艺样样精通。然而事与愿违，过度开发潜能与忽视儿童的成长特点的教育结果只能适得其反。就像有生命的"种子"一样，"如果给予适当的发展条件，它们才会生长，有所展现；如果缺乏条件，它们就会夭折。"这些条件中最重要的一个条件就是对孩子的生活与教育有重要意义的大人要信任孩子的这些潜能，这种信任使教育和操纵相区分。教育是与帮助孩子实现其潜能相一致的。教育的对立面是操纵，它出于对孩子之潜能的生长缺乏信心，并认为孩子只能做成人所要求他们做的事，不能做那些成人感到似乎不合适的事，唯有如此，孩子才会获得正常的发展。因此我们应该相信儿童，他们的潜能发展是有主动性和创造性的。蒙台梭利指出，在儿童那里存在一个"内在教师"指引着他们前进。这个"内在教师"，"我们生而有之，在儿童那里，它是儿童成长的潜能，这一潜能囊括了儿童成长的形式与内容、目的与动力"。很多教育家主张对儿童的教育要分阶段地进行，他们认为儿童是属于发展的个体，因为儿童所具有的潜能是逐渐发展的，什么阶段就要实行什么样的教育。例如，卢梭根据儿童的年龄特征把儿童教育分成四个阶段：第一阶段（0—2岁）是身体健康的教育；第二阶段（2—12岁），卢梭称之为"理智睡眠期"，主要发展外部感觉；第三阶段（12—15岁）为理智教育时期；第四阶段（15岁—成年）为道德教育时期。蒙台梭利也承认儿童是发展的，提出了儿童心理发展具有"潜在生命力"、"肉体化过程"、"吸收性心理"等观点，并且把儿童的心理发展期划分为两个阶段：一是无意识地吸收心理阶段（0—3岁）；二是有意识地吸收心理阶段（3—6岁）。到了近代，著名的心理学家皮亚杰也根据儿童的年龄特征建立了科学的关于儿童的认知心理发展的四阶段论：感知运动阶段（0—2岁）、前运算阶段（2—7岁）、具体运算阶段（7—11岁）、形式运算阶段（11—15岁）。由此可以看出，教育家们都认为儿童的教育应根据儿童的心理发展规律和生长特点来进行。所以，幼儿的教育我们不能操之过急：工欲善其事，必先利其器。

儿童的潜能是巨大的，但是它会受到一定的客观因素的制约，例如，时间和空间的限制、人的基因编码程序的开放性、神经生理机能的限制等。今天，在开发儿童的潜能时应该以儿童为客观基础，也就是以儿童的内部矛盾为依据。有些家长让孩子参加兴趣班或学习班，根本没有顾及孩子的兴趣需要，一厢情愿地为孩子设计未来。例如，在现实生活中，有些幼儿喜欢跳舞，家长却要孩子学绘画，有些孩子喜欢唱歌，家长却把孩子送去学琴。结果，家长、孩子都苦不堪言。还有一些家长看见其他孩子学这个学那个，也不顾自己孩子的感受和兴趣硬要孩子去学。有的家长甚至利用假期和双休日为孩子报上几个班，让孩子奔东赶西，身心疲惫。时间久了，孩子就会对学习失去兴趣，人格的发展也会受到影响。家长还以为是为了孩子着想，殊不知这样做恰是严重背离了循序渐进的教育原则，结果孩子什么都学了，但是什么都没学好，还使孩子的身心受到摧残。其实学什么并不重要，重要的是孩子能健康、快乐地成长。

总之，过早过多开发儿童的潜能会造成"年纪轻轻的博士"和"老态龙钟的儿童"；没能在适当的时机给儿童应有的教育为开发不及，也不能够使他们得到更好的发展；而错误的开发，如成人对儿童一厢情愿的灌输、包办的教育更是会摧残和毁灭儿童。因此，儿童的潜能开发应该符合儿童的潜能发展规律，儿童的教育也应该在符合儿童的自然天性中去进行。

（节选自陀婷.论儿童的潜能与儿童的教育——关于幼儿参加兴趣班的思考[J].山西：太原师范学院学报（社会科学版），2009年第1期）

第五节　"刻不容缓"的安全教育

幼儿家庭安全教育越来越受到社会各界的关注，意外伤害带来的安全问题已成为近年来社会广泛关注的话题。幼儿的安全与健康不仅关系到他们未来的身心发展与成长，而且也关系到家庭的幸福乃至社会的安定、国家的未来。家长有安全教育意识，但方法欠缺。教师应通过家庭教育指导让家长明确保护孩子最有效的做法是教育孩子学会自我保护，并通过各类活动引导孩子逐步掌握自我保护的基本方法与技能。

● 问题聚焦

明明，小班幼儿，父母经常到外地出差，因此日常生活由爷爷奶奶照顾。一次晚饭后，明明吃花生米时竟将一颗花生米塞到鼻孔里。爷爷奶奶试着用手指头把花生米挖出来，但越挖越深，明明疼痛的哭喊声也越来越大。这可把家长急坏了。事发时，明明的爸爸、妈妈在外出差。奶奶一时间没办法，便打电话向班主任李老师求助。李老师简单了解情况后，立即驾车将明明送往中心医院。

经过医生的细致检查，明明左侧鼻腔被花生米完全填塞，他们首先安抚了明明和家属，让明明的情绪稳定下来。然后，慢慢地用枪状镊将鼻子里的花生米取出。由于送治及时，明明鼻孔里的花生米很快被取出。奶奶激动地握着李老师的手再三表示感谢。其他家长知道事情后也纷纷为李老师的爱心点赞。

类似这样"小物件"（筷子、弹珠、发卡、硬币、刀子）伤害幼儿的事情，在幼儿的家庭生活中时有发生。生活中潜在的不安全因素来自各个方面，比如煤气、水、电等。小孩子生性活泼的特点，使得他们对家里的所有东西都感兴趣，容易引发安全事故。因此，家庭安全教育应引起家长的足够重视，并有效落实。

▨ 教师思考

此次事件引起了李老师的思考：不少家长都有"一不小心，十分伤心"的体验。幼儿活泼好动，对任何事物都充满了好奇心，什么都想看一看、摸一摸，家长防不胜防，即使防范措施再严密，也难免顾此失彼。家长们存有安全意识差异明显、教育方法单一、安全资源开发不足、依赖教师心理等问题。

1. 家长安全教育意识差异明显

现在的孩子大多是"独苗",父母呵护有加,有一些家庭,为防孩子发生意外,防范措施壁垒森严,对桌椅板凳、门里外两层都进行了"软包",把孩子保护在大人的"安全世界"里;有的家长则是放任自由,等到孩子出现状况了,就怪孩子如何调皮、不听话;也有的家长虽会对孩子进行居家安全教育,但教育方式方法不为孩子所接受,往往只用语言直接告诫孩子或者采用威胁、恐吓等方式。案例中的明明家长平时就是对孩子疏忽教育,放任自由,爷爷奶奶也是听之任之,无形中滋生了"花生米入鼻"事件。

2. 家庭安全教育方法单一

家长在家多是以说教的方式对孩子进行安全教育。如,吃饭时,家长提醒孩子吃饭要专心、细嚼慢咽,不乱跑、不边看电视边吃;玩玩具时,不乱扔、不放嘴巴咬;不要在沙发上跳上跳下……家长虽然反复强调却作用甚微。单调的说教也容易使孩子出现"左耳进、右耳出"的现象,对家长的话不感兴趣,不能达到教育的预期效果。小班幼儿的思维和学习具有直观性、体验性,需要提供相应的图片、视频或场景进行教育,或结合儿歌调动幼儿的积极性。案例中明明的家长平时也是采取说教的方式对明明进行安全教育,收效甚微。

3. 家长安全教育资源开发不足

一般对于幼儿家庭中的安全问题,家长对孩子的教育浮于表面,很少教育幼儿怎样认识危险、怎样回避危险、怎样面对危险。利用社区中的教育资源,拓展家庭教育的空间已经十分必要,社区公告栏、小区环境场地等都可以成为幼儿安全教育的资源。只要家长做个有心人就可以为幼儿获取更多的安全教育资源。

4. 家长依赖教师对孩子进行教育

孩子进入幼儿园后,一些家长就把教育当成教师的事,甚至孩子在家出了安全事故,也会想到老师。诚然,孩子安全认知的建立和安全行为的习得,是受幼儿园教育和家庭教育的双重影响的,单靠教师群体和幼儿园的几次专门的安全教育活动很难起作用。李老师认为,要提高家庭安全教育的质量,必须调动家长参与安全教育活动的积极性和创造性,自觉承担起安全教育的重任。

教师策略

1. 发挥幼儿园教育专业优势，帮助家长形成正确的安全教育观

首先，李老师积极利用班级"家园联系栏"、"公告橱窗"、网站、微信公众号等沟通渠道开辟安全宣传专版，定期收集一些安全教育资讯，如案例解析、教养心得和最新安全快报等，制作成系列宣传材料，供家长阅读学习。其次，运用幼儿成长档案，及时将幼儿园的安全教育内容和幼儿发展水平告知家长，以便家长及时、有目的地配合教育和开展教育，同时也鼓励家长将幼儿的表现和自己的教育经验及时反馈给幼儿园，以便教师及时有效地指导教育。在知识的宣传中，李老师尽量从幼儿和家长的实际需求出发，少一点"希望家长做"，多一点"指导家长做"，让每一位家长在有限时间里获得最新、最实用的专业知识和技能。

2. 开展丰富多彩的安全教育活动，增强幼儿的自我保护能力

李老师教师根据幼儿的年龄特点和安全教育的内容设计主题活动，通过学习，让幼儿正面地认识危险事物，树立自我保护意识。如"窗台不能爬"、"走楼梯我不跳"、"小火苗"、"小药丸"等一系列活动。通过活动，增加幼儿的体验，提高幼儿的自我保护能力。如，一些好动的幼儿对电器的电源插板充满了好奇。通过观看图片、讲述故事、讨论等各种方式，使幼儿初步感知电对人们的帮助和害处，通过观看视频，使幼儿了解电源插板不能用手、铁钉等去捅，并让幼儿在家中寻找有电源插板的地方，贴上自制的"注意危险"标志以提醒自己。丰富的安全教育，比禁止式的安全教育更具有积极性、正面性，能让幼儿既掌握正确的科学常识，又学会保护自己，既满足了幼儿的好奇心，又使他们易于明白其中的道理。

3. 整合社区多方优质安全教育资源，促进家园同步携手共进

李老师在园领导的支持下借助社区平台为家长创设更多的"亲子教育"活动，帮助家长提高教育能力。例如，组织家长参与社区开展的"消防知识展"，通过聆听消防官兵的讲座和观看展板，了解消防知识和逃生措施；通过参观消防指挥中心，认识消防器材和观看消防队员的现场演习等，了解防火救灾的基本常识和重要性；鼓励热心家长带孩子参与到社区小红帽的活动中去，通过交通执勤、小区巡查等，让家长和孩子参与具体活动，为安全工作奉献自己的热情和

微薄之力。有了社区工作人员的协助,亲子活动的内容和形式更丰富多样。幼儿园教育与社区教育相融合,将社区中的一切有利资源转化为幼儿园教育的辅助内容,实现了幼儿园、家庭、社区三位一体的教育模式,形成了强大的教育合力。

⬤ 行动反思

1. 统一思想,达成共识

由于学前幼儿的年龄较小,并不具备妥善处理问题的能力,对于突发情况往往不能作出正确的处理,尤其是一些意外事件。另外,幼儿缺乏生活经验,导致幼儿有时在活动中会出现受伤的现象,不仅幼儿教师要明确这一点,家长更要明白这一点。为此,李老师发挥专业优势,通过"家园联系栏"、公告橱窗、网站等对家长进行宣传教育,了解家庭中幼儿安全教育的必要性和重要性。通过广泛宣传,明明的爸爸、妈妈了解了幼儿安全教育的重要性,主动获取相应的信息对孩子进行安全教育,避免类似事件的发生。其他家长也会在班级群分享对自己孩子进行安全教育的经验和做法。

2. 结合主题,逐步推进

幼儿的生活经验欠缺,记忆力和理解力还处于发展阶段,对他们仅仅进行说教是不够的,很难让孩子留下深刻的印象。那么,将安全教育作为活动主题对幼儿进行集中教育,增强幼儿的自我保护意识和能力就显得尤为重要。

李老师以主题的形式对幼儿安全教育进行分解,定期开展相应的主题安全教育,既丰富了幼儿的生活经验,又提高了幼儿的自我保护能力。另外,教师在对幼儿进行教育的同时,将安全自我保护意识融合在教学活动中,或是融合在游戏活动中,通过活动体验,提高幼儿的自我保护能力。通过一学期主题式安全教育的实施,李老师惊喜地发现幼儿在活动中会互相提醒同伴注意安全,自我保护意识明显增强,这一活动也获得了家长的好评。

3. 三位一体,携手共育

对幼儿进行安全教育单靠幼儿园是远远不够的,需要家长、社区的配合,形成安全教育合力。李老师非常重视幼儿园与家庭教育的配合,通过多种途径提醒家长随时关注幼儿的家庭教育安全问题,进一步指导家长运用一些教育方式和技巧,充分掌握和利用教育时机。此外,李老师在园方的支持下与社区合作,搭建平台,增强家长的安全防范意识,让家长主动参与孩子自我保护能力的培养,切实将安全教育的内容延伸到每个幼儿的家庭中。李老师力求把幼儿带到真实的世界中,让他们真实地感知世界、探索世界、体验生活。通过三位一体开展有关幼儿安全教育的活动,不仅丰富了幼儿的安全常识,提高了幼儿对危险后果的预见性、安全自护意识和能力,也培养了幼儿各种良好的习惯,为他们一生的健康成长打下坚实的基础。

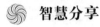 **智慧分享**

幼儿家庭安全教育(节选)

危险的阳台：

1. 不要蹬踏阳台上的凳子、花盆、纸箱等不稳固的物体,这样做非常危险,容易摔伤自己。

2. 千万不要在阳台上打闹、追逐或玩气球、放风筝等危险的游戏。

3. 不要伸手去够阳台外面的东西,以免身体失控摔下楼去,发生意外。

4. 站在阳台上向远处眺望,或与楼下的小伙伴打招呼时,身体不要过多地探出阳台,以免失去平衡,跌下楼去,造成伤亡。

5. 不要从阳台上往楼下丢东西,这样不仅会破坏大楼周围的环境卫生,还可能砸伤楼下的行人。

危险的浴室：

1. 洗澡时一定要有大人在身边,如果爸爸妈妈不在家,千万不能一个人到浴室洗澡,更不能把浴室门反锁起来,以免发生意外。

2. 如果家里有浴缸,在进入前,应先试试水温。另外,调节水温是大人的事,千万不要自己动手调节,以免被烫伤。水温一般以接近体温(37摄氏度)为宜。

3. 进入浴缸后一定要小心,因为你的身体还太小,有时滑入水中,手又找不到合适的地方抓住,很容易被水淹到或呛到。

4. 浴室的地面溅到水后,会非常滑,所以不要在浴室里蹦跳、玩耍,以免摔倒受伤。

5. 在浴室中洗澡的时间不宜过长,否则很容易头晕。更不要把浴室当成游乐场,在里面长时间地玩耍。

小心"咬人"的机器：

1. 当电风扇开动时,绝对不可以将手指伸进防护网内。否则,飞速旋转的叶片会将你的手指削伤。

2. 使用电动卷笔刀削铅笔时,千万不要伸手去摸锋利的刀片,以免割伤手指。

3. 洗衣机在洗衣服时,千万不要把手伸进洗衣桶内。否则,你的手可能会和衣物绞在一起。

4. 其他像热水器、电熨斗等机器,在它们工作时都不能随便去碰,以免烫伤自己。

5. 大人骑电动车带你时,如果你坐在车后座,一定要记住：两只脚不要离车圈太近。否则,你的脚可能会被卷进车轮,受到伤害。如果你坐在车前,注意手千万不要放在车闸附近,防止大人捏闸时伤到你。

乘坐电梯的安全：

1. 乘坐滚动扶梯时,一定要认准起步台阶,踏上去后要站稳并扶住扶手。不要用手去摸或倚靠在固定不动的护板上,以免被滚动的扶梯拉倒；也不能使劲压住电梯的扶手,不让它移动。

2. 不要在滚动扶梯上来回地跑,也不要同小伙伴们在扶梯上玩耍、攀爬或打闹。因为一旦跌倒了,会从电梯上滚下来,使自己受到伤害。

3. 千万不要在上行的滚动扶梯上往下走,或是在下行的扶梯上往上走。

4. 乘坐垂直电梯时,不要将手放在电梯门旁,防止电梯门开启时挤伤手指。

5. 不要随便去按垂直电梯旁边的按钮,因为你不知道那些按钮的作用,一旦按错了,就可能给自己或别人带来很多麻烦。

安全养宠物：

1. 摸过宠物或和宠物玩耍、喂食后,应立即洗手。如果你身上有伤口,就不要过于亲密接触宠物,以防伤口感染。

2. 带宠物出门时,记住不要去公共场所,更不能乘公交车和出租车。遛狗时要用链子拴着,不要让它咬伤或吓到路人。

3. 经常打扫宠物的住处,定期清理宠物的排泄物,并经常给它们洗澡。

4. 在生活中应与宠物保持一段距离,尤其不要同床而睡。一旦被宠物抓伤或咬伤,必须立即告诉爸爸妈妈,让他们带你去医院注射狂犬疫苗。

小心火灾：

1. 不要玩火柴或打火机。不仅会烧到自己，而且控制不住火势，还会引燃其他物品，甚至整个房间，造成火灾。

2. 不要拿着蜡烛在床上、床下、衣柜内或楼阁内等狭小的地方找东西。这样做很容易引起火灾。另外，点燃的蜡烛应远离易燃易爆物品，更要注意蜡烛及烛台的平稳。

3. 夏天使用蚊香时，一定要将其放在金属支架上或金属盘内，并远离桌、椅、床、蚊帐等可燃物品，切忌把蚊香直接放在木桌、纸箱上。

4. 不要在家中、阳台、楼道里玩火、放烟花爆竹，如果看到有人这么做，要制止他。

5. 另外，拧动天然气、煤气罐开关都是大人的事情，你还小，控制不了火候，所以不应乱动。

在车站等车时的安全：

1. 不准在车道上等车或招呼出租车，必须在站台或指定地点依次等车。等车停稳后，应让车上的人先下来再上车。另外，在月台上等地铁时，应站在黄色安全线外等待。

2. 在车站等车时，一定要排队，看见汽车即将进站时，千万不要随人流拥挤，因为你还是个孩子，和大人的力量比起来相对较弱，最好先离汽车一段距离，等汽车停稳后再上。如果人多拥挤，就等别人上完后再上，或者等下一班车，以免被挤伤。

3. 看到公共汽车已经启动时，千万不要追着车跑，更不要扒车，或挡在车前，这样做很容易被开动的公共汽车带倒或撞倒。

4. 在车边等待上车时，千万注意，手不要放在车门附近，以免车突然开动时，被车门夹伤。

（文章来源：http://www.safehoo.com/Live/Crowd/Child/201605/441511_2.shtml）

第六节　"避不开"的挫折教育

心理学家马斯洛曾讲过,挫折未必总是坏的,关键在于人对待挫折的态度。幼儿对挫折的理解和认识,主要取决于成人的教育和影响。3—6岁是幼儿性格塑造、品质、能力发展的关键期,孩子面临着自身的天性特质与社会环境相适应所带来的一系列挑战。教师会借助具体情境对幼儿开展挫折教育,但有的家长却质疑其必要性,忽视其重要性,导致幼儿面对挫折时不知所措,产生畏难情绪失去自信。因此,加强家长对于挫折教育的认识,提供给家长具体的挫折教育的方法,是教师开展家庭教育指导的重要内容。

问题聚焦

在一次家长开放日的个别化游戏中,甜甜在爸爸的陪伴下显得"无所事事",一会儿拉着爸爸在探索区玩转车轮,一会儿又去美工区转悠,爸爸"耐心地"陪着甜甜逛了大半个教室,最后她对建构区产生了兴趣,开始拼搭积木。不一会,一旁搭积木的婷婷唤来了老师:"老师,快看呀,我的房子搭好了,还是两层的呢!漂亮么?"老师边看边摸婷婷的头,夸赞婷婷会动脑筋!甜甜大概是听到老师表扬了婷婷,加快速度搭了起来,并且让爸爸帮忙一起搭,还要求比婷婷搭的房子更漂亮。突然,她不小心把好不容易搭好的积木房子碰塌了,甜甜先是愣了一下,接着突然大声哭闹、跺脚,把全部积木都推倒,扔的满地都是。爸爸见状,一边帮甜甜收拾积木,一边说:"房子倒了我们就不搭了,我们换个地方去玩。"但此时的甜甜还不消停,她又转身用力地把婷婷好不容易搭好的房子全部推倒在地上……

教师思考

甜甜遇到一点困难(挫折)时,甜甜爸爸就非常心疼而出现越俎代庖的现象时,这引起了教师的关注。在孩子成长路上出现"磨难"时,作为家长带着幼儿一起回避而不是寻找战胜困难的办法，那么这样的教育显然不利于幼儿的健康成长。

1. 家长的态度，影响孩子对挫折的认识和适应能力

在日常生活中，孩子难免会遇到挫折，这时家长的态度如何，教育方式如何，将直接影响孩子对挫折的认识和适应能力。因而对孩子进行挫折教育，正确引导和培养孩子的抗挫折能力，对孩子的后续发展具有深远的意义。其实，挫折教育教给孩子的不是挫折，而是要教给孩子面对挫折的勇气和积极的态度、承受挫折的能力，以及解决问题、战胜困难的方法。甜甜爸爸只看到挫折的消极方面，认为现在幼儿园阶段就让孩子经受挫折会吃苦，因而把孩子保护起来。其实，挫折教育能磨炼人的意志，使其更加成熟、坚强，并激励人发奋努力，从逆境中奋起。

2. 过分的溺爱，导致孩子缺乏体验与承受的能力

孩子生活中的体验、经验的积累往往决定了孩子对事情的承受能力。很多家长往往觉得孩子还小要让着孩子，所以过于迁就、溺爱孩子，他们往往故意输给孩子，让孩子开心，包括甜甜爸爸，孩子要怎样就怎样。在这种教养方式下，孩子缺乏正常的"输"的体验，久而久之，他们会对自己的能力产生过高的评估。一旦孩子走出家庭进入幼儿园、步入同伴的群体，这种习惯致使他们不合群、缺乏自制力，面对困难、挫折表现出过度的反应。我们应该要让孩子走出大人的保护圈，放开手脚，让孩子在前进的道路上体验一定的障碍和挫折，在生活中渐渐学会独立、正确地面对一切。

3. 心智不成熟，缺失面对挫折的调控与应对的能力

孩子年龄小，心智不成熟，意志力薄弱，缺乏一定的挫折教育，很难让孩子养成对待挫折的正确态度和抗挫折的能力。现代社会是一个充满挑战的社会，遭受挫折是不可避免的。在家庭教育中，渗透挫折教育可以帮助孩子学会调控自己的情绪和行为，增加孩子的生活阅历和实践能力，激发孩子的潜力，丰富孩子的知识储备，培养孩子对待挫折的态度、直面挫折的勇气和找出解决挫折的方法，从而培养孩子健康的心理素质。

教师策略

教师找了个机会和甜甜爸爸进行了个别沟通，从交谈中深入了解了"爸爸"的教育理念，并发现"爸爸"比较要面子而且有点固执，又是中年得女非常宠爱甜甜，

因而教师"对症下药"尝试了以下对策：

1. 帮助家长转变理念：由"宠爱"到"放手"

教师想到了运用"家长教育家长"的方法来转变甜甜爸爸的想法。家教辨析会"你是我的'宝'"就为甜甜爸爸量身定做，邀请有相关经验的家长来畅所欲言，他们摆观点、谈经验，讲得具体实在、生动亲切、有理有据、说服力强；同时成立"家庭互助小组"，有针对性地向甜甜爸爸推广家教经验，渐渐地，甜甜爸爸从聆听者也转为了实践者，在生活中尝试了对甜甜的"放手"，让甜甜勇敢地面对挫折。

2. 引导家长利用榜样：由"不安"到"面对"

让爸爸给甜甜讲述爱迪生、贝多芬等一些名人在挫折中成长并获得成功的事例，让甜甜以这些名人为榜样，不再有不安的情绪、不畏挫折。同时，也让爸爸妈妈注意自身的榜样作用，用自己对待挫折的信心和勇气潜移默化地影响甜甜的态度和行为，渐渐地，甜甜开始变得愿意去接受了。此外，老师还引导甜甜以身边优秀的同伴为榜样，让甜甜觉得挫折是可以用积极、乐观的态度去解决的，不必害怕。同时，甜甜每一次的小小转变都会得到老师和爸爸妈妈的鼓励，幼儿园和家里都记录下甜甜的成长变化，这让她更坦然地去面对每一次挫折、挑战，快乐前行。

3. 协助家长运用情境：由"依赖"到"独立"

自然情境因为有真实性和自然性，能使孩子充分体验挫折的产生、发展、变化的规律，如：根据甜甜自理能力较弱的情况，老师建议爸爸在家中和甜甜一起比赛穿衣、系鞋带、整理床铺等，在自我尝试中，既培养了甜甜的耐挫能力，又增加甜甜的自信心。主动创设挫折情境更具有预防性和针对性，能弥补自然挫折情境的不足，老师建议爸爸设置难度不等的情境，让甜甜适当碰碰钉子，如：去"四季公园"远足和定向运动，通过完成一个个任务卡上的内容来锻炼意志力。甜甜经过自己的努力克服困难，完成任务。

◉ 行动反思

让"挫折教育"真正走入家庭，重要的是实现家长观念上的改变，树立正确的教育观念，提高家长的科学育儿水平，这样老师和家长在教育上才能达成共识，形成教育合力，从而提高有效衔接的实效性。

1. 走近家长，分层指导——帮助家长形成正确理念

面对不同年龄、类型的家庭，教师应尽量从家长的实际情况出发，在原有指导家长的经验基础上，寻找适宜恰当的方式进行分层指导（讲座、沙龙、辨析会等），将挫折教育的正确观念传递给家长，让家长改变传统观念，逐渐成为孩子独立生活能力的培养者、学习兴趣的激发者、注意力培养的引领者、不良习惯的纠正者；沟通中有的放矢地走近家长，给予切实可行的指导建议，从而让家长进一步了解挫折教育的必要性，真正走近孩子，引导孩子正确地面对挫折。

2. 循序渐进，分段尝试——引导家长关注年龄特点

挫折教育不是一蹴而就的，而需要循序渐进。针对小班阶段的孩子，家长可以在孩子自理的过程中培养其自信心，并迁移到生活和交往中去；对于中班阶段的孩子，家长可以让孩子独立完成事情，减少依赖心理，只要是孩子有兴趣的事情就鼓励他们独立去做；对于大班阶段的孩子，家长可以让孩子通过查阅书籍或自己动手实验，培养独立思考和解决问题的能力。

3. 磨练活动，互动协作——促使家长跟进教育行为

在指导家长的过程中，其实家长的许多想法、创意也非常好，有的家长对挫折教育很有一套自己的方法。老师要善于发现这类家长，吸引他们一起来共同参与，在互动协作中碰撞出更多的智慧火花。老师可以邀请有特长优势的家长来参与开展适合幼儿的故事会、远足、亲子游戏、体育竞赛等活动，让活动更丰富，形式更多样，教育更有效。

智慧分享

怎样对孩子进行挫折教育

挫折教育是孩子成长的阶梯。父母不能总是惯着孩子，不能娇惯孩子，否则不利于孩子的好习惯的养成，还会让孩子产生自负的情绪，那么怎样对孩子进行挫折教育呢？

1. 家长评价要具体，不要盲目

在家里评价孩子的表现时，不要总是说"你真棒，你太聪明了，你真是厉害"等笼统的话语，虽然让孩子当时感觉比较舒服，有优越感，但是对孩子来说，感受不到挫折，不利于他们成长。家长应该在评价孩子时具体一些，比如说："你搭的积

木比较高，不错，但是再整齐一些就更好了，就能避免倒塌了。"

2. 让孩子看到自己的优点和缺点

父母在教育孩子时，应该适当地提及孩子的优点和缺点，不要害怕孩子听了不高兴，这是挫折教育的重要组成部分。父母应该鼓励孩子正确面对，并让孩子自己分析自己的长处和短处，这对孩子的发展是很有好处的。

3. 家庭玩游戏不要宠着孩子

在家庭里面玩一些游戏时，父母不要宠着孩子，凡事都让着孩子，什么都让孩子赢，应该让他们感受一下失败的滋味，让孩子能真正地看清自己。对失败的体验可以锻炼孩子的坚强内心，这样孩子在以后遇到挫折时就不那么害怕和失落了。

4. 告诉孩子输赢的问题

对于孩子来说，如果在家里感受不到输赢的问题，在今后的学前教育阶段乃至接受更高的教育时，难免会输，很多孩子就会承受不了了。比如孩子没有当选小组长，就很沮丧；赛跑没有跑了第一，也很沮丧。因此，父母应该告诉孩子，输赢是正常的，有赢就有输，只要努力，这次输了，下次就能赢了。

5. 经常鼓励失败的孩子再接再厉

在对孩子进行挫折教育时，应该鼓励失败的孩子再接再厉，不要让孩子泄气了。在鼓励孩子时，应该注意具体一些，比如孩子玩拼图，怎样都拼不好了，父母可以说"你再想想别的方法，比如先从最边上开始，我相信你能找到窍门的"，这样的引导式的鼓励，孩子就比较容易接受了。或者给孩子一个大拇指，或者来个击掌给孩子打气。

6. 挫折教育要适当进行

在对孩子进行挫折教育时，应该适可而止地进行，达到家长既定目标就行。因为要注意保护好孩子的自信，挫折不能太多，应该考虑到孩子的承受能力。如果挫折过多，孩子容易失去自信心，对自己也产生怀疑了，做事情畏首畏尾，没有勇气去做了。所以父母应该把握好这个度，只要让孩子知道挫折的存在和影响即可。

（文章来源：https://jingyan.baidu.com/article/fa4125acd1b6e028ac70928a.html）

第七节 "顾此失彼"的亲子陪伴

学龄前、童年期、青春期，孩子成长的不同阶段需要不同的沟通与陪伴，父母都不应缺席。3—6岁是幼儿成长的关键期，亲子陪伴的重要性不言而喻。孩子年龄越小，越需要父母的悉心陪伴。但是调查发现家长对于亲子陪伴的重视程度不同，投入的时间与感情也不同；不少家长对亲子陪伴的认知出现偏差，使陪伴走入误区。如何对初为人父人母，缺少幼儿身心发展知识，对亲子陪伴充满困惑的家长开展指导，也是不少教师面临的共性问题。尤其是在二胎政策背景下，很多家长对于两个孩子都要"陪"更是束手无策，需要教师具有科学指导能力。

⊛ 问题聚焦

> 小璇瘦瘦长长的个子，有点忧郁的眼神，缺少笑容的表情，使本该天真活泼的脸蛋添了几分老成。开学前几天，很多孩子哭得稀里哗啦，她倒也不怎么难过。每天奶奶送来后，她擦擦眼泪由老师牵着她的手坐在小椅子上安安静静地玩雪花片。吃饭、如厕、午睡，虽然需要老师帮忙，但从不会大声求助，只是，午睡时必定要抱着她的毛绒小白狗入睡。就是这样一个不声不响、不哭不闹的乖孩子，却在一次自由活动中出现了争抢玩具的情况，还咬了那个与她争抢玩具的孩子，这让老师措手不及，深感纳闷。
>
> 通过家访，老师了解到，小璇是家中大宝，家里还有一个一岁多的妹妹。小璇从小由奶奶带大，自从妹妹出生之后，她就与奶奶住一个房间，而妹妹则与父母住一个房间。由于妹妹从小体质比较弱，父母更多地是关注小宝，父母总是对她说，"小璇是姐姐，要懂事，听奶奶的话。"于是，小璇成了那个父母眼中听话、安静的孩子。

⊛ 教师思考

亲子陪伴是建立良好亲子关系的基石，在二胎家庭中，父母往往是陪了这个就陪不了那个,在两个孩子出现矛盾时,可能也会想当然地要求大宝做出让步。二胎父母存在着陪伴时间缩短,陪伴质量下降,陪伴顾此失彼等问题。二胎父母必须意识到,幼儿幼小的心灵很容易受到伤害,亲子关系一旦破坏必然会影响孩子的身心发展。

1. 缺少陪伴,亲子关系易疏远——影响孩子人际交往方式

从小璇抱着毛绒玩具入睡可以看出,小璇把对父母的依恋转移到了毛绒玩具上,内心缺乏安全感。亲子关系是父母与孩子之间构建的情感纽带,也是人生中最原始和核心的人际关系。在陪伴的过程中,孩子能感受到来自父母的爱和理解,逐渐与父母建立安全依恋型的亲子关系,日后就算与父母分开,他们也坚信自己是被父母所爱,对这个世界充满爱和向往,与人交往也能从容自信。反之,当幼儿委屈的时候没有父母的及时拥抱,碰到挫折的时候没有父母的轻声安慰,对他们来说,这个世界不够温暖,他们不敢勇往直前。于是,他们对自己和他人充满怀疑,缺乏自信,也不知道如何与人友好相处。

2. 无效陪伴,亲子关系无互动——影响孩子语言智力发展

现在非常流行"遛娃"一说。孩子在玩玩具、看图书的时候,沉浸在虚拟世界中的手机党家长,完全注意不到孩子渴望父母一起参与、分享的眼神。外出散步、郊游时,孩子被要求摆拍各种姿势,父母晒个微信的乐趣远远大于大手牵小手的幸福。在这种陪伴下,父母与子女没有深层次的沟通和交流,没有丰富的环境刺激,孩子的语言、智力很难得到快速发展。小璇遇事需要教师帮助却不主动求助,一方面是因为比较胆小,另一方面,也因为她的语言表达能力要弱于班中其他幼儿。2 到 4 岁是幼儿发展表达语言的关键期,小璇父母陪伴孩子的过程就是"遛娃"模式,很少倾听孩子的想法,他们只需要孩子安静、听话即可。

3. 顾此失彼,亲子关系不和谐——影响孩子情绪调控能力

对于二胎家庭来说,大宝和小宝都需要父母足够的爱和陪伴。尤其是大宝的情绪更需要特别关注,因为对大宝来说,二宝的到来意味着他们专宠时代的结束。面对生活环境的重大改变,他们接受的程度、情绪调整的状态基本取决于父母的言行。小璇父母对小璇的忽视和对妹妹的呵护形成了鲜明的对比,姐妹俩发生争执,父母不问缘由,总是让小璇作出让步,小璇如果发脾气,父母还要责备。她内心的委屈、失落、愤怒,无人诉说,于是,在幼儿园里出现了与伙伴争抢玩具并咬人的事件,她消极的情绪不知道如何恰当地表达,压抑的情感因无处宣泄而演变为

攻击性行为。

🌀 教师策略

通过家访沟通，小璇父母终于意识到，小璇出现上述问题的根源在于他们对小璇的忽视以及对两个孩子不平衡的爱。教师建议父母多花点时间和心思，尽早修复亲子关系，努力改变这一状态。

1. 见缝插针式陪伴：鼓励家长利用碎片时间表达爱

年幼的孩子需要肌肤相亲的爱的表达方式。老师鼓励小璇父母在上班前、下班后及入睡前、起床时的碎片化时间里，时常蹲下身体给小璇一个大大的拥抱，拍一拍她的肩膀，亲一亲她的脸蛋，问一句"你今天过得好吗？"告诉她父母有多爱她，这份浓浓的爱意会让小璇感到自己对父母而言是多么重要，被父母呵护的幸福会让她喜悦而自信，安全而满足。如此，遇到的小小困难、挫折和委屈可能都自行化解了。父母与她充满爱的互动模式，她自然而然也会应用到自己的人际交往中去。

2. 全神贯注的陪伴：引导家长与孩子真诚沟通交流

孩子的语言发展、思维能力是在一次次语言表达中获得发展的，家长千万不能忽视孩子语言发展的关键期。小璇的语言表达能力弱，老师要求小璇父母经常与她讲话，允许她讲得慢一些，对她的表述内容，父母可以补充反馈引导她重述，以此来锻炼她的语言表达能力。姐妹俩发生争执，父母也一定要给小璇表达的机会，不急于回应、武断结论，用慈爱的眼神、柔和的语言引导孩子说出自己的想法，允许孩子有点小情绪，不偏袒任何一个，真正走进孩子的世界，倾听孩子的心声，这样，孩子才能感受到来自父母的理解与尊重，她的表达才更真实、更清晰、更完整。

3. 其乐融融的陪伴：指导家长营造和谐的家庭氛围

父母生二胎的初衷是为了两个孩子彼此有照应不孤单，而父母也能尽享天伦之乐。那么，父母就要给两个孩子多相处的机会，孩子年龄差距越小越容易成为玩伴，交流沟通也越不容易有障碍。老师建议小璇父母尽量创造机会让姐妹俩一起玩。小璇不能和妹妹一样睡在父母房间会让小璇有很强的失落感，容易对妹妹产生嫉妒心理，老师建议姐妹俩都睡在父母房间，等妹妹长大一点安排姐妹俩住

成长历程和经验,父母还需要在与子女沟通的过程中尝试理解每一个孩子的特殊需要。安排活动的时候问问孩子喜欢做什么和怎样做,一件事是不是有意义并不由家长说了算,结合平时对孩子的观察和孩子自己表达的意愿共同决定活动内容和方式才能为孩子提供真正有意义的安排;需要规范孩子行为的时候跟孩子一起讨论制定规则,向他们解释每一个规则的合理性,问问他们内心对规则的看法,不要低估孩子们的理解力,简单粗暴和前后不一的规范在激起其叛逆的同时还会混乱孩子们内在的价值判断体系;面对孩子的成功时多问问孩子"你是怎么做到的?"倾听他们的感受,帮助他们总结经验,而不是敷衍了事地夸他们"真棒"。

理解了孩子们的心理需求,倾听他们内心的想法,信任他们有理解世界和解决问题的能力,和他们共同安排亲子活动的时间,让家长和孩子们在亲子时间中都投入和忙碌起来,及时对孩子们的问题和需要给予有灵魂的回应。高效的亲子陪伴其实并不难,只是需要家长们暂时地离开智能手机,让孩子和活动取代手机成为亲子陪伴的焦点,孩子的社会性发展必定会因此而受益。

(庸琳.请给孩子"形神兼备"的亲子陪伴[N].人民政协报,2018-08-15 001版)

第八节　"抢跑道"的幼小衔接

幼小衔接是儿童整个受教育阶段中第一个重要的环节,是指幼儿园和小学这两个教育阶段之间在教育上的衔接与过渡。幼儿园教育与小学教育是一个系统整体,既有阶段性又有连续性,连续性要求幼儿园教育与小学教育相衔接,前者为后者做准备,儿童从幼儿园进入小学是一个重要转折,是儿童主体对变化的外界环境重新适应的时期,对儿童的交往、学习、生活都会产生重要的影响。

幼儿园大班是幼小衔接的关键时期,具有承上启下的作用。就幼儿园而言,教师会在幼儿一日活动中加强幼儿学习习惯的培养,提升幼儿的学习品质与能力,为幼儿升入小学做准备,甚至是为孩子一生的可持续发展做准备,也为幼小衔接提供了保证。但教师在教育实践中发现,家长对幼小衔接的理解存在片面性,家长更多地关注孩子知识的衔接与储备,特别是大班下学期,与此对应的就是让孩子学拼音、练计算、听英语,以期在进入小学后能尽快适应、保持优势。当教师试图改变家长的想法时，家长却常常回以一脸无奈。教师必须在幼小衔接阶段全面了解家长的想法，并通过各种家庭教育指导方式的运用，让家长的幼小衔接不再"抢跑道"。

 问题聚焦

　　大班下学期，"幼升小"工作成为全园的热点与重点工作。家长谈论的话题也越来越聚焦"幼小衔接"。一天，王老师的班级微信群里异常热闹，一条一条的消息让人应接不暇，原来是家长们在畅谈幼小衔接方面的经验。事情起因是 A 家长在群里发了孩子在家里完成的一张数学计算题练习纸的照片，40 道题的答案全部正确。家长们点赞之余，纷纷请教 A 家长的教育方法：做这些题需要多长时间？计算题每天都要做吗？孩子对这样的计算感兴趣吗？A 家长说，让孩子练习计算题是从中班开始的，每天一张练习纸，到现在已经一年了，错了就罚多做一张。很显然，A 家长的方法就是一个字"练"，每天练，坚持练，才取得了目前的"成绩"。有的家长似乎很赞赏："现在练是不是有点晚了，要不要参加培训班？"有的家长对此也表示担忧："这样'练'会不会打消孩子学习的积极性？"此时，也有家长私信王老师，请教培养孩子数学思维和计算能力的好方法。

　　幼升小的工作年年有，每年家长都在问同一个问题：家长能为孩子的幼小衔接做点什么？部分家长会借来小学一年级课本，让孩子提前学习，美其名曰"笨鸟先飞"。也有一部分家长把幼小衔接的任务交给了辅导班，以至于拼音班、识字班、思维训练班、英语班承包了孩子的整个暑假。家长"疯狂"行为的背后引发教师的深入思考。

教师思考

　　王老师仔细梳理了家长在幼小衔接这一事情上存在的一些错误认识、错误态度和错误行为：

1. 家长对幼小衔接的认识存有误区

家长对幼小衔接的认识误区表现在准备内容和准备途径两个方面。准备内容方面，像 A 家长这样的部分家长认为幼小"衔接"的重点是知识的衔接，只要做好相应的知识储备就可顺利完成幼小衔接，而忽视心理和学习习惯的培养。另一些家长认为幼小衔接就是听、说、读、写，让孩子早早练字，生怕孩子读小学后写作业的速度跟不上。准备途径方面，一些家长认为幼小衔接就是大班下学期，特别是暑假里要做的事情，这段时间让孩子突击参加一些辅导班或培训班就能"弥补"孩子的各种不足；有些家长认为幼小衔接是幼儿园和小学老师的事情，在家庭教育中并未采取相应的措施。

2. 家长对幼小衔接的态度两极分化

家长对幼小衔接的态度存在过度焦虑和漠不关心这两个极端。A 家长就属于过度焦虑并自行采取办法解决的，那些在 A 家长刺激下纷纷向王老师请教幼小衔接的家长虽然略次之，但也属于焦虑型的。与之相反的是，少部分家长对幼小衔接漠不关心，对幼儿园的相关资料和宣传不屑一顾，将幼小衔接完全寄希望于幼儿园或小学，或者是幼儿的自然适应。当然，这其中不乏家长主动关心幼小衔接，认真学习相关解读和宣传，平时给予幼儿更多的游戏时间和注重对其习惯的培养。

3. 家长对幼小衔接的指导方法欠缺

家长对幼小衔接的指导受自身观念、态度的制约和影响。像 A 家长这样过于重视幼儿知识技能方面的学习，运用单一方法，"指导"孩子每天练习一张计算题，短期内可能会提高计算能力，但这样的指导方法忽视幼儿的年龄特点和学习特点，忽视社会性行为的培养，极大地伤害了孩子学习的主动性、积极性。班中部分家长对 A 家长的方法表示认同，还急于效仿，更是看出家长在幼小衔接方面的准备有所欠缺。

教师策略

家庭是幼儿园重要的合作伙伴，应本着尊重、平等、合作的原则，争取家长的理解、支持和主动参与，并积极支持、帮助家长提高教育能力。教师引导家长正确评价孩子的学习兴趣和习惯，调整好心态和计划，全面认识幼小衔接和幼儿的发展。

1. 加强幼小衔接宣传，为群体家长答疑解惑

王老师再次认真翻阅了家长群的聊天内容，但她没有正面回应家长的讨论。她在园方的支持下，邀请市知名幼儿教育专家来园讲座，向家长宣传幼小衔接的理念和实践，旨在激发幼儿上小学的积极情感，帮助其做好心理适应准备；培养幼儿上小学所具备的意识和能力（自理、交往、解决问题的能力等），做好社会适应准备；培养幼儿的学习品质（时间观念、任务意识、倾听习惯、阅读习惯等），做好学习适应准备。讲座结束后，王老师组织专家老师与家长进行了互动。她还建议家长多关注幼儿园网站、微信公众号、班级家园之窗等有关幼小衔接的宣传内容，全面、科学地了解幼小衔接，为家长群体答疑解惑。

2. 注重沟通交流，为个体家长提供服务指导

家庭状况、家长的教育观点与教养方式也各不相同，教师必须针对每个幼儿和家长的不同情况区别对待，进行有针对性的交谈沟通。为切实转变个体家长（A家长）的幼小衔接观念和做法，让家长了解孩子从"准小学生"到小学一年级到底需要准备什么。王老师和搭班老师通过上门家访了解 A 家长与孩子的幼小衔接教育现状，强调家园同步教育的重要性，希望家长在孩子的行为习惯、生活自理能力、阅读兴趣等方面予以关注，同时保持良好的亲子关系和家校共育氛围，为孩子顺利适应小学的学习和生活做好准备。

3. 引导家长换位思考，为幼儿营造宽松氛围

人与人之间要互相理解、信任，并且要学会换位思考，互相宽容、理解，多站在别人的角度上思考。作为家长也要多从孩子的角度思考问题，看待幼小衔接：如果你是孩子，幼小衔接就是每天面对枯燥的计算题和做错题之后的惩罚，那么你喜欢这样的幼小衔接吗？王老师建议家长与孩子多交流，多听听孩子"成绩"背后的心里话，了解孩子的真实想法。家长要成为孩子的伙伴，在游戏中培养幼儿的思维品质，还幼儿一个真实而丰富多彩的幼小衔接。

◉ 行动反思

案例中王老师是幼儿园的一位骨干教师，对幼小衔接工作有较丰富的经验。针对班级家长群的一次热烈讨论，她认真观察分析，了解家长当前的需求，随后对

家长开展有针对性的指导,让家长对幼小衔接有了较全面的了解,解决了家长的后顾之忧,为幼儿顺利适应小学的学习和生活奠定了坚实的基础。

1. 专家引领,让家长着眼于孩子的长远发展

幼小衔接其实是为了孩子的和谐健康成长,是为孩子一生的发展奠基,不能为了眼前一时的功利,牺牲孩子的长远发展。教师借助专家的力量,传达正确的理念,让家长着眼于孩子的未来,尊重孩子的成长规律,在孩子发展的各个阶段给予最有效的帮助。换言之,在幼小衔接阶段就是要培养孩子良好的行为习惯,让每个孩子在舒适、愉快、轻松的环境下学习、生活。幼小衔接主要衔接的是孩子的学习兴趣、学习品质、生活能力等,这比知识的衔接与储备更重要。让广大家长就这一理念达成共识,为后续的幼小衔接工作奠定了坚实的基础。

2. 以点带面,让家庭教育与幼儿园保持同步

王老师班中的 A 家长在班级有一部分"粉丝",当这些家长看到 A 家长的孩子的表现时,总会将其与自己的孩子比较,从而忽略了自己孩子的个性特点及其原有经验。也就是说,A 家长的家庭教育指导方法会直接或间接影响班级幼小衔接工作的开展,有时会成为一道无形的障碍。王老师利用家访、电访等形式与其沟通,将 A 家长转化为科学幼小衔接的宣传者,更好地为幼小衔接服务。

3. 真情陪伴,让幼小衔接成为有温度的教育

"潜移默化,自然似之",对孩子成长影响最大的就是家庭教育。教育是有温度的,最理想的家庭教育就像人的体温一样应该恒定在 37 摄氏度左右。过低就平淡如水,不能见效;过高就如同发烧,过犹不及。正如一颗种子萌发需要适宜的土壤、阳光和水分一样,我们的家庭教育也需要有适合、适当、适时、适量的教育。正如孔子所云:"不愤不启,不悱不发。"如果希望孩子以后成为一个自信成熟、游刃有余、有温度、有爱心的成年人,那么家庭教育也应该是有温度的教育。在孩子眼里,真情陪伴、互相关心、换位思考远比一个指导者要更有趣、高级和智慧。

智慧分享

幼小衔接的十大认识误区

误区一：幼小衔接就是大班的事儿

正确的认识:幼小衔接不是一个能够临时突击的短暂过程,而是一个需要从

幼儿园阶段开始，一直持续到小学一年级全学年的长期过程。父母对于幼小衔接的认识、态度和行为，将决定幼儿入学后在很多方面的表现。

明智的做法：虽然幼小衔接主要集中在从幼儿园大班到小学一年级这一年多的时间里，但是很多准备工作却始终贯穿于整个幼儿阶段，如习惯的养成、性格的形成、能力的提升等。因此，真正做好幼小衔接，绝不能等到幼儿园大班下学期，我们需要从幼儿入园甚至更早的时候开始。

误区二：幼小衔接就是择校

正确的认识：如果家长有条件为孩子选择一所非常好的学校，并且不存在很多的麻烦问题，这当然是非常理想的一件事。但是，一所好的学校，并非所有的老师都尽职尽责；一所一般的学校，也有很多好老师会对孩子尽心尽力。所以，家长不必为了孩子的择校问题搞得心力交瘁。

明智的做法：小学阶段主要是培养孩子的学习兴趣和学习习惯，提升孩子的学习能力，都扎堆选择所谓的名校，其实没有太大的必要。更为关键的是，家长为孩子选择的学校一定要跟孩子的自身发展情况相匹配。其实，择校就跟人生的很多选择一样，合适的才是最好的。

误区三：幼小衔接就是多学知识

正确的认识：幼小衔接，是让孩子从幼儿园顺利过渡到小学的一个过程。我们不能单纯地把这个过程看成择校、上培训班，而是需要从多个方面去入手准备。

明智的做法：除了相应的入学知识准备以外，家长更应该重点关注以下三个方面：

1. 孩子的生活和学习习惯，最为关键的就是让孩子养成自己的事情自己做的良好习惯。

2. 跟学习和生活相关的能力，最为关键的就是提升孩子的自我管理能力。

3. 孩子的性格和品行，最为关键的就是培养孩子的自尊心。

误区四：幼小衔接就得多上培训班

正确的认识："幼小衔接班，上还是不上？"这个问题长期困扰着很多幼儿园孩子的家长。究竟要不要上"幼小衔接班"，还真没有标准答案，取决于家长对孩子的期望、家长平时的用心以及孩子本身的特点等很多方面的因素。但有一点是非常清楚的，那就是绝不能把幼小衔接狭义地理解成就得多上几个"幼小衔接班"。

明智的做法：适当的知识储备有利于孩子的顺利衔接。不过我们需要把握好度,避免走入两个极端:一是过度学习,提前让孩子学习太多小学阶段的知识;二是认为孩子什么都不该学,否则会"毒害"了自己的孩子。其实,家长的关注点不要放在是否应该学这一问题上,而是应该放在何时学、怎么学等更为关键的问题上。幼儿阶段的孩子,应多以游戏互动的方式,通过玩来掌握应学到的知识,比如认字、数数等,而不应该让孩子机械地、被动地学习。

误区五:幼小衔接就是孩子的事儿

正确的认识:在孩子成长的每一个关键阶段,家长都需要不断转换自己的角色,不断学习和自我成长,从心理和情感上给予孩子最大的支持和帮助,让孩子在人生的每一个转折点都走得更加从容。在幼小衔接这个关键阶段,同样也不例外。

明智的做法:首先,需要清楚认识自己的角色。我们可以不断给自己心理暗示,告诉自己即将成为一名小学生的家长了,从而让我们的言行举止发生一些变化。同时,我们还可以从过来人那里获得相关的信息和经验教训等,比如:主动向家有小学生的亲朋好友咨询和请教,了解他们作为小学生家长的角色定位和心理感受,获得各类教育问题的处理经验等。其次,尽量调整好自己的生活节奏和作息时间,为孩子入学做充分准备。当孩子入学后,每天的作息要有序、有规律,如:用餐、学习、休息都应安排在相对固定的时间。

误区六:重视物质准备,忽视心理准备

正确的认识:对于即将上小学的孩子,由于他们的角色和任务会发生很大的变化,所处的环境、所接触到的老师和同学也会有很多不同,这就需要我们帮助孩子提前做好适应这些变化的相关准备。其中,最重要的入学准备就是让孩子在心理上做好充分准备,以便入学后尽快适应角色的转变和环境的改变,让孩子从心理上顺利实现从幼儿园到小学的"软着陆"。

明智的做法:我们可以通过以下几个方面来帮助孩子做好充分的心理准备:

1. 实地参观,增加孩子对小学的感性认识。
2. 家园配合,引导孩子对小学产生向往之情。
3. 演练角色,增强孩子的角色意识。
4. 提前试读,让孩子体验一次"实战演习"。

误区七:进入小学就是学校的事儿

正确的认识:小学既是孩子学习历程的真正起点,也是孩子一生学习的重要阶段。学校是继家庭之外引领孩子成长的一个重要场所，既为孩子提供了学习和成长的机会，也对家长和孩子有所要求。要让孩子的幼小衔接更加顺利，家校互动才是最为关键之道。教育孩子，绝不仅是学校和老师的任务，需要家庭和学校的相互配合、共同参与、分工协作。

明智的做法：家长的支持和配合到位，老师在学校也会更加省心，这比给老师送礼更管用。作为老师，内心都希望所有家长给予更多的支持和配合，比如平时督促和检查孩子的作业、积极参加学校组织的家长会或亲子活动、孩子有事无法到校上课时事先请假、对学校和老师的要求给予积极回应等等。

误区八：孩子不适应就随便责骂

正确的认识：对于所有孩子来说，从幼儿园过渡到小学，是一个全新的开始，也是人生的一次重大转折。每一个刚进入小学的孩子都需要一段适应期。当然，不同的孩子所经历的时间长短不一样，有些孩子进入小学一个月就能完全适应，而有些孩子可能就需要一个学期甚至一个学年。

明智的做法：如果家长没有做好幼小衔接工作，导致幼儿进入小学后不适应，我们需要注意以下几点：

1. 多给幼儿鼓励和肯定，提供情感上的支持，不要随便责骂幼儿。

2. 跟幼儿一起寻找解决问题的办法，把每一个问题都当作幼儿和家长共同成长的机会。

3. 保持家校联系、搞好家校互动，积极争取老师的支持和配合，助力幼儿的成长。

误区九：家庭作业必须陪着幼儿做

正确的认识：当幼儿刚从幼儿园进入小学时，对小学的学习既新鲜又陌生，而对完成家庭作业不一定能很快适应。

明智的做法：在幼儿入学初期，我们可以适当陪同他做作业。但经过一段时间后，家长就必须逐步放手，慢慢让幼儿养成独立完成作业的习惯。通过家庭作业，让幼儿成为一个独立的学习者，应该是家长在辅导幼儿作业时首先需要完成的一项重要任务。在辅导的时候，我们要时刻提醒自己，做作业始终是幼儿的事，家长的主要任务是督促和检查，绝不是代劳。

误区十：幼儿的成绩就是唯一

正确的认识：其实，在小学三年级之前，考试和分数都不应该成为衡量幼儿学习情况的唯一标准。很多幼儿考不好的主要原因，并不是学不好，而是因为粗心大意、上课不认真、学习兴趣不高、学习习惯不好、学习方法欠缺等。

　　明智的做法：在小学前半段，我们更需要关注幼儿的学习兴趣、学习习惯和自主学习能力这三件事，而不是仅仅把目光聚焦在幼儿的每一次考试和分数上面。

（文章来源：http：//www. mama. cn/z/art/63137/）

第九章 ‖ 分类的家庭教育指导

家庭教育作为孩子的启蒙教育，对孩子的影响是持续的、长久的。家长的言行、家长的教育观念影响着孩子的成长。目前，随着社会与文化的进步，家庭结构类型的多样化导致了家庭教育的不同观念。家庭结构分为主干家庭、核心家庭、重组家庭和离异单亲家庭等多种类型，不同的家庭结构出现了不同的家庭教育问题和矛盾，教师需要针对不同的家庭结构进行观察和分析，寻找问题的症结，为家庭教育指出明确的路径。

第一节　主干家庭的家庭教育指导

主干家庭又称直系家庭，是指由两代或两代以上夫妻组成，即父母与一对已婚子女及其孩子组成的家庭。主干家庭的特点是家庭内不仅有一个主要的权力和活动中心，还有一个权力和活动的次中心存在。因此，主干家庭势必有祖辈教育和父辈教育两种同时存在的家庭教育。祖辈家长和父辈家长生活的年代、文化背景和性格有各自的特点，这些差异导致了两代人在生活习惯、教育观念等方面易产生矛盾与冲突，在教育孩子时出现一些棘手的问题。因此，教师要善于调节祖辈和父辈教育的平衡点，提高对隔代教育的认识与教育水平，努力解决两代人教育的矛盾，让孩子更好地在主干家庭中健康成长。

⚙ 问题聚焦

诺诺上幼儿园了，诺诺的父母因工作忙，把接送孩子的重任交给了爷爷奶奶。最近王老师发现诺诺碰到动手操作的事情就说"我不会"，为了得到玩具经常攻击同伴，犯了错误不愿意承认。于是王老师前去家访，了解了实际情况：当诺诺摔跤时——爷爷奶奶急着去抱诺诺，不停地安抚他，爸爸妈妈则宁愿他哭，一定让他自己爬起来；在诺诺吃饭时——爷爷奶奶急急忙忙喂他吃饭，爸爸妈妈的原则是不吃就不吃，要吃就得自己动手吃；当诺诺穿衣时——爷爷奶奶怕他受凉穿很多，爸爸妈妈却说少穿才能体质好。

王老师当面提醒爷爷奶奶要大胆放手，不要对孩子过分保护，也提醒爸爸妈妈要对孩子有耐心，尊重孩子的年龄特点。

当了解到班级中有一半以上的家庭都存在祖辈与父辈教育冲突时，王老师便在家长会上提出了几点建议，虽然家长认同王教师的教育建议，但在实际生活教育过程却很难落实这些建议。王老师认为两代人教育观念不同是家庭内部问题，无需过多介入。

教师思考

面对祖辈和父辈两代人相互抵触的教育观念、不同的家庭教育行为，王老师试图运用了劝说、家访等途径，但收效甚微，教师在家庭指导过程中出现了什么问题？

1. 对具体内容缺乏分析

王老师虽然了解了诺诺家的问题：祖辈家长担当养育孩子的重任，对孩子溺爱骄纵、包办代替、过度呵护；而父辈家长对诺诺要求过于严格，忽视孩子的年龄特点，样样事情都要求孩子独立完成，又由于与孩子相处时间少，言教多于身教。但针对两代家长这些有偏差的教养行为，王老师却只是简单地提醒，缺乏对问题的专业分析和针对性指导，致使现状没有得到较好的改观。其实，针对诺诺身上的问题，老师要与家长一起进行科学分析，老师要给予两代家长专业指导，尽快使祖辈、父辈家长树立正确的教育观念，形成统一的教育方法。

2. 对指导对象缺乏欣赏

在诺诺的家庭教育指导过程中，王老师对两代家长的想法缺少深入了解。虽然祖辈和父辈的教育出现了不同的行为方式，但诺诺的爷爷奶奶过于迁就溺爱孩子也是出于怕小辈怪罪自己带不好孩子的心理；而诺诺的爸爸妈妈对孩子过于严格，也是希望孩子长大后在社会中多一些竞争力。王老师没有站在家长各自的角度来分析，没有以理解、接纳与欣赏的眼光看待他们，也没有挖掘主干家庭中两代人一起教养孩子的优势。

3. 对同质家长缺少互动

王老师在家访中虽然已经了解了班级主干家庭的一些问题，如家庭氛围紧张,祖辈和父辈家长疏于沟通,幼儿情绪焦虑等,但却没有足够重视这些问题,也没有深入地与此类家长交流,更没有创造机会让有相同问题的家长有效互动,发挥家长之间相互教育的作用。

🎐 教师策略

面对祖辈和父辈家庭教育中的冲突,王老师不断反思自己的家庭教育指导方法,思考如何发挥两代家长的优势,帮助他们形成一致的家庭教育观,促进诺诺健康成长。

1. 召开"对对碰"主题会议

王老师及时召开了"祖辈父辈对对碰"主题家长会,邀请祖辈家长和父辈家长同时参加家长会。将祖辈家长的教育现象改编成小品《诺诺的一天》,由王老师扮演祖辈角色,淋漓尽致地展现了祖辈家长的包办代替、过度溺爱、干预父辈家长等几大问题。在家长会上,王老师让父辈家长谈了家庭教育的苦恼,也听了祖辈家长的想法。同时,王老师让班中 4 位教育理念比较先进的祖辈家长分享了教育经验,试图通过部分的成功经验交流来触动其他祖辈家长。在主题家长会中,王老师肯定了祖辈家长的成功做法、开放的教育理念。另外,王老师让父辈家长借此机会说出自己心中的真实想法,让两代人的教育观在互相沟通中达成一致。主题家长会后,王老师还利用"微信公众号"、"家园栏宣传"、"温馨小提示"等多种方式,推荐了一些"寓教育于生活"的教育方法,挖掘和强化祖辈和父辈教育的正面影响力。

2. 开设"你说我说"教育论坛

王老师还在教室门口的宣传窗上开设了"你说我说"家庭教育论坛。家长们可以将孩子们身上出现的教育问题写出来,王老师试图通过论坛来发现家庭教育问题的症结。在教育论坛中,王老师收到了诺诺奶奶的一条信息:爸爸妈妈实在太忙,很少陪伴孩子怎么办? 王老师收到信息后,马上约谈了诺诺的爸爸妈妈,阐述了"亲子陪伴"在幼儿成长中的重要性,希望作为诺诺第一任老师的父母,每周抽空与孩子共处,多方面了解孩子的兴趣和需求,与祖辈之间要多交流沟通,特别针对诺诺的不良习惯要达成一致教育,不得马虎。这样不仅可以增进亲子间的关系,更能促进家庭和谐快乐氛围的形成,也是发挥两大教育的优势来促进孩子良好习惯的养成。

3. 提供"成功教育"学习途径

为了更有效地发挥祖辈和父辈两代人的教育的价值,王老师一方面提供有针对性的教育信息,如教育网站、教育杂志等,另外,还邀请家庭教育专家来园做讲座,为家长创设与教育专家面对面的机会。王老师鼓励家长与家长之间成立"家庭互助苑",互相学习优秀的、成功的家庭教育方法。比如:当父辈家长对孩子陪伴少时该怎么做? 王老师在班级网站上专门开辟了"亲子时光"栏目,鼓励家长将自己的"亲子时光"上传到网站上。A 家庭:晚餐后,家长听孩子说幼儿园发生的有趣故事,听听孩子内心的想法。B 家庭:和孩子共同阅读一本图书,亲子分享阅读,父母和孩子共享美妙的童话故事。C 家庭:在学校的开放日里抽空了解了孩子的在园情况。D 家庭:趁假期带上家人去旅游……来自全班家长对于"快乐亲子时光"的金点子似乎更有感染力。王老师希望通过不同的途径来分享优秀的教育方法,使祖辈家长和父辈家长达成一致,从而促进孩子的健康成长。

4. 开展"优秀家庭"评选活动

家庭教育中的祖辈和父辈教育各有优势,王老师鼓励家长们发挥各自的教育优势,充分体现其在孩子成长过程中的教育价值。到了学期末,王老师开展了"优秀家庭"的评选活动。王老师欣喜地看到班级中许多的祖辈家长和父辈家长形成了正确的家庭教育观念。特别是诺诺的爷爷奶奶经常对王老师说:"一到双休日,诺诺爸爸就陪着孩子去公园、去书店、去学游泳……"诺诺的爷爷奶奶也逐渐放手,不再干预孩子的教育了。诺诺家最大的变化就是两代人面对面共同想办法解决家庭教育中存在的问题。王老师有针对性地评选了 3 个"优秀家庭",同时邀请优秀家庭在班级家长会中开展经验分享,充分挖掘祖辈与父辈合作教育的价值。

● 行动反思

祖辈和父辈的不同教育方式导致了诺诺性格的不稳定性,影响了诺诺的心理健康,因此,王老师对此类主干家庭教育开展针对性指导活动。

1. 介入指导——加强两代人之间的沟通

祖辈家长与父辈家长的教育行为出现较大冲突时,教师需要及时介入。针对诺诺家爷爷奶奶和爸爸妈妈两种截然相反的教育方式,老师采用家访等形式介入指导,运用自己的专业来分析两种不同教育方式的价值取向,帮助两代家长发挥各自的优势，避免冲突。在对主干家庭的家长开展家庭教育指导时，教师切记不要一味指责家长，要灵活指导，针对不同的家长群体提出具体做法，如，可建议年轻的父辈家长真诚地和祖辈家长沟通、交流，委婉提出自己的想法；建议祖辈家长与班级其他孩子的祖辈家长多沟通，多讨教，学习其他家长的有效做法。

2. 正面宣传——促进两代人之间的互补

教师可通过多种渠道引导两代人在开展家庭教育的过程中应相互帮助、相互提醒，给幼儿提供健康的成长环境。同时，教师要善于发现家庭教育中隔代教育的闪光点，比如：祖辈家长敢于放手，父辈家长尊重和理解祖辈家长的做法，教育孩子方面存在问题时两代人如何达成一致的做法，温馨快乐的家庭活动日等，在家园之窗或网站上表扬和鼓励家庭教育中好的方法。教师在班级中多宣传和推广，带动更多家长来参与，有效促进了两代人的互补教育。

3. 创设条件——提供两代人之间的学习途径

现在社会上出现了很多科学育儿的途径。教师要为两代教育提供学习交流的机会，鼓励家长参加由社区或者幼儿园的家长学校等创设的畅谈家庭教育的平台，邀请家庭教育专家来园讲座等，以各种各样的方式为家长提供学习正确的育儿知识和家庭教育方法的机会。另外，教师建议父辈家长在自己学习的同时也带上祖辈家长一起学习，有的祖辈家长不愿意听父辈家长的说教，那么年轻的父辈家长可以通过一些网站、幼儿家长学校、书籍等比较权威的渠道让祖辈家长了解信息，更新观念，通过两代人的共同学习、共同探讨，分享家庭教育认识，最终达成一致的家庭教育观念。

✿ 智慧分享

中国是世界上为数不多的普遍存在"隔代教育"的国家。隔代教育作为一种客观存在的家庭教育方式，对孩子的个性发展有着极大的影响。在我国城镇有近五成的孩子跟着爷爷奶奶、外公外婆长大，孩子的年龄越小，与祖辈家长在一起生活的比例就越高。如何看待中国的隔代教育？可能从长远看，隔代教育弊大于利，虽也不能全盘否定隔代教育，但其中潜藏的4大主要矛盾是不可否认的事实。

1. 喂养方式

临床发现，由祖父母喂养的幼儿，更易出现挑食、偏食等不良习惯。老人都比较慈善，加上现在的孩子都是独生子女，可谓"含在嘴里怕化了，捧在手里怕摔了"。特别是在吃饭问题上,祖父母很迁就孩子,孩子想吃什么吃什么,不想吃什么就不吃什么。长期娇惯在一定程度上易导致孩子偏食,而孩子偏食是一种极为不良的饮食习惯,长久偏食会给孩子的身体发育带来危害。

2. 管教方式

不少老人管教孩子都倾向于两种极端,过严或者过松。一者喜欢什么事情都要督促孩子,经常检查孩子的行为,依据传统的管教方式,希望孩子按照大人所计划好的线路去成长,一切行动听指挥。另一种极端是溺爱孩子,放任孩子的行为。而年轻父母大多受到现代教育的影响,会更尊重孩子,适当给予孩子自由的空间,不存在放纵宠爱过度的现象。

幼儿的天性是活泼好动的,没有社会经验和固定的模式,所以经常会犯各种"错误",如果时时处处都用成人的标准来要求,就会让孩子失去信心。对孩子成长过程中出现的若干个"第一次",家长要给予积极正面的鼓励。把孩子当作一个个体,尊重孩子的选择,不要因为担心孩子做不好而帮他做原本应该让他自己做的事情。

3. 早期智力开发

不同的时代对于教育的观念也是不同的。在祖辈时期,早期教育与智力开发几乎是画等号的。而且,很多爷爷奶奶、外公外婆也容易因为爱孙心切,会帮孩子做太多事情,间接地让孩子失去了学习的机会。因此,如何让祖辈了解新一代教育的核心概念,请他们一起配合爸妈是教育孩子的关键。

过分强调知识的灌输,把教育片面理解为传授书本知识,把智力开发等同于提前进行读、写、算等技能训练,都是错误的。各种早期教育方案的效果追踪研究表明,早期教育若只放在读、写、算的训练上,得到的效果是短期的。所以,智力的开发只能算是早期教育的一部分。

而婴幼儿教育更多的重点应放在感官经验的获得、生活知识的获取、良好情商及性格的培养以及做好书写预备和数学前置经验的预备等方面。爸妈可以通过一些方式让孩子的视、听、嗅、触等感官更灵敏,例如让孩子自己抱奶瓶,自己用勺子把饭送进嘴巴,自己尿便后提起裤子,自己将鞋帽归位,自己收拾玩具,帮助成人摆放碗筷,自由地涂鸦,从容地做完手中的事情等。像这样让孩子自己体验生活,接受不同的刺激,让他自己作决定,对孩子来说是更好的。

4. 安全隐患

在隔代育儿的各种矛盾中,安全隐患是致命的。父母是孩子的监护人,但是隔代育儿却把监护人的枷锁转嫁到了外公外婆和爷爷奶奶的身上。一旦出现安全事故，这责任由谁来承担？老人的精力和体力都不如小孩，脑力跟不上，反应迟缓，常常连自己都需要照顾，更不要说能照顾好幼儿。在监护方面，除了寄托于老人身上，父辈家长也应该多费些心，或者请个保姆，让老人从旁指挥和监督就比较妥当。小保姆年轻有精力，老人上心、有经验，二者结合才可相得益彰，危险的隐患自然也就消除了。

（文章来源：http://baby.ewsos.com/a/20130201/899227.html）

第二节　核心家庭的家庭教育指导

核心家庭又称自然家庭、基本家庭，俗称"小家庭"，指的是由一对夫妻及其未成年或未婚子女组成的家庭。这种家庭结构简单，是由夫妻、父子（女）和母子（女）组成的三角关系，是一切家庭中最稳定的一种形式。与主干家庭比，这种家庭中父母教育的自主权较大。但是，许多年轻父母身上存在着"不能输在起跑线上"、"望子成龙，望女成凤"等教育思想，在一定程度上影响了孩子的健康快乐成长。因此，教师要引导家长在孩子成长的过程中，千万不能有急功近利的心理，通过有针对性的家庭教育指导活动帮助家长积累经验，用正确科学的方法来教育自己的孩子。

✹ 问题聚焦

男孩东东从其他幼儿园转学过来，开学几天，东东有些无精打采。在集体活动中东东很少与老师互动，也不愿意参加同伴的游戏。在区角拼图时，东东玩到一半碰到困难就把拼好的部分拆掉离开了。张老师连续观察了几天后决定上门家访。通过家访得知，因为爸爸工作忙东东的生活和教育主要由妈妈负责。东东上幼儿园之前，妈妈就开始规划他的未来。从两三岁起，东东就开始识字，妈妈把所有的家具都贴上汉字标签；从《三字经》、《千字文》到唐诗，妈妈一字一句地教他背诵。东东的记忆力非常好，背得又快又准，这令他妈妈骄傲不已。

升大班后,暑假里妈妈给东东报了拼音班、贝贝英语、跆拳道……就这样,东东在妈妈的安排下学习了 7 门课程。东东平时挑礼物时,玩具是不被妈妈所允许的,基本上只能买一些书籍。

教师思考

在核心家庭中,家长都希望自己的孩子可以成龙成凤,但是在教育孩子的过程中,有的家长过于心急,有的家长过于严厉,有的家长把自己的希望寄托于孩子身上,便容易出现"拔苗助长"、"重智力轻德育"的现象。

1. 家庭教育中受"虎妈狼爸"案例的"影响"

东东妈妈受"虎妈狼爸"等家庭教育模式的影响,力求将东东培养成一个完美的人,想当然地为东东规划未来,试图让他沿着既定的规划"成长"。东东妈妈在家庭中注重智力教育和"超前"教育,忽视了对孩子亲社会性行为的培养。如:东东想叫妈妈买玩具带到幼儿园和好朋友一起玩,可妈妈说看书比玩玩具强,剥夺了东东和同伴交往玩耍、交往的机会。又如:暑假里妈妈给东东报了各种学习班,这些以重知识技能为主的内容不能激发东东学习的兴趣。

2. 家庭教育中父亲教育责任明显"缺位"

在东东家庭中,教育任务主要集中在妈妈身上,爸爸认为自己的主要职责是赚钱,给家庭创设一个良好的物质条件,对于自己在孩子成长中的作用和家庭教育中的职责不明。其实,孩子的成长离不开父亲的陪伴,父亲要有意识地利用一切机会发挥其在教养孩子过程中的作用,注重孩子坚强、勇敢等品行的培养。

3. 家庭教育中母亲教育方法过于"强压"

东东妈妈在教育方法上,较少顾及孩子的感受,采用机械式、强压式,从而影响了孩子的学习兴趣。如:东东一首钢琴曲弹不好,妈妈强迫他长时间练习,结果适得其反,影响了东东对音乐的兴趣。又如:妈妈盲目地选择兴趣班,强迫东东学习拼音和英语,但是这些内容是"超前"的,不是东东这个年龄段的孩子所能接受和理解的。因此,要引导家长把握好孩子的年龄特点,掌握科学的方法,为孩子提供适合的家庭教育。

◎ 教师策略

教师与东东妈妈进行了个别沟通，从交谈中了解了妈妈的教育理念。针对东东家庭中出现的问题教师尝试了以下策略：

1. 组织"家庭派对"，引导父母共同教育

张老师组织了"家庭派对"，设计能发挥爸爸、妈妈各自优势的"投球"亲子游戏。在游戏中，东东手持篮子，东东爸爸跑步速度快，妈妈的投中率高，东东家在班级派对游戏比赛中获胜。在这样的亲子活动中，东东增强了自信心，为爸爸的表现感到自豪，感受到了和父母亲一起游戏的快乐；东东爸爸在活动中认识到了作为父亲在孩子成长中的意义；东东妈妈也感受到了游戏是孩子最喜欢的活动，在游戏中的学习才是孩子应有的学习方式。

2. 开展"活动观摩"，纠正家长片面的教育观念

张老师在每月一次的"半日活动观摩"中，引导东东妈妈发现东东在半日各个环节中非智力因素上的差异（如，学习兴趣、友好交往、大胆表现等），纠正其片面的教育观念，让东东妈妈明白家庭教育更应注重对孩子良好情感、态度及兴趣、习惯的培养。张老师还多次与东东妈妈互动交流，引导她在家庭教育中尽量不受"虎妈狼爸"家庭教育案例的影响，关注孩子的全面发展。

3. 召开"家园碰头会"，改变家长的教育策略

在"家园碰头会"中，张老师和班级家委会精心策划活动，引导家长共同分享育儿心得，探讨如何用正确的方法教育孩子。如：家长一起分析孩子学弹琴的案例，通过讨论大家感受到严厉的教育未必会带来良好的教育效果，家长对孩子的要求时要适度，不能抹杀孩子的天性。"家园碰头会"聚焦家庭教育中的一些小困惑，促使家长在思维碰撞中获得一些好的教育方法和策略。

◎ 行动反思

让"遵循幼儿发展规律"的科学育儿观真正深入核心家庭教育中，重要的是帮助家长树立正确的教育观念，提高家长的科学育儿水平，使家长和教师在教育上达成共识，形成教育合力，从而提高家庭教育的实效性。

1. 要全面了解家庭的情况

家庭教育对孩子的成长起着极其重要的作用。良好的家庭教育可以引导孩子形成正确的人生观、道德观,帮助孩子走向成功。作为教师,在开展家庭教育指导前,应及时全面了解家庭情况,以便更有针对性地指导家庭教育。

2. 引导家长正视家庭教育中的问题

为了转变家长传统的"重智力轻德育"的家庭教育理念,教师应通过引导家长观摩孩子的活动,让家长观察了解孩子在园的表现,发现自己的孩子与其他孩子有差距的地方,如,生活活动中的自理能力、运动活动中的勇敢自信、学习活动中的学习习惯、游戏活动中的礼貌交往等。教师要引导家长在具体情境中发现问题,意识到家教理念的偏差,学习正确的教育理念,提高家长科学育儿的水平。

3. 多途径宣传正确的教育理念

通过专题讲座、微信、幼儿园网站、妈妈沙龙、爸爸俱乐部等方式宣传《3—6 岁儿童学习与发展指南》精神实质,让家长们了解孩子的学习与发展分为健康、语言、社会、科学、艺术五个领域,每个领域对孩子发展都很重要。教师要帮助家长对照幼儿学习与发展的基本规律和特点,对孩子的发展提出合理期望,并采用科学的教育方法来遵循适合学龄前孩子的成长轨迹。

🌀 智慧分享

家庭教育要顺应孩子身心发展的客观规律

教育部指出,《3—6 岁儿童学习与发展指南》(以下简称《指南》)旨在帮助幼儿园教师和家长了解 3—6 岁幼儿学习与发展的基本规律和特点,建立对幼儿发展的合理期望,树立正确的教育观念和科学养育态度,保障幼儿获得基本的学习经验。《指南》一出,关于学龄前幼儿的教育问题再次成为焦点。相对于只关心幼儿在学习、认知上的能力,《指南》更加关注幼儿身心的全面发展。教育部表示,实施《指南》的原则之一就是要遵循幼儿的发展规律和学习特点,严禁"拔苗助长"式的超前教育和强化训练。

由《指南》的颁发自然联想到家庭教育。家长教育孩子的过程就是生命成长的过程,生命的成长有自己的发展规律,就像植物一样,春天播种,夏天成长,秋天才能收获。每个阶段都有其不同的特点,如果为了秋天能收回更大更好的果实而把植物的生长期提前，后果可想而知。教育不应强求，不能硬造，不能拔苗助长，应顺其自然。意大利教育家蒙台梭利说："每个孩子的成长都有一定的程序，他在某个年龄段该领悟什么样的问题，其实是固定的，你没办法强求，人为地加以干涉只会毁了他。"超前教育、催早熟的教育不对，放慢的教育亦不对。适度的教育只有一种，那就是尊重孩子成长的自然速度。这个速度是大自然安排的，它是幼儿成长的客观规律之一，违背了它就是违背了客观规律，违背了客观规律就办不好事，就要受到客观规律的惩罚。

在孩子的成长过程中，无论是其身体的发展还是心理的发展，都表现出一种稳定的顺序。例如，孩子的身体就整体结构的发展而言，其顺序是头部首先得到发展，而后是躯干和四肢，这也是为什么孩子越小，其头部在身高中比例越大的原因。在骨骼与肌肉的协调发展中，首先得到发展的是大骨骼和大肌肉，而后才是小骨骼和小肌肉的发展与协调。所以，在孩子行动能力的发展中，开始由翻身、坐、站，再发展到走和跑，然后才有可能出现写字、绘画等精细动作。再如，幼儿的认知和思维能力的发展，遵循着先具体后抽象的法则。0—3 岁的幼儿是靠直观的动作思维来引导自己的活动的，4 岁则从动作思维向形象思维过渡，5—6 岁开始向抽象逻辑思维发展。如果孩子上小学较早，他的抽象思维还非常弱，那么学以抽象逻辑思维为主的数学就费劲得多。

在孩子身心发展的过程中，所表现出的这种顺序是固定不变的。先前的发展变化又是其顺序序列中紧随其后的发展和变化的基础。顺序性所具有的这一特点，使孩子的身心发展成为一种连续的、不可逆转的过程。正是因为人的身心发展是一个连续不断的过程，是一个从低级向高级发展的过程，所以，教育才应该由浅入深、循序渐进。无论是知识的掌握，还是道德水平的发展，以及身体的锻炼，都应注意系统性和连贯性。

（刘燕芳.家庭教育要顺应孩子身心发展的规律[J].中国家庭教育，2012(2)）

第三节　重组家庭的家庭教育指导

重组家庭是指夫妇双方至少有一人已经历过一次婚姻，并有一个或多个前婚姻的子女及夫妇重组的共同子女。重组家庭的特点是人数多、结构复杂，家庭内存在一个主要的权力和活动中心,几个权力和活动次中心。由于重组家庭中父母双方的情况特殊,有的只有一方有孩子,有的双方都有孩子,也有的家庭除双方带来的孩子外,新婚后又生了孩子,人际关系比较复杂,家庭成员关系十分敏感。随着重组家庭的增多,重组家庭孩子的教育已经成为幼儿园、社会、家庭共同关注的又一焦点。因此,教师要善于观察与分析重组家庭幼儿的行为,经常与家长进行沟通,为帮助重组家庭家长营造和谐快乐的家庭环境作出努力。

● 问题聚焦

奇奇生长在重组家庭,在奇奇的心里,现在的妈妈始终不是自己的妈妈,虽然继母对奇奇的照顾无微不至,但没有过多插手对奇奇的教育。

家长会后,王老师单独找到继母说起了奇奇在幼儿园的表现,继母没等老师说完就插嘴说:"他爸爸对奇奇很严格,当着爸爸的面奇奇表现得很乖巧,可奇奇就是不听我的话,他在家里不讲卫生、爱调皮、不爱和我说话。"随后她又主动讲述了她的苦恼。

第二天,老师利用自由活动时问奇奇:"告诉老师,你喜不喜欢现在的妈妈?"奇奇不耐烦地说:"她不是我妈妈,我才不听她的话。"老师认真地对他说:"现在的妈妈很爱你,如果你有不对的地方她提醒你,甚至有时惩罚你,都是对你好,所以,你要听现在的妈妈的话,回家要多和妈妈说说话。"奇奇点点头,但没说话。

据奇奇的爷爷奶奶反映,因为奇奇不喜欢现在的继母,所以继母在对他的教育上就万事不管。奇奇一旦犯错,爸爸总是怪罪家里人太宠他,爸爸会直接用粗暴的语言和动作教育奇奇。久而久之,奇奇更加不喜欢继母,对爸爸也没有亲近感,爷爷奶奶则变成了奇奇的依赖。

▨ 教师思考

重组家庭中的孩子,他们从一个熟悉的环境被迫换到另一个家庭,或者不愿接受家庭成员的变化，孩子需要一定的适应和调节时间，家长对孩子的教育更复杂，难度更高。究其原因主要是：

1. 传统观念导致继父（母）对子女疏于教育

对重组家庭而言，双亲中有一方和孩子毫无血缘关系。而传统观念历来对继父母的定位是都是贬义的，重组家庭中孩子对继父母的认同感很低，对孩子的教育往往由孩子的亲生父亲或母亲担任，如果继父母过于严格对待非亲生孩子则很容易被认为存有坏心。

像奇奇的继母，她索性不干涉孩子的任何事情，觉得自己对孩子的教育无法实施。在孩子的教育中，父亲、母亲这两个角色不能互相代替，而受传统观念的束缚，重组家庭中继父母在孩子教育方面多有忌惮。亲子关系的特殊导致家庭教育力度不均衡，因此大多数重组家庭的孩子受到的教育也是缺失的。

2. 家庭成员之间缺少实质性的沟通

由于重组家庭成员比较多，关系复杂，对孩子的教育更应该要时常交流和沟通。家庭成员之间要经常交换意见，多方面了解孩子的心理变化。就奇奇家的情况来说，继母与亲生爸爸之间根本没有交接点，对奇奇的教育各持己见，保持互不干扰，一旦奇奇犯错后却无法统一战线。家庭成员之间即使有了沟通，也往往是互相指责、抱怨等。因此，奇奇的教育出了问题，一个重要的原因是家庭成员之间缺少沟通，难以实施有针对性的教育方法。另外，家长与孩子之间进行有效的沟通也是教育的重要方式。在孩子的成长过程中，家长应该成为孩子无话不说的朋友。遗憾的是，奇奇的家人根本没有与奇奇交流沟通，不了解孩子的心理需求，从而导致了奇奇对家人的漠视。

3. 教育方法割裂导致孩子不良表现

面对重组家庭中的孩子，家庭教育的方法要更为灵活多样，有的放矢。在奇奇的家庭中，继母和父亲对于奇奇的关注点各不相同，不仅是教育力度的不均衡，更是教育方法的单一。聚焦奇奇家每个家庭成员的情况：继母，一个没有血缘关系的妈妈，因奇奇不听话而放任不管；亲生的爸爸因工作忙而缺乏耐心，总是用粗暴的语言和动作"镇压"奇奇。每一个家庭成员都没有真正了解奇奇的需求，使原本没有安全感的奇奇对家人表现得不信任，日常行为表现逆反和怪异。

教师策略

重组家庭的孩子在心理上比较压抑,有些孩子语言贫乏、个性敏感脆弱,而有些孩子还有很强烈的排斥行为。作为没有血缘关系的继父母要多多参与孩子的生活,积极主动承担起照顾孩子的责任,家庭成员之间多沟通、多协作,在家庭教育中多方面了解孩子,走近孩子。作为教师,对于重组家庭的教育问题要给予更多的关注,帮助分析问题原因,和家长一起从多个方面寻求适当的教育策略。

1. 帮助家长消除传统束缚:摆正家庭教育角色

重组家庭中的孩子,因与一方没有血缘关系,或多或少有些排斥继父母。因此,教师更帮助家庭中的每一个成员摆正自己的家庭角色,消除传统的束缚,既然在一起生活,必须要多为对方考虑,发挥家庭教育中父亲和母亲不可或缺的教育作用。教师要与家长建立密切的联系,提醒家长不要过于放任不管,继父或继母和孩子之间更加需要心与心的交流。教师针对家长的表现,及时与家长交换意见,如发现家长的家庭观念有误,及时引导。另外,教师要指导家长善于放大孩子的优点,从而让幼儿更加接纳继父母。

2. 协助家长弄清孩子需求:从多个角度观察

教师建议家长从多个角度来观察孩子的心理变化,先要搞清楚孩子在精神上和生活上的需求,慢慢地融入孩子的正常生活中。毕竟孩子年龄还小,很多不正常的反应也是一种自我保护,因为家庭结构的变换,他们需要慢慢适应。教师要提醒家长多观察、多记录、多思考一些细小变化,当孩子在日常举止上表现出怪异现象时要及时沟通,没有血缘关系的一方更要主动和孩子交流。这样,既让家长弄清了孩子的心理需求,更让孩子感受到家长的爱。另外,家庭成员之间的沟通极为重要,因为孩子对家庭成员亲近度的不同,会表现出不同反应。只有从侧面多了解孩子的表现,综合多方信息,弄清孩子内心深处的需求,针对性地教育引导孩子,才更加容易走进孩子的内心深处。

3. 指导家长理智处理问题:以正面引导为主

当家长碰到棘手的问题时,教师要鼓励家长要采用正面引导的方式,不姑息也不迁就,帮助孩子认识到自己的缺点,理智地处理孩子的教育问题。比如说,奇奇对继母不理不睬,继母很无奈,那么,继母就应该反思自己身上存在的不足,思考如何走进奇奇的心里，想方设法地让奇奇喜欢上自己。再说到奇奇爸爸的粗暴教育，教师要引导爸爸充分发挥自己在家庭教育中的重要作用，让他首先要了解奇奇犯错的原因，运用正面引导的方法帮助奇奇知道自己错在哪里，应该如何改正缺点。教师还运用一些案例帮助奇奇爸爸清楚自己的角色，巧妙运用家人各自的优势，合力教育引导奇奇，帮助奇奇树立正确的价值观。在重组家庭中更需要家长以聪明理智的态度和正面引导的方式来对待孩子的教育问题。

🔘 行动反思

1. "携手"观察，了解孩子

观察是了解孩子最好的方法，这不仅是父母的责任，也是老师的责任。放任不管的家长缺少观察，形成了对孩子教育的盲区。那么，如何观察？观察什么？教师与家长共同携手，运用一些合理的观察方法，就会观察到的孩子身上出现的变化并及时做出应对，保持家园教育的一致性。当孩子的言行出现怪异时，及时解开孩子的思想疙瘩，帮助他们正视现实。当孩子的交往中行为偏激时，对他们多一些关心体贴，使孩子有倾诉之处，引导其融入到群体中。当孩子犯错误时，不要采取过分偏激的教育方式，多与孩子交流，关注他们的心理感受。只要多观察幼儿，多倾听孩子，许多问题就能迎刃而解。

2. "情理"来感染，走近孩子

在重组家庭中，教师希望家长要贯穿两个字："情"和"理"，家长如实地向幼儿说清楚父母之间的事情，并告诉孩子，孩子永远是父母的至爱。教师引导家长对孩子进行教育时要关爱有度、期望有度。在尊重的基础上关注孩子，避免进入情感性教育的误区和极端性教育的误区。教师给家长推荐一些走近孩子的方法，如：每天睡前和孩子聊天、多表扬少批评、多交流幼儿园发生有趣的事情等，鼓励家长做到"四多"——在生活上多关心孩子，在学习上多帮助孩子，在感情上多亲近孩子，在思想上多开导孩子。

3. "合力"教育，改变孩子

学校、家庭、社会三位一体的教育模式已成为当前教育形势下大力提倡的育人途径。对于重组家庭中的孩子，更要充分发挥家校合作的作用，因为孩子的教育靠单方面的教育是难以实现和完成的。教师要关注家长日常的教育方法，尝试通过个别交谈、家长开放日、家园联系册等形式提高家长对家庭教育的认识,努力使家校形成合力,共同担负教育孩子的责任。同时,鼓励重组家庭的父母以家庭的名义多参加社会实践活动和公益活动,注重活动过程中与孩子之间情感的传递和交流,从而走近孩子促进其健康成长。教师努力为重组家庭创设条件,通过幼儿园、家庭、社会的教育资源,做到三者形成合力,如此才能使教育的效力得到更好的发挥。

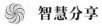 **智慧分享**

如何对待重组家庭孩子的教育烦恼

一、如何对对方的孩子开展教育

社会上流行各种对继父继母的刻板印象,如灰姑娘和白雪公主的故事,以及各种对继父母的贬义,这种传统观念一方面使得孩子们对继父母充满敌意和恐惧,另一方面也使得准继父母们手足无措,裹足不前。心理学研究表明,三岁以前的幼儿可以很好地接受重组家庭的父母,与父母相处和睦。但三岁以后的孩子通常更依赖于自己的亲生父母,难以在短期内接受新的家庭模式。所以在面对对方孩子的敌意时,继父或继母不必过于担忧,给孩子了解和接受的时间,而与孩子的相处模式可以先从朋友做起,陪他做游戏和谈心,以平等的姿态对待他,最大程度地获得孩子的好感和依赖性,而不要摆出父母的面孔去命令和说教,这样只会让孩子反感和抗拒。

二、如何平衡自己的孩子与对方的孩子的教育

如果重组家庭的模式是自己有孩子,对方也有孩子,那么家长在教育上通常会对自己的孩子严厉,而对对方的孩子宽容。这种现象在电视剧《家有儿女》中也可以发现,刘梅对自己的孩子刘星总是非打即骂,而对夏东海的孩子小雪和小雨则十分温柔关爱。其实这种看似合理的教育态度,对孩子们是不公平的,亲生孩子认为自己的爸爸或妈妈偏爱别人的孩子,而继子女会感觉自己的继父母对自己有隔阂。因此,无论是对亲生子女还是继子女,要持公平态度,不过分偏袒任何一方,父母这么做也可以带动孩子们之间的和睦相处。

三、如何平衡重组的孩子与夫妻的共生儿的教育

尽管自己或者对方已经有了孩子,但重组家庭中如果没有共同的孩子,夫妻

俩都会有缺憾。而重组家庭的孩子在面临自己的爸爸或者妈妈被另一个人分享的同时，还要再接受另一个孩子的到来，这多少会让他们心理不适，害怕自己的父爱或母爱被夺走，有些孩子甚至会做出伤害自己的弟弟妹妹的行为。所以，一方面，在决定生育之前要与孩子商量，询问他愿不愿意接受一个弟弟或者妹妹，可以告诉他有弟弟或者妹妹的好处，要让孩子同意和接受这一事实。如果孩子一直很反抗，那么夫妻俩最好先放弃这个想法。另一方面，在养育新生孩子的过程中，要让大的孩子参与进来，教会他如何照料弟弟或者妹妹，给他抚摸、拥抱、亲近新成员的机会，这样可以促进两个孩子的友好和依赖关系。此外，在把精力分给新生孩子的同时，也要多关注重组家庭孩子的成长，原先与大孩子一起进行的活动、对大孩子的照料等都不能减少，不能让大孩子有被"遗弃"的感觉，也要清晰地传达给大孩子这样一个观点，"你和新成员是同样重要的"。

（文章来源：http://wenda.so.com/q/1526217052219939）

第四节　离异单亲家庭的家庭教育指导

离异单亲家庭是指由于夫妻双方感情破裂离异后，其中一方与未成年的子女共同生活所组成的家庭。离异单亲家庭的孩子，在情感上极其脆弱，面对家庭种种变故而不能及时、正确地应对和调整，孩子就会出现不安、焦虑、自闭等心理特征，还可能出现一些偏差行为，如攻击同伴、不能融入集体等。教师在开展家庭教育指导时，要引导家长从失败的婚姻阴影中走出来，以孩子的健康成长为出发点，尽量减少因父母离异而给孩子带来痛苦；并根据孩子的问题给予家长具体的、可操作性的指导。

❀ 问题聚焦

丽丽是一个很要强的孩子，平日里她喜欢画画、跳舞、讲故事，在班级里深受同伴的喜欢。丽丽无论学什么都很投入，很自信。中班下学期，经常接送她的奶奶悄悄地告诉老师，丽丽的父母离婚了，她被法院判给了爸爸，爸爸因工作忙，把孩子托付给爷爷奶奶带。原本活泼开朗的丽丽在集体面前变得容易哭鼻子，一旦有人说她不好时就会闹脾气。奶奶说她在家里也是很犟,做一些小事情总是讨价还价,喜欢跟大人对着干。每当爸爸回来看她时,她连打招呼都不愿意。爸爸非常希望女儿能够和自己多多交流,但女儿生硬的态度让爸爸很失望。妈妈再婚又生了小弟弟,也很少来看望丽丽。因此,照看丽丽的生活与学习的重任都落在了祖辈身上。眼看丽丽快大班毕业了,爸爸索性把丽丽全托付给一位小学老师,提前让丽丽开始学习小学知识。

教师思考

离异单亲家庭的孩子在家庭变故后,产生心理落差。家长在失败婚姻中的负面情绪影响了孩子的心理健康。

1. 放任自流型——导致孩子发生了不正常的心理变化

现实生活中有很多离异家庭的家长由于工作忙,很少顾及孩子,有的干脆把孩子往爷爷奶奶或姥姥姥爷那里一丢,就不闻不问了,只是定期出点钱,供孩子吃、穿、用,认为这就代表自己对孩子的关心和爱。据调查反映,离异家庭的孩子在成长过程中缺少父母的陪伴,这类孩子心理不正常的占了 73.58%。这些不正常的心理现象主要表现为喜欢孤独、闷闷不乐、烦躁、易怒、冷漠、自卑、逆反心理等。像丽丽的父母因各自的原因很少与丽丽沟通,极容易造成丽丽心理紊乱、人格特征异常、无心上学、不求上进,严重影响了她的健康成长。

2. 望子成龙型——导致孩子出现了无形的心理压力

离婚的一方将孩子的发展当作自己生活的核心内容与精神支柱,过分地要求孩子出人头地,希望通过孩子的功成名就来为自己不幸的婚姻"争一口气"。丽丽的爸爸希望她能够多学一点知识,平日里索性将丽丽寄放在小学老师家里以便丽丽能受到更好的教育,双休日还给她报了各种各样的培训班。丽丽的学习时间占了大部分,根本没时间和小伙伴们一起玩耍。丽丽的奶奶也充满怨气,将丽丽父母离婚的怨气都撒在丽丽妈妈身上,一见到丽丽就会说出"你要争气点"、"给你爸爸要长脸"等不愉快的话语。丽丽难以承受身边亲人对自己的寄予的厚望,一旦碰到挫折就会垂头丧气,甚至躲到自己的房间里大哭。

教师策略

教师针对丽丽的现状对其家长的家庭教育进行了指导，帮助她的家长正确面对孩子的教育问题。

1. 定期家访，与家长共同走近孩子

丽丽原本是个乖巧的孩子，因为父母离婚而遭到不幸，不完整的家庭给丽丽造成了心灵伤害，使她幼小的心灵变得很脆弱，从而产生微妙的心理变化。教师为了追踪她的教育情况，定期与其家长沟通交流她在幼儿园的表现，希望家长要多注意她的言行，一发现有异常的苗头，及时跟她谈心。有的问题一下子解决不了，要进行更多的调查分析，考虑妥善的解决办法。对于那些离异单亲家庭的孩子来说，更需要教师和家长用爱来抚慰他们心灵中最敏感的创伤。

2. 收集信息，与家长共同分析异常

教师要善于观察发现孩子的异常变化，及时与家长交流分析，寻找问题出现的原因。比如：丽丽沉默寡言了，丽丽打人了……及时发现丽丽身上出现的问题，了解丽丽异常行为的背后原因到底是什么。教师和家长共同掌握丽丽的第一手情况，以适当的方式引导她与其他孩子之间友好相处，引导她正确地对待每一件事情。对于特殊家庭的孩子，教师要多为其创设一些在集体前表现的机会，帮助孩子树立自信心，体会到大家对他的爱。

3. 家园合作，与家长共同承担教育

父母离异后，孩子很少同时得到父爱和母爱，于是孩子的自卑、猜疑心理开始出现。作为教师，对特殊家庭的孩子要力求做到细心观察，仔细了解家长对孩子的教育方法，了解这些孩子所处的生活环境，注意掌握家长与孩子之间的融洽点、疏忽点，以便架起教师、孩子与家长三方面之间沟通的桥梁，达到相互了解、相互信赖的目的。教师也督促家长加强对孩子的关注，用良好的心态对待孩子，如果对孩子的教育有困难，及时求助教师，家庭和学校共同承担起对孩子的教育工作。

行动反思

离异单亲家庭的家长在孩子面前，要维护另一方的形象，与对方共同承担对孩子的教育工作。在离异单亲家庭中,仅有对孩子的物质关心是不够的,还要关心孩子人格的发展,尤其要注意孩子心灵的成长。

1. 家长不要强压孩子,应正视教育规律

家长要把握好孩子的发展规律,如果对孩子要求太高,孩子会逆反,会丧失信心。有的家长离婚后,把自己所有的希望都寄托在孩子身上,让孩子在学习、生活、身体等方面都不能有问题,不允许有一点点不完美。教师了解情况后,要及时与家长沟通,引导父(母)亲要树立正确的人生观,在子女的教育问题上,要因人而异,不要拔苗助长,适得其反。

2. 家长不要推卸责任,应共同承担教育

夫妻之间虽然离了婚,经常会出现抚养孩子的一方不让另一方探视孩子的情况。为了探视孩子,双方互相谩骂、互相诋毁,这给幼儿的心灵造成了极大的伤害。有人离婚后,为了再婚,把孩子扔给自己的父母,不管不问,还有的干脆就不要孩子了。孩子是无辜的,离婚后的父母更应该给予他们更多的爱、更多的关怀,不要让孩子因离婚而受到伤害,即使有一方再婚,也应该定期探视孩子,给孩子完整的爱。在离婚后不管谁带孩子,都不要把孩子扔到别人身边,不要推卸教育的责任,应该和对方交换意见,制订教育计划,两人同时参与孩子的教育。

3. 家长不要过分溺爱,应树立正确教育观念

在离婚的家庭中,家长不要过分迁就孩子,不要因为家长自己有一种负罪感,就在日常生活中用金钱来弥补平时的不关心,用物质的要求来弥补长时间亲子分离的痛苦。教师要正确引导家长保持平常心,避免溺爱现象。在教育孩子的问题上,父母都要遵守一个"适度"的基本原则,明确什么是孩子该做的,什么是不该做;对孩子的要求,合理的要求父母可以满足,不合理的要求父母绝对不能满足,这样才有利于孩子的健康成长。总之,家庭和幼儿园都应该随时关注孩子的心理变化,关心孩子,给孩子足够的温暖和爱,尽最大努力减少离婚对孩子的伤害,让孩子健康地成长。

🌀 智慧分享

特殊家庭孩子的不良性格有哪些?

1. 自卑心理:在小孩子的心目中,父亲是百事通,是万能者,是世上最了不起的人。孩子们在一起时,都会夸自己的父亲如何有知识、如何有力气,甚至如何有钱。处在一个没有父亲的家庭里，孩子自然就没有这份优越感，自卑感便油然而生。主要表现在：情绪的忧伤，缺乏乐观进取、积极向上的精神，性格孤僻，不爱交际，畏缩胆怯，做事缺乏信心。

2. 猜疑心理：父母离异，家里缺乏温暖的环境，母亲又整天忙这忙那，使孩子开始怀疑：爸爸妈妈是否还爱我？同学会不会看不起我？心灵深处有这样的想法，会让孩子不能与别人和睦相处，在人际关系上产生种种不和谐的因素。

3. 逆反心理：原来的三口之家，很快乐，很温馨，生活条件也比较优越。父母离异后，随着自卑心理及猜疑心理的产生，孩子的逆反心理也渐渐形成，一直很听话的她（或他），有时会没有理由地抗拒妈妈、同学的要求，产生对抗行为。

4. 补偿心理：父母离异，孩子的在物质上、精神上都遭受损失，这时候，孩子就会产生对其他孩子物质与精神生活的羡慕心理，希望重新获得爸爸妈妈的关爱，希望像过去一样，重新获得良好的物质与精神生活。这就是补偿心理。

可采取相应的措施

1. 给孩子多一份关心，多一点温暖

有人说："一切最好的教育方法，一切最好的教育艺术，都产生于教育者对学生无比热爱的炽热心灵中。"特殊家庭孩子的爱的天平是失衡的，特殊家庭的孩子在家庭遇到变故时，往往心灵受伤，从而关闭与同伴、老师交流的窗户。爱是打开他们心扉的钥匙，教师要把孩子从父母那里得不到的东西，让他们从老师这里得到，把他们当成自己的孩子来看待。

2. 让孩子学会基本的自理技能

特别是在寄宿学校的孩子，他们远离父母，作为教师，更应该教会孩子基本的自理技能。教师让他们从小学会一些自理技能，使他们尽快学会自我管理，也可在班上有目的、有计划地开展"自理"活动竞赛。

3. 多与家长联系，争取家长配合

家长不要将自己的痛苦和烦恼过多地展现在孩子面前，给他们带来不应有的压力，多听取孩子的意见，防止过分呵护和溺爱的倾向，在关心、爱护的同时要注意培养孩子的优良品质。除此之外，要积极向特殊家庭父母宣传有关保护未成年人的法律知识，使家长继续承担起监护、抚养、教育孩子的社会责任。

4. 努力为孩子创造良好环境，培养健全个性

作为老师要以身作则，不在班上讽刺、挖苦孩子。同时，避免当着孩子的面谈论敏感的话题，关注其动态。主动关心，帮助他们，要有意识地给这些孩子提供更多的表现机会，多注意观察发现他们的闪光点，培养他们健全的个性，使他们朝气蓬勃地融入到集体中，乐观地面对并克服困难。

总之，特殊家庭孩子的心理素质很大程度上决定了他们是否能健康成长，是否能成为真正的人。教师必须为孩子指引一条健康的心灵之路，积极探索孩子的心理问题。作为一个教育工作者，一个教育单位或部门，应能以十二分的爱心，十二分的理解走近特殊家庭子女，为之创设良好的成长环境。

（文章来源：https://www.jy135.com/edu/306790.html）.

第十章 ‖ 特殊幼儿的家庭教育指导

"以幼儿发展为本"是幼儿园教育的基本理念,这一理念要求教师不仅要关注幼儿的年龄特点与每个幼儿的个性特点和需要,为每个幼儿实施适宜的教育,还要指导家长为幼儿提供适合的家庭教育。相对于发展正常幼儿的家庭,特殊幼儿的家庭更需要获得专业的指导,以帮助家长走出家庭教育的误区,从而帮助幼儿获得最大可能的发展。

有关调查显示,近年来,肥胖幼儿、发展迟缓幼儿、自闭症幼儿等特殊幼儿所占的比例有所增长,除了一些不可控的外在原因,家长的家庭教育理念与行为不当是造成幼儿发展问题的重要原因。家庭教育指导应该聚焦特殊幼儿发展的问题,帮助家长分析原因,寻找对策,启迪家长教育的智慧,为家长提供专业支持,最终实现幼儿健康发展的目标。

第一节 肥胖幼儿的家庭教育指导

保教结合是幼儿园教育的特质,关注幼儿的健康是幼儿园与家庭教育的共同内容。但随着经济的发展和人民生活水平的不断提高,饮食结构的变化,我国肥胖儿的数量呈逐年上升趋势。研究结果表明,肥胖已经严重影响了幼儿的身心健康及正常生长发育。因此,教师必须关注肥胖幼儿的家庭教育的问题,基于问题分析与思考,提出引导家庭科学育儿,对肥胖幼儿进行有效干预的措施。

🔅 问题聚焦

暑假过后,孩子们重返幼儿园,两个月的时间,孩子们的变化很大,个子长高了,有的已经在换牙了。乐乐从走进幼儿园门厅开始,就引起了大家的极大关注,一个暑假里,他的体重增加了 5 公斤,本来就圆脑袋圆身体,现在就更加圆了,走起路来都有摇摆状。来园接送孩子的祖辈家长们看见乐乐,都笑呵呵地说:"养得真好!""好白相!"

还很亲切地摸摸他肉嘟嘟的脸。听了这样的评价,乐乐奶奶很开心,笑盈盈地说:"我家宝宝胃口好呀,就爱吃肉。"

老师很多次跟乐乐家长说乐乐已经中度肥胖了,是体弱儿了。乐乐奶奶对老师的话不以为然,认为"乐乐能吃能睡,身体一点也不弱",还说:"他爸爸小的时候也是这样,长大就瘦下来了!"妈妈则说"等他长大爱美了,自己就会少吃点,就会瘦下来的。"从乐乐妈妈的微信朋友圈来看,"晒吃"所占的比例较高。在幼儿完成"我的周末"的调查中,乐乐的调查表上画着"看动画片、玩积木、外出吃西餐"。

在关于"幼儿正常体型"的调查中,要求家长在所提供的四张幼儿体型图片(分别为 A 正常、B 超重、C 肥胖、D 中度肥胖)中选出"你认为正常体型的图片",调查结果显示,86%的家长认为正常幼儿的体型为 B。

教师思考

像乐乐这样的孩子在幼儿园越来越多,像乐乐奶奶和乐乐妈妈这样的家长在幼儿园家长群中同样具有代表性。

1. 家长持有"胖乎乎=健康"的育儿观

"体弱儿=瘦小儿",这是很多家长的认识,而对于肥胖儿,社会、家庭普遍认为胖乎乎的小孩(特别是 0—6 岁这一阶段的孩子)很可爱很健康,"胖乎乎=健康"是像乐乐奶奶一样的家长主观经验下的育儿观。看到胖乎乎的孩子都觉得很好玩,很可爱,感觉自己的教养很成功,没有认识到肥胖也是体弱的表现,对孩子发展具有危害性。认识上的不足、观念上的错误导致家庭教养行为的不科学,最终导致儿童身心发展产生诸多问题。

2. 家庭饮食结构不合理,饮食行为不健康

除了遗传因素外,家庭的饮食结构和饮食行为是导致幼儿肥胖的重要原因。在"小胖墩"家庭中,往往不同身份和角色的家长在幼儿的饮食中有着共性的问题——营养过剩。祖辈家长经常会给孩子做自己认为"有营养"、"味道好"的食物。乐乐奶奶把照料乐乐的生活作为自己的生活重点,特别是饮食,经常选用各种肉类食材,采用红烧、煎炸等烹饪方式,久而久之,乐乐就不愿意吃蔬菜和清淡

的食物。还有的祖辈家长生怕孩子吃得不够，追着孩子喂饭、赞扬孩子的大吃特吃行为等。有的年轻的父母在周末则喜欢带着孩子在外"觅美食"，西式餐点，各类奶茶、果汁、甜点等。经常喝有味道的饮品导致孩子不习惯、不爱喝白开水，糖分热量摄入过量。同时，周末的觅食行动打破了孩子在园一日三餐两点的饮食规律，孩子们往往像"小金鱼"似的吃喝不停。

3. 家庭生活中静态活动时间长，缺少运动量

电子产品的不断升级和智能化、娱乐化改变了家庭生活的方式，以手机、平板电脑为媒介的静态活动成为很多家庭生活的重要组成部分。除了家庭成员面对面的沟通时间和亲子间亲密接触的时间受到挤压外，家庭运动时间也越来越少，"玩电子游戏、看动画片、玩积木"是包括乐乐在内的很多孩子周末在家的主要活动。静态活动时间长，缺少运动，加上营养的过度摄入是造成儿童肥胖体弱、运动机能差、视力下降、交往能力弱等发展问题的重要原因。

4. 家长仍然抱有"树大自然直"的教育观

从乐乐奶奶的话语，"他爸爸小的时候也是这样，长大就瘦下来了"，到乐乐妈妈的话语，"等他长大爱美了，自己就会少吃点，就会瘦下来的"，可以看出，家长在教养孩子的过程中仍然持有"树大自然直"的家庭教育观，认为一些问题等孩子长大了自然就解决了，就不存在了。其实，家长持有这样观点主要有两个原因，一是从内心深处不认为或者不接受孩子目前发展有问题，有些家长，特别是祖辈家长仅依据自己的经验来教养孩子，用教养子女的方式来教养孙辈；二是受"重智育"的教育目标导向的影响，家庭教育更多地关注孩子的智力发展，忽视家庭教育中的"体育"，没有意识到早期身体发育对儿童全面发展、后续发展的影响。

教师策略

针对乐乐家在家庭教育中的问题，教师采取以下策略，以期对其家庭教育起到指导作用。

1. 提供专业支持，帮助家长修正家庭教养理念

针对乐乐奶奶"胖乎乎＝健康"的认识，教师利用家长日常约谈、家访等时机，与家长一起解读本年龄段幼儿健康体格的指标，引导乐乐的家长对照标准评估乐乐的健康状况；同时，邀请乐乐的家长参加开放日活动，观摩班级幼儿的运

动,让家长直观地感受到肥胖的幼儿在运动中与体重正常幼儿的不同,如灵敏度、速度、耐力等运动品质的区别,以及幼儿的自信心、同伴交往能力等方面存在的问题。

收集文献资料,以案例和大量的数据形式与家长分享肥胖对幼儿全面发展、后续发展的危害,以此给持有错误教育观的家长以警示,促使他们反思自己的教养行为,主动更新教育理念。

开展"小胖墩"家长分层指导。邀请市、区儿保医生专家,面向乐乐奶奶这样的祖辈家长开展"合理的饮食、健康育儿"专题讲座,引导祖辈家长修正惯常的饮食行为,形成满足儿童健康发展需要的家庭饮食习惯。对缺乏自我健康管理的父辈家长,则开展"以自我健康管理来促进健康育儿"的专题讲座,督促年轻的家长以身作则,改变自身不健康的生活习惯(不规律的饮食与作息、很少参加运动等),为孩子的健康生活树立榜样。

2. 与家长一起设计丰富的亲子活动,增加幼儿身体活动的时间

除了在幼儿园科学合理地增加乐乐的运动时间和强度外,老师和家长一起设计亲子活动,以身体活动、运动来干预,促进孩子的健康发展。

设计实施"来园离园徒步小达人"活动。鉴于乐乐家与幼儿园比较近(2 公里以内)的情况,鼓励乐乐的家长与乐乐徒步来园离园,做到"以步代车"、"以走楼梯代替坐电梯"。让家长了解徒步来园的好处,既可以帮助家长、幼儿锻炼身体,同时也给幼儿提供了观察周围事物的机会,能培养幼儿的观察和表达能力。家园通过评选"来园离园徒步小达人"激励像乐乐一样的幼儿参与徒步活动的兴趣,使幼儿逐渐养成运动的习惯。

设计实施"我是家中小帮手"活动。指导乐乐的家长选择一些适合乐乐年龄特点的家务让其做,如帮忙洗碗筷、手帕,整理自己的房间、玩具等一些家务活,让乐乐在家务中运动起来。

设计实施"周末亲子运动"活动。鼓励乐乐家与小区里的其他家庭建立周末家庭互助苑,为乐乐和同伴创设户外游戏的时空,也为家长之间创造分享交流育儿经验的机会。指导乐乐的家长将自己童年时玩过的一些民间游戏教给乐乐,和乐乐一起在家里玩耍,如跳房子、踢毽子、捉迷藏等;指导帮助乐乐的妈妈根据乐乐喜欢的动画片的歌曲旋律创编身体运动操,增加乐乐的运动兴趣,把乐乐从以静态为主的动画片的观看活动中拉出来,保障乐乐在家动静相结合的生活方式。

鼓励乐乐家长的微信从"晒吃"变为"晒周末亲子活动"，形成家园共同关注幼儿身心健康的共育文化。

3. 建立体弱儿档案，形成家园互动的育儿机制

家园共同为乐乐制定健康档案。档案中包括正常幼儿的体格参照标准、幼儿体格监控数据、幼儿日常饮食、运动情况记录等，这些资料由家园共同提供。幼儿园保健室每个月测量一次幼儿的身高体重，帮助家长根据幼儿体重的变化调整饮食的品种和数量。带班教师、家长记录幼儿用餐、身体运动量等数据，以家园互动的方式使超重、肥胖幼儿的体重增长保持在正常水平。

◉ 行动反思

1. 关注所有孩子的健康发展，家庭教育指导更在于治"未病"

许多数据显示，肥胖儿的矫治成功率是很低的。在幼儿园时，乐乐的体重虽然得到了较好地控制，但直到幼儿园毕业时，乐乐仍然没有摘掉"胖墩"的称号。教师在幼儿健康家庭教育指导中应践行预防为先的原则，指导的"最佳时"是在"未病"时，指导是为了"防病"、"远离病"。

与其有了问题后才想法解决不如防患于未然，在重视体弱儿的家庭指导的同时，对全体家长的健康教育指导也很重要。因此，教师要全面了解本班幼儿的家庭生活、家长育儿观，对可能造成体弱儿的家庭生活方式、教养行为及时给予指导。教师要建立全班幼儿档案，引导家长关注孩子身体的各项指标发展情况，形成家园共育。

2. 储备科学育儿的知识，提升教师对体弱儿家庭的指导力

保教结合是幼儿园教育的特性，但相对于其他领域的专业知识（语言、科学、社会、艺术领域）而言，很多教师对幼儿健康领域的知识，特别是关于幼儿身体素质方面的知识相对薄弱。无论是在职前的学校学习还是在职后的专业培训中，教师对体弱幼儿的预防与矫治都缺少系统的学习，而肥胖儿、体弱儿的预防、矫治等是很专业的，需要具备医教结合的意识和能力。因此，教师需要系统学习、储备科学育儿的知识，提高开展幼儿健康教育的能力，提升对体弱儿家庭教育的指导力。

❀ 智慧分享

儿童营养不良的主要诱因

儿童营养不良有很多诱发因素,饮食、疾病、家庭因素等都可能引起儿童营养不良。

一、饮食因素

儿童营养不良的一个主要诱发因素是偏食挑食。很多营养不良的儿童在平时饮食中不喜欢吃蔬菜、肉、蛋、奶等食品。一日三餐的食品搭配不合理,缺乏必需的微量元素等,这些都是营养摄取中的重要问题,对儿童的体格发育有严重的影响,因此,家长有必要对饮食结构进行调整,纠正儿童的不良饮食习惯,对于新生婴儿,要鼓励家长进行母乳喂养。据统计,母乳喂养相对于人工喂养可以使儿童患营养不良疾病的概率减少。尽量不要以米糊等主要成分为淀粉的食物为主食,因为这些食物所含的蛋白质和脂肪很少,无法满足婴儿快速生长发育的需要。而且,6个月以下的婴儿的淀粉酶分解能力较差,无法很好地消化吸收米糊,从而导致营养元素缺乏。因此,要鼓励母乳喂养,米糊等可以作为辅食。

二、疾病因素

如果儿童经常患病,会极大地影响食欲,导致其食欲下降,从而对食物和营养的摄入、消化、吸收造成影响。同时,疾病本身也会影响身体的消化吸收功能,会导致营养流失及营养消耗的增加。因此,必须预防儿童患染疾病,帮助孩子通过适量的体育运动,增强体质。此外,家长要关注孩子的身体表征,及时发现潜在病灶。

三、家庭因素

研究证实,儿童所处的家庭对儿童的生长发育有重要影响。如果儿童的家庭收入水平较高,则很容易满足儿童的饮食需求,但是,如果儿童的家庭社会经济状况较差,则可能不能满足儿童的营养饮食需求。另外,家庭和睦与否也影响着儿童的营养问题,因为家庭不和睦容易增加孩子的不幸福感,给孩子造成心理阴影,影响儿童的健康成长,因此孩子的家人应注意营造良好、和睦的家庭环境。

另外,母亲的文化程度也影响着儿童的营养摄入。母亲的文化程度越高,就越会重视对儿童的科学喂养,就会学习更多的相关知识和妇幼保健知识。因此必须加强对母亲的教育，为其提供咨询和健康教育。

（选编自胡林春，刘雁飞，王珉. 儿童营养不良原因及干预措施分析[J]. 中国保健营养，2012 年第 12 期）

第二节　发展迟缓幼儿的家庭教育指导

发展迟缓是幼儿发展落后状况的统称，有的幼儿在个别发展领域跟不上同龄幼儿，有的幼儿在多个领域落后其他幼儿。现在幼儿园中有不少随班就读的幼儿，能让特殊幼儿接受平等的受教育机会，能缩小他们与正常幼儿之间的差距。但面对发展迟缓幼儿，最关键的还是教师需要思考如何为这些家庭提供专业指导，帮助和引导家长充分发挥家庭教育的作用，尽可能促进幼儿健康成长。

⊛ 问题聚焦

君君，男，4 岁，被医生确诊为智力发育迟缓，教师通过一段时间的观察发现，该幼儿有以下几个方面的问题：

1. 语言发育较为迟缓

小班入学，老师发现君君语言发展滞后，在与人的交往中，不能说完整的句子，主要以单词和短句为主，不喜欢和其他人进行交流，显得沉默寡言。

2. 动作发展较为迟缓

君君的身体协调能力比较差，平时走路小心翼翼，比较容易摔跤，一些运动的操节不能顺利地做下来。他吃饭拿调羹不稳，用调羹吃饭时菜也常常掉落在桌上地上。

3. 社交能力较为迟缓

君君喜欢自己一个人玩，别人和他主动交流时，他很多时候只是看看不说话。当和同伴发生不愉快的事情，君君选择通过攻击性行为来解决问题。

4. 心智能力较为迟缓

在学习活动中,君君注意力不易集中,常常有发呆走神的状态,或是玩玩衣裤的线头、口袋、装饰物等,活动中一些动作总是会比别人慢几拍。他对于某个玩具和操作材料的感兴趣时间也比较短。

教师思考

面对这样一名幼儿,家长却不以为意,觉得自家孩子还小,长大了会好一些的,这样的回避和不当一回事,对幼儿的发展非常不利。

1. 家长过分溺爱,孩子的需求不需要自己语言表达和动手就能得到满足

从君君出生,妈妈就做起了全职妈妈,妈妈在坐月子期间,奶奶就提前退休做了全职奶奶,家中的两位女性把自己的时间都花在照顾君君上,对于家里的男宝,尽可能地照顾,为他包办一切:吃饭是喂的,衣服是帮忙穿的,连上下楼梯都有人抱着,不需要走一步……奶奶说:"小孩子做事笨手笨脚很麻烦,不如帮他做了。"妈妈说:"我们不工作就是为了更好地照顾他,不用他做什么,只要他好好长大就好!"殊不知她们的行为恰恰剥夺了君君获得生活技能的机会,剥夺了君君自身能力发展的机会。君君的任何需求不需要用语言表达出来就马上得到满足,君君没有学习语言、运用语言的环境。

2. 生活环境单一,孩子的发展缺少有意义的刺激

在家长的眼中,把孩子保护起来不受到一点点的伤害就是对他最大的保护。于是,去小区玩,她们怕别的孩子欺负他,去超市怕人多走丢了,去公园又怕有坏人把他抢走了,夏天太热,冬天太冷……最后她们决定,尽量少出去,这样最安全。因此,君君缺少和同龄人交流的机会。在家里妈妈、奶奶忙着打扫卫生、准备三餐,真正和他交流的机会也不多,最好的互动就是妈妈每天晚上给他讲一个故事。在家人眼中:君君很乖,不太吵闹,给他看看电视就好了。长时间的这种教育方式,让君君缺少了很多交流的机会。家长认为:我们的孩子很健康,每次身体检查都没问题,个头也挺高,长得也挺帅。

3. 家庭的成员关系不和谐,影响幼儿的正常发育

在了解君君家庭情况的过程中,老师发现一些问题:君君生下来没多久,爸爸就有了外遇,经常当着君君的面和妈妈吵架,也常常不回家,妈妈也常生气,忽略了

君君,用妈妈的话说,"孩子还小,不懂的!"君君看到生气的爸妈时常常坐在一边小心地看电视,或是玩玩具,不说话。因为这样的状态,晚上君君和奶奶一起睡,爷爷奶奶觉得对不起君君,就更为周全地照顾他,疼爱他。然而生活上的照顾弥补不了幼小心灵的创伤,也许这也是造成君君不愿意与人交流的重要原因之一。

教师策略

通过与家人的交流,老师了解了君君的家庭情况,针对这些问题,该如何着手解决他的发展问题呢?

1. 语言方面

老师就君君的发展问题多次与君君妈妈约谈,与家长一起分析孩子语言发展迟缓的原因:因为长时间的看电视,君君被迫接受的比较多,自己运用语言比较少,所以他能听懂,却在表达过程中出现障碍。老师引导家长增加一些刺激,让君君与自然和社会多一些接触,通过丰富的生活激发他与他人交流的欲望,如多和小区的伙伴一起去玩耍,主动邀请朋友来家里玩,鼓励和同伴分享玩具和食物,也可以去同伴家里做客等。同时,家人也要多花点时间和君君进行语言交流,对于君君的需求,一定要让他说出后才满足,引导他多说;也可以让君君模仿一些日常用语,逐渐增加词汇量与话语的长度;还可以对君君进行简单的提问,让他尝试自己组织语言进行回答。

2. 运动能力方面

老师通过家访、视频传递等方式让君君妈妈逐渐意识到君君在动作发展、运动能力方面的问题,并指导君君妈妈创设环境和机会让君君增加运动量的方法。如,坚持让孩子自己上下楼梯;傍晚和周末带孩子外出,充分利用小区里滑滑梯、秋千、转转板等相对比较安全、适宜的健身设施,多让他玩玩,小区里的花坛边可以让他练平衡;甚至可以去找一个感统训练的培训班来增加他的平衡感和协调性。老师指导奶奶要放手,让奶奶明白吃饭、穿衣就是孩子最应该学习的内容,孩子就是在做的过程中学习;引导奶奶在家里让孩子自己吃饭,允许孩子吃饭不那么快和干净,给孩子一个小步递进的目标。

3. 社交能力方面

交往能力不仅仅是靠传授交往技能就获得的,必须让幼儿在真实的情境中多感受、多运用、多实践才能积累更多的经验。老师鼓励君君的爸爸和妈妈一起参加幼儿园的各项开放活动,创造机会让君君在集体中完成一个简单的任务,感受成功的快乐,逐渐让君君接受集体,愿意参与活动。活动后,老师单独与君君的爸爸妈妈交流,引导他们把好的方法运用到家庭教育中。如,鼓励君君把自己的玩具与同伴分享;对君君的进步进行及时地表扬;如果君君在交往中有打人、咬人等攻击行为时,要及时制止,用严肃的态度告诉君君这是不对的,让他学会用道歉、拥抱、握手等温柔、正确的方式对待同伴。

4. 心智能力方面

首先,引导家长从增强孩子自信心入手。每一个孩子都需要适时的鼓励,发展稍微滞后的孩子更需要成人的鼓励。教师引导家长用赞赏和肯定来支持孩子主动思考,积极做事,放弃怕孩子做错事、出洋相的想法;也不要嫌烦而包办代替,使孩子失去探索世界的勇气。与此同时,老师提醒君君的家长注意表扬也需要有思考,表扬是为了帮助孩子树立正确的是非观,引发孩子更多的亲社会性行为,因此表扬一定要具体,而不是泛泛地说"你真棒"就行的。

其次,引导家长多鼓励孩子探索。很多家长对孩子的思维方式不理解,错误地否定孩子的行为和想法。如:君君捡了一片树叶兴冲冲地拿到妈妈面前:"看,多美丽的一片树叶!"谁知,妈妈却说:"垃圾捡来干嘛!"君君只好扔掉树叶,垂头丧气地走开。君君妈妈没有意识到这句话扼杀了孩子对世界的一次探索,挫伤了获取成功的自信心。孩子往往是通过对好奇的事进行研究和挑战来实现自我成长的。老师通过一个个案例的解释让君君妈妈明白"原来这是孩子们探索世界的想法和创意"。而不是一下子否定的说"这不适合你",或者说"那很危险"等来限制孩子的活动与探索。

一年多后,老师和家长都看到了君君的进步,现在的君君能每天快乐地来幼儿园,和同伴一起互动,再也不会总说"我不会"。君君在手部精细动作和身体的协调性方面及注意力集中方面还是有些弱,家园还会一起为了他的进步、发展共同努力。

◉ 行动反思

学龄前幼儿的教育并不是教师一个人的职责,它需要家庭、幼儿园乃至社会的关注和配合，才能有更好的效果。在这样一个随班就读的幼儿身上，教师要更多关注和家长的沟通与交流。

1. 让家长正面接受问题，耐心参与引导

针对发展迟缓的孩子，很多家长的想法中是"孩子还小，大了会好的"。老师要让家长意识到孩子的问题所在，正面面对孩子身上出现的问题。老师可以利用家访、电访、视频记录、微信、网络信息等多渠道让家长接受孩子的问题，同时也要引导家长不能着急，告诉家长怎样做对孩子是有益的，教给他们一些具体的可以实施的方法，告诉他们要慢慢来，别着急，教师要起到安慰和引导的作用。

2. 让家长积极配合反馈，细心强化训练

教育幼儿不是一蹴而就的，家园必须密切配合，不能在幼儿园什么事情都让孩子自己尝试，回到家家人又全部包办，或是家人看不得孩子练习的辛苦，故意隐瞒、制造一些孩子在家里表现很好的假象，这对孩子的正常发展是极其不利的。应该是家园密切沟通，看到孩子在某方面的进步，说明采取的策略是正确的，如果效果微弱可以一起尝试新的策略和方法。细心观察孩子的进步与变化，细心地在某方面进行强化练习，如：调羹用不好，就让他多试试，和他多玩玩"喂动物吃食"的游戏，吃的食物也可以由大到小、由方到圆，逐渐增加动作精确性的难度。以此促成幼儿在某些不足方面的能力锻炼与获得。

3. 让家长创造实践机会，适度表扬与制止

每一位家长都是爱自己的孩子的，有很多时候对自己孩子的宽容度会超出道德底线，如一些攻击性行为、破坏性行为，教师要引导家长及时地和幼儿说"不"，制止其不好的行为，告诉他正确的解决问题和发泄情绪的途径。当孩子有进步时，家长要及时给予表扬与肯定，强化他的言行举止，让他在表扬中肯定自己，接受自己，对自己有更多的信心。

4. 让家长利用社会资源，创设能力发展机会

现今社会对幼儿教育都很重视，有很多培训班给孩子们创造了更多增加兴趣、提高能力的机会，教师可以鼓励家长，或是建议家长选择一些适合孩子发展兴趣的活动让孩子有更多提高能力、强化经验的机会。多关注、参与一些社区的活动，如：三八学雷锋日、植树节、亲子游戏、早教活动等，多让幼儿融于集体中，甚至家长自己创设机会，如：组织小区里几个要好的伙伴家庭一起春游，到谁家里一起做点心等，让幼儿有更多和同伴、社会接触的机会，以此提高孩子语言、运动、社交、学习等能力。

✿ 智慧分享

单纯性语言发育迟缓的有效家庭干预策略

由于幼儿具有对于语言学习的敏感期，语言发育迟缓幼儿三岁前的康复训练效果最佳。如果能尽早发现问题并及时干预，可以大大减轻疾病的危害。家长应该针对幼儿本身的语言发育的特殊性，在家庭中也设计一个具体的、有针对性的训练计划。家长选择气氛比较愉快和轻松的时间进行语言训练，并坚持每天训练。下面笔者结合自身实践经验，为家长提出了几则家庭干预策略。

一、保持乐观的态度

语言发育迟缓幼儿的身心发展也遵循着与普通儿童一样的身心发展规律，因此也具有语言发展的敏感期、极大的发展潜能和可塑性。虽然单纯性语言发育迟缓幼儿的语言康复是一个漫长的过程，但家长应该有信心、有耐心，不要急于求成。家长的爱以及乐观的态度有助于幼儿自信心的建立。对于发育迟缓的幼儿来说，自信心是极其重要的。因此，家长对幼儿的每一次进步都要给予及时而具体的肯定，耐心等待幼儿的成长。当屡次教幼儿如何发音，幼儿学不会时，一定要控制自己的情绪，不能斥责或打骂幼儿。不管语言发育迟缓幼儿说得好与坏，应该对他的勇气给予肯定的评价，应该表现出极大的兴趣并耐心地倾听。

二、调整家庭环境

不良的家庭环境会导致幼儿出现语言发育迟缓的现象。家长应该及时调整家庭环境中的不良因素，使家庭成为幼儿语言学习的积极推动力。第一，建立亲密的家庭人际关系。和谐、稳定的家庭秩序以及和谐融洽的家庭氛围能够使幼儿在家庭中获得精神上的满足和安全感。家长应该给予幼儿爱的教育。第二，成为幼儿良好的语言模仿对象。家长应该使用标准的发音和通俗的语言给予幼儿正确的语言示范。第三，坚持在家庭中进行语言康复训练。比如，在家庭中为幼儿提供画有各种事物图像的卡片，给幼儿讲解事物的外貌特征，便于幼儿理解事物的名称；给幼儿提供各种操作性玩具，帮助幼儿在操作中理解操作语言的含义等。第四，改善幼儿的社会关系。语言发育迟缓幼儿在与同伴进行交往时，可能会由于表达能力有所欠缺而遭到同伴的嘲笑。这导致幼儿不愿意交朋友，甚至对语言交流形成恐惧，因此家长应该帮助幼儿学习如何面对此类问题。

三、重视游戏辅导

语言游戏为幼儿提供了一个没有压力的自由、愉快的环境。游戏促进幼儿的语言理解和表达，诱发幼儿语言学习的动机。游戏还为幼儿提供与同伴交流的机会，增强幼儿的信心。在家庭中，家长以幼儿感兴趣的游戏作为切入点，在家庭中创造幼儿游戏的环境，激发幼儿表达和与他人沟通的欲望。家长在家庭中与幼儿共同进行搭积木、拼图、剪纸等操作性游戏，有利于幼儿在动手操作中掌握方位名词和动词。比如幼儿对搭积木很感兴趣，家长可以主动与幼儿一起搭积木，融入进幼儿的世界。在搭建幼儿感兴趣的建筑的过程中，家长可以对幼儿提"这是什么？""为什么这么搭建？""下一步应该做什么？"等问题，和幼儿进行积极互动。

四、进行亲子阅读

亲子阅读不仅仅有利于幼儿语言的康复，还有助于父母和子女良好感情的建立。在亲密的身体接触、和谐快乐的氛围中进行亲子阅读，一边享受着绘本故事的乐趣，一边感受家人的温暖，幼儿会逐渐建立安全感，形成语言学习动机。首先，给予幼儿良好的语言示范。在进行互动式阅读时，父母应该用自己生动的语言和表情动作给幼儿讲述故事内容。当看到图片时，家长可以先给幼儿介绍图片中物体的属性，再用标准的语言说出物体的名称。这有利于幼儿在物体的图片和名称之间建立起稳定的联系，促进幼儿对物体的名称和词语的含义的理解。其次，鼓励幼儿语言表达。从启发幼儿的思维出发来设计问题，家长要学会等待，让幼儿慢慢品味、理解故事的内涵，答案不分对错，注重让幼儿自己组织语言，自由表达想法，让幼儿有"倾听观察思考回答讨论"的过程，促进幼儿认知和语言的发育。第三，创造语言运用的机会。绘本中的图片有利于幼儿把具体的事物和词汇联系起来进行理解和记忆，家长应该帮助幼儿把绘本故事中的情节迁移到现实生活中，引导幼儿运用所学到的词汇。

五、创造表达机会

家长工作再忙，也应该抽出时间与幼儿交流互动。当和幼儿交流时，应该耐心倾听幼儿的话，不能因为幼儿说话慢或说不好就剥夺幼儿语言表达的机会。家长与幼儿交流的话题应该贴近幼儿的兴趣和已有经验，尽量谈幼儿在日常生活中能见到的事物。在家庭中，家长可以鼓励幼儿自己开口表达。家长可以利用延迟满足或强化的方法，鼓励幼儿自己用语言表达自己的需求，增加幼儿语言运用的频率。当幼儿发音准确,或表达完整时对幼儿进行奖励。语言训练可以随时随地进行。真实的语言环境能够增强儿童对语言的理解能力,激发幼儿表达的欲望。"圈养式"的教育方式只会妨碍幼儿的健康成长。缺乏父母的陪伴和互动是单纯性语言发育迟缓得以蔓延的重要因素。家长应该多带领幼儿出去观察周围事物,参加集体活动。鼓励幼儿与他人交流,激发幼儿对社会交往的兴趣。家长应先带孩子在最熟悉的环境中进行人际交往,如所居住的小区,经常去的超市、洗衣店等,从而增加幼儿的直观经验,帮助幼儿理解周围的事物。家长应该教会幼儿一些交往技巧,鼓励幼儿多交朋友,敢于表达自我。比如,教会幼儿如何表达想法、如何与他人相处等。

（夏依达·阿布都拉. 关于幼儿单纯性语言发育迟缓的家庭干预思考[J]. 现代特殊教育,2017(22)：74—77. ）

第三节 自闭症幼儿的家庭教育指导

现在,随班就读的特殊儿童越来越多,基本上每个幼儿园都会有情况不同的特殊儿童,如自闭症幼儿、抑郁症幼儿等。对特殊儿童来说,家长作为监护人,是特殊儿童启蒙的教育者,家庭教育是不可忽略的教育资源。取得家长的支持,并帮助其掌握正确的家庭教育的策略与方法已经成为幼儿园教师重要的家庭教育指导内容之一。如何使自闭症幼儿在家里也能得到教育和训练,最大限度地开发他们的潜力,创设良好的学习环境,促进其更好地融入社会,这也是幼儿园教师要积极思考的问题。

✸ 问题聚焦

欢欢,学龄前儿童,刚入小班的时候,表现得不爱和老师、同伴交流,连眼神交流也没有,老师们以为是分离焦虑。随着时间的推移,这一现象并没有改变,她依然每天我行我素,不和别人交流,没有规则意识。欢欢无法识别一些常用手势、肢体动作的提示,无法对外界刺激作出同龄幼儿应有的反应;对于自己想做的事很执着,不管是否危险，想到就必须付诸行动；对于某些声音很敏感，听到就会大哭大叫；教室里的桌椅、柜子换了地方，她会受不了，直接动手把它们搬回原位……渐渐地，班里的同伴们开始疏远她，不和她一起玩。她自己一点都不在意，依旧我行我素。

来园、离园时家人很少跟欢欢交流，基本上放下欢欢或拉上欢欢就走。别的孩子把自己喜欢的玩具拿到幼儿园，欢欢拿到幼儿园来的东西千奇百怪；和小区的同龄人不能玩到一起，与家里来的小客人也从不交流……欢欢在认字、音乐、专注力方面的表现优于同龄的孩子，让家人有一定的优越感。

教师思考

欢欢不能用眼神和人交流，经常出现一些刻板印象行为及一系列的反常行为，家长对欢欢的问题基本上采取"鸵鸟式"的方式——不想接受、不想承认。

1. 父母观念落后，不愿意正视孩子的问题

当一个家庭中出现像欢欢这样的特殊儿童，很多父母更愿意相信这是因为孩子年龄还小，长大了会好的，甚至与父母小时候的一些状况作比较，认为是父母某方的"遗传"，"爸爸小时候也不愿意和别人玩的，妈妈小时候也很内向"。家长并不愿意相信自己好不容易盼来的孩子在心理或是生理上出现了问题。还有，欢欢在学习能力方面的明显优势——超于同龄人的识字量，让他们更愿意相信欢欢因为在学习方面表现太好，所以在社会性情感方面就显得比较弱，也就主动接受了她异于常人的表现。也有一些家长是碍于面子关系，家庭条件不错的我们怎么会有特殊儿童。在亲戚朋友面前，家长更多地展现欢欢优秀的一面。欢欢不愿意和别人交流，那就少出去和同伴互动，出去玩害怕一不留神走丢了，在家里玩就随便她怎么玩，又安全又放心，久而久之她与同龄人互动少，对比少，家长也就没觉得欢欢有什么问题。

2. 父母缺乏专业知识，不知如何应对孩子的问题

很多父母不愿意接受自己有一个特殊孩子的现实，即使接受，也要花很长的时间。当孩子发展状况没有达到预期的设想时，父母又很容易丧失信心。欢欢的妈妈起初也一直带欢欢到小区里去玩。可是，欢欢从不和小伙伴一起玩，看

到别人有好玩的玩具就直接抢过来,怎么说都没用。渐渐地,别的孩子也不愿意理睬她,妈妈觉得欢欢受委屈了,就很少带其出去玩。

面对孩子的问题,欢欢的家长采取消极、避退的应付方式,而较少采取积极有效的措施来解决实际问题。他们缺少关于特殊孩子教育的知识,也没有勇气去主动地寻求专业的帮助,他们宁愿把孩子封闭在家里,也不愿意带孩子多接触、了解社会,这使欢欢丧失了与人打交道、与人交往、与同伴游戏的机会,直接影响了欢欢的社会性发展。

3. 父母过分溺爱,教育方法不当

欢欢妈妈没有掌握正确的教育方法,不让欢欢和同龄人一起游戏,没有让欢欢得到社会性发展的机会。她对欢欢有愧疚之心,舍不得看到她在同伴们面前被冷落、被嫌弃,在生活中也是百般照顾,百依百顺,导致孩子以自我为中心,共情能力低。这种处处保护的做法实际上大大弱化了欢欢的自我保护能力。家长的行为从表面上看,使孩子的身体暂时免受伤害,实质上却忽视了孩子身心发展的整体性,限制她的活动,进而无法促进孩子社会性情感的发展。

教师策略

通过对欢欢家庭教育的分析,教师深深地感受到了家长的无措,无法接受孩子的真实状态。针对这样的情况,教师采用了以下的策略和方法:

1. 多途径地引导家长,正确认识孩子的问题

教师通过多种途径让欢欢父母认识到孩子的问题,网上搜寻相关的文章推荐给他们,让他们知道这样的孩子还是有很多的,不要觉得难以启齿。推荐一些相关的电视节目、书籍,让他们能正确认识欢欢的发展情况。教师也把欢欢在幼儿园的一些和同龄人不同的行为拍成小视频或是直接讲述给妈妈听。渐渐地,家人接受了欢欢的特殊,开始主动询问教育方法。

2. 多渠道地帮助家长,了解针对性的教育的方法

只有正确的教育方法才能得到好的教育结果,达到教育的目的,使幼儿更好地成长。家长在碰到这样的问题后第一个询问的对象就是教师:"老师,我该怎么办?"教师利用自己的专业知识和能力,给予一些正确的引导,帮助家长积极正面地面对幼儿的教育。教师要引导家长找专业的测试机构,了解欢欢的现阶段情

况,积极地配合治疗,早治疗早有效。教师搜寻了本园和其他幼儿园的相关案例,和他们分享,借鉴一些方法和措施,鼓励班级里同小区的幼儿和欢欢一起游戏,让欢欢有更多和别人共处和交流的机会,成立"班级互助苑",并让欢欢妈妈当组长,多组织班级幼儿以小组形式在休息时间在自然状态下进行交流互动,给欢欢创设更多与人共处的时间和空间。

3. 借助专业机构的介入

欢欢的妈妈一开始对医院是有些排斥的,总觉得自己的女儿很聪明,只是在某些方面表现不好而已,通过老师一次次的谈话及欢欢在园的一些典型事例视频,妈妈也尝试让欢欢接受医院专业医生的介入康复治疗。经过专业治疗后欢欢逐渐在情绪控制和刻板行为方面有所改善,最明显的就是对某些声音不会那么敏感,听到了也不会大声叫喊,对于一些家具的搬动只要和她说明,她也能接受……妈妈看到欢欢的点滴进步也就逐渐减少了对医院的抗拒。

4. 多给予行动建议

除此之外,教师要多给家长一些实际行动建议,让他们知道可以怎么做。如:欢欢在幼儿园总喜欢翻拿别人的抽屉盒里的玩具,家人在家里可以对一些抽屉贴上标签,告诉她:"这是妈妈的抽屉不能随便翻,要经过同意。"家里吃饭的座位、家里的家具等每隔一段时间调换位置,让欢欢知道这些是可以改变的。具体行动的建议,家长是比较容易接受的。

5. 多方面地鼓励家长,以积极心态促进孩子的成长

作为特殊幼儿的家长,家长所承担的教育责任和心理、生理负担都比普通家长要重得多。而且,家长对特殊幼儿的教育所花费的时间、精力也要多得多,最难受的是花费了大量的时间、精力和财力,可最后的结果却不一定是很明显的,时间久了家长的心理会有落差、挫败感,甚至会对老师不信任,所以教师要在多方面鼓励家长。第一,不要在其他家长面前谈论欢欢的不同,让家长感受到自己是受保护的,消除一些在园生活的顾虑。第二,多利用家访、电访、微信等方式和欢欢家人沟通,肯定他们的付出和努力,让他们感受到教师的关心。第三,多拍一些欢欢在幼儿园有点滴进步的视频,如:欢欢能不用老师提醒就和大家一起进餐,欢欢今天和哪个小朋友有点滴的互动等,以此让家长感到自己的付出是值得的,有回报的。同时,也鼓励家长用故事、视频等方式向教师反馈家里的情况,捕捉欢欢的点滴进步,让大家一起看到欢欢的成长。

行动反思

面对特殊儿童,教师首先要让家长意识到孩子的问题所在,从改变家长的育儿观念开始,给予具体的育儿方法和行动,提高家长的育儿能力与水平,多和家长沟通和交流,发挥家园一致教育的最佳效果,促进幼儿的成长。

1. 帮助家长正确看待孩子

对于特殊幼儿的家长,教师首先要尽快使他们面对现实,尊重儿童的生命,意识到作为家长对孩子应承担的责任,为孩子创造一个爱的氛围,给予孩子充分的信任。自闭症幼儿虽然交流能力弱,但他们异常敏感,能从周围人物表情的细微变化中感受到他们是高兴还是生气,是喜欢还是嫌弃,是失望还是惊喜。同时也要引导家长做好比别的家长花更多时间、精力和金钱去教育孩子的准备,这个问题不是简单看看病,关注一下教育就能解决的,其教育效果可能是不明显的,但是也不要因此气馁,要看到孩子的点滴进步。

2. 帮助家长解读幼儿行为

对于特殊幼儿的教育,要有信心、耐心,不要急于求成,可以把要完成的训练目标分解,分阶段完成。指导家长全面了解孩子,细心观察,通过观察分析列出孩子的问题、潜在能力,并将这些记录下来,全面掌握孩子的信息。对于孩子的每一点进步要及时给予肯定,客观对待孩子问题的"反复"性,尽量不对孩子发火,更不能因为孩子学不会而打骂指责,用自己的言行感染孩子,帮孩子树立自信。教师可以多和家长沟通交流,及时了解孩子的情况,家长也可以及时向老师和医生反馈孩子情况,三方共同努力解读孩子的行为,有的放矢地进行有效教育。

3. 帮助家长多和孩子交流互动

特殊幼儿需要持续不断的支持和引导,但这并不意味着他们必须参加终身的"训练项目"。他们更需要地是参加各种活动,与人交流沟通的机会。当幼儿一个人在一旁,没人教他学东西,没人跟他交流,没人和他互动使他做出恰当行为的时候,其行为能力、交往能力会逐步退化。家长可以想办法让孩子忙碌起来,让他参与简单家务,和大人有眼神交流的机会;鼓励他和同伴一起玩耍、分享;和长辈一起看书讲故事;参加社区、幼儿园的亲子互动游戏等。家长要利用一切机会让孩子与周围的人和事物互动起来,尽量避免让他一个人独处。

智慧分享

教育幼儿是学校、社会、家庭共同的责任，父母不仅是孩子的抚养者还是孩子的教育者、朋友、监督者，家庭教育是幼儿园教育的延伸和补充。家长应在特殊儿童随班就读的支持保障体系中，扮演重要角色，发挥积极作用。

（一）家长要正确对待特殊儿童

对于任何一个有特殊儿童的家庭，家长都会为自己的孩子付出比平常家庭更多的努力，承受着来自朋友和社会的不理解以及巨大的精神压力。从特殊儿童的康复和发展而言，家长需要做到正确对待自己有特殊需要的孩子。要正确认识幼儿残疾的原因，正视幼儿的残疾，积极配合医生的康复与治疗，学会根据孩子的特殊需要照顾幼儿，还应该主动学习与幼儿训练有关的知识和方法，从而更好地配合学校，培养孩子适应社会、独立面对人生的能力。认识到教育对于特殊幼儿发展的意义，虽然特殊幼儿在某些方面存在不足，但并不代表他"一辈子就完了"，或者不能独立生活。有很多成功的例子证明，经过教育和康复，即使是有严重残疾的孩子，也依然可以自立于社会，取得不错的成就。

（二）相关知识的普及和交流

教师可以积极地向家长普及有关特教的知识，以各种方式让家长了解有关随班就读的知识，树立正确的观念，同时向家长展示有关随班就读孩子通过接受随班就读这一教育模式在幼儿园中取得的成就。家长也可以通过多种平台，学习和了解幼儿园的教学计划，学习如何配合幼儿园教育，帮助孩子更好地完成学习任务，陪同并监督孩子完成康复训练，经常和教师联系，保持家庭幼儿园的一致性。

家长应主动地参与到幼儿园的活动和教育中来，参与针对幼儿的个别教学计划的制定，了解和掌握有关特殊儿童的行为表现，解读行为背后幼儿的需要，积极配合幼儿园教学与各类活动的开展，在幼儿园教育与家庭教育之间，建立起良好的合作关系，实现随班就读幼儿的家园一体化教育。

（三）家长要加强和社会的互动

充分利用社区资源，一方面教师要善于发掘和利用社区资源，通过幼儿园开放日，家长当一天老师、妈妈沙龙等活动，让幼儿有更多参与活动的机会，让家长能更多地感受随班就读的益处。另一方面家长也要善于利用社区资源，家长可以组成小团体,将个人问题转化为社会所关注的问题,以便获得所需要的服务;家长团体之间还可以互诉心情,获得感情的共鸣,进行经验的分享与交流。

(四) 家长对特殊幼儿的态度要注意

1. 耐心不够:因为特殊儿童生理上的缺陷性,导致其在生活上的某些方面会有一些不方便,家长在对特殊儿童的教育过程中往往表现出急躁的情绪,导致在日常生活中经常不耐烦。

2. 信心不足:由于孩子生理上的缺陷,家长对孩子丧失信心,导致家长在教育孩子的过程中时常动摇正常的教育信念。

3. 家长粗心大意:很多家长在辅导特殊儿童时,以对普通儿童的方式方法和态度对待特殊儿童,却达不到期待的效果。

4. 家长的过度溺爱:有的家长对特殊孩子的爱因强烈的内疚、负罪感而偏轨,不能理智地关爱特殊孩子,而是溺爱自己的孩子,对孩子百般迁就,比如,有些家长带孩子去康复机构做康复训练,孩子如果表现得抗拒,哭闹的话,家长会很心疼,终止康复训练,这样使得孩子无法很好地进行康复和发展。

每一个幼儿都是一个家庭的希望,每一个幼儿都是祖国的希望,愿我们的教育能让她们更健康、幸福、快乐地成长!

附录一

奉贤区相关文件

关于进一步加强奉贤区学校家庭教育工作的实施意见
奉教〔2017〕62 号

各中小学、幼儿园、中职校：

　　家庭教育是国民教育的重要组成部分，是学校教育和社会教育的基础，在未成年人成长过程中具有特别重要的作用。为贯彻落实《关于进一步加强家庭教育工作的实施意见》(沪教委德〔2017〕7 号)、《奉贤区创新推进学校德育工作三年行动计划》等文件精神，推进家庭教育工作创新发展，切实提高家庭教育整体水平，现结合奉贤实际，就进一步加强中小幼家庭教育工作提出如下实施意见。

一、指导思想

　　深入贯彻落实习近平总书记关于"注重家庭、注重家教、注重家风"等系列重要讲话精神，坚持以立德树人为根本，以问题需求为导向，以文明修身为载体，以培育和践行社会主义核心价值观、加强未成年人思想道德教育为核心，积极探索新形势下家庭教育工作的新规律、新机制、新对策。充分发挥学校在家庭教育中的主渠道作用，强化家长家庭教育主体责任，提高家长家庭教育水平，推动家庭教育和学校教育、社会教育的有效衔接，构建全面、健康、和谐的"三位一体"教育网络，促进广大未成年人健康成长和全面发展。

二、总体目标

　　加快家庭教育工作常态化、专业化、网络化、社会化建设，提升家庭教育科学研究和指导服务水平，不断建立健全适应社会发展、满足家长和未成年人需求的家庭教育指导服务体系。

　　——进一步完善家庭教育的政策保障和社会支持机制,形成政府主导、部门协作、学校组织、家长参与、社会支持的家庭教育工作格局,将培育和践行社会主义核心价值观融入家庭教育全过程。

　　——进一步构建区校双向联动、线上线下相结合的家庭教育指导服务网络。建立家长学校,健全家长委员会,定期组织开展家校合作活动。大力拓展新媒体服务阵地,优化"贤城父母"微信公众号等家庭教育指导服务优质资源推送平台。

　　——进一步提高家庭教育指导专业化水平。建立"奉贤区家庭教育骨干教师"培训机制,提升学校家庭教育指导队伍的专业化水平。主动发挥区家庭教育研究与指导服务中心作用,引入专业化的指导服务力量,增强对教师和家长指导服务的科学性和实效性。

　　——进一步健全科学的家庭教育工作制度和考核评估机制。到2020年,区家庭教育示范校比率达到20％。

三、主要任务

（一）统筹协调,加强家庭教育工作的顶层设计

　　1. 准确把握家庭教育的核心内容。将社会主义核心价值观融入到课题研究、指导服务、亲子活动等各个环节,形成以家庭道德教育为核心的内容体系和服务体系,引导家庭成员树立和坚持正确的家庭观、国家观和民族观。

　　2. 建立健全家庭教育的工作机制。协同区妇联、区文明办及区未保办等社会各界,制定工作计划,统筹协调。充分发挥区家庭教育研究与指导服务中心在推进区域家庭教育中的研究指导与服务功能,初步形成行政、业务协同,区级、校级联动,学校、家庭、社会互动的组织架构,努力构建政府主导、部门协作、学校组织、家长参与、社会支持的家庭教育工作格局。

（二）科学引导,强化家庭教育的主体责任

　　1. 提高家长责任意识,履行法定义务。父母是孩子的第一任老师,教育孩子是父母或其他监护人的法定职责。学校要加大普及《义务教育法》、《未成年人保护法》等宣传教育力度,不断增强家长的责任意识,提高家长履行教育监护职责的

自觉性，加强对孩子社会公德、家庭美德、行为习惯、身心健康以及法律法规的教育，促进孩子全面发展、个性发展、终身发展。

2. 提升家庭文明程度，营造良好环境。家庭环境和家长的道德文化素质直接影响着孩子的成长。学校要引导家长全面学习家庭教育知识，系统掌握家庭教育科学理念和方法，遵循孩子成长规律，以自身良好的品德修养、行为习惯影响孩子，努力建立民主平等和睦的家庭关系；要以区家庭教育示范校评估为契机，积极开展"智慧家长评选"、"家校合作优秀案例评选"等活动，不断扩大活动的覆盖面和影响力，打造一批使家长、孩子切实受益的品牌活动，引导广大家庭以德治家、以学兴家、文明立家、忠厚传家，努力为孩子健康成长营造良好的家庭环境。

（三）创新载体，构建家庭教育指导的服务体系

1. 强化学校主阵地功能。学校要充分发挥孩子与家长之间的桥梁纽带作用，建立健全家庭教育指导工作机制，建成以校长（园长）、德育主任、年级组长、班主任等为主体，专家学者和优秀家长共同参与，专兼职相结合的家庭教育指导骨干力量。通过家长委员会、家长学校、家长会、家访、家长开放日、家长接待日、学校网站、微信等沟通渠道，交流分享家庭教育的经验、教训，共同商讨解决家庭教育中遇到的困难和问题，指导家长科学理性地开展家庭教育。

2. 推进家庭教育指导机构建设。加强区家庭教育研究与指导服务中心建设，整合各方资源，为学校、教师开展家庭教育指导提供切实的支持和帮助。进一步巩固加强家长学校建设，做到有师资队伍、有教学计划、有指导教材或大纲、有活动开展、有成效评估，确保每年开展家庭教育指导和实践活动不少于6次。同时加快建设网上家长学校，依托"贤城父母"微信和"家长慕课"手机客户端等新媒体服务平台，探索建立远程家庭教育服务网络，为家长提供便捷、个性化的指导服务。

3. 发挥家长委员会作用。学校要以"一校一章程"为抓手，建立学校、年级、班级三级家长委员会网络，把家长委员会纳入学校日常管理，制订工作章程，完善例会制度，保障家长对学校工作的知情权、参与权、建议权和监督权。

学校要为家长委员会的建立与运转提供必要条件和有力保障，确保家长委员会产生程序规范、组织架构合理，是权责相当、相对自治的组织，能依法、规范、有序、有效地对学校、教师的教育教学、管理活动实施监督，提出意见和建议。

发挥区级家长委员会作用，协调市、区的家庭教育讲师团，邀请讲师到学校为

教师、家长授课、咨询等。同时，充分整合各种教育资源，积极组织开展形式多样、内容丰富、效果明显的家庭教育指导服务和实践活动。

（四）协同推进，形成家庭教育的社会支持网络

1. 完善社区协同机制。要把家庭教育工作纳入学校主要工作日程，充分发挥家长学校的阵地作用，积极开展各种家教活动，不断丰富活动的形式，充实活动的内涵，确保孩子和家长每年至少接受 6 次规范的家庭教育指导服务活动。学校要加强与各镇（街道、社区、开发区）家长学校或家庭教育指导服务站点的密切联系，有条件的学校可派教师到社区挂职，为家长提供公益性家庭教育指导服务。

2. 统筹各类社会资源。依托区家庭教育研究与指导服务中心、社区家长学校等服务阵地，为不同年龄段孩子及其家庭提供家庭教育指导服务。会同区妇联和区未保办等相关部门做好特殊困境儿童群体家庭教育的支持服务工作，关心流动儿童、留守儿童、残疾儿童和贫困儿童。

3. 营造良好舆论氛围。充分利用广播、报刊等传统媒体以及微博、微信等新媒体优势，开设具有社会影响力的专题、专栏、专刊等，广泛宣传家庭教育科学理念和知识，宣传优秀家庭教育案例，弘扬和传承好家风、好家训、好家教，引导全社会重视和支持家庭教育，为家庭教育营造良好的社会环境和舆论氛围。

四、保障措施

（一）加强组织领导

学校要因地制宜制定切实可行的家庭教育工作规划和实施计划，将做好家庭教育指导服务作为学校的重要任务，办好家长学校。推荐教师参加市、区家庭教育指导培训，重视家庭教育工作的考核，积极构建学校、家庭、社会协调互动的教育网络，形成推进家庭教育的合力。

（二）加强队伍建设

编撰既有理论支撑又有实训内容、符合家庭教育指导工作特点和要求的"奉贤区家庭教育指导教师读本"，建立"区家庭教育骨干教师"培训机制，加大家庭教

育指导者专业化培养力度。学校要成立由专家、德育干部、班主任、家长代表等组成的家庭教育指导研修组织，定期开展分学段、分年级、分层次的家庭教育指导研修活动，切实推进家庭教育指导者研训常态化。

（三）加强科学研究

充分发挥奉贤区教育学院教育发展研究中心相关科研、德研、评估等专业部门的作用，建立家庭教育研究课题群，多角度全方位地了解孩子和家长的实际需要和存在问题。通过研究不断提高家长学校办学质量，有针对性地开展家庭教育知识讲座和培训，引导家长树立科学的家庭教育观念，提升科学育儿能力。各学校三年内至少有一项与家庭教育相关的区级以上课题，引领学校家庭教育工作的开展。

（四）加强经费投入

加大对家庭教育工作的投入，充分保障家庭教育活动、家庭教育指导以及家庭教育指导师培训等专门经费，保障家庭教育工作的开展。广泛动员社会力量，多渠道拓展资金来源，丰富教育设施和活动资源，形成做好家庭教育工作合力。

（五）加强评价激励

充分培育、挖掘和提炼先进典型经验，开展家庭教育示范校、优秀家庭教育指导者、优秀家庭教育管理者、优秀家长等评选活动，充分发挥示范引领和辐射带动作用，不断提升区域学校家庭教育工作的整体水平。

上海市奉贤区教育局

2017 年 5 月 2 日

关于进一步加强中小学幼儿园家长委员会建设的实施意见

奉教德〔2018〕2 号

各中小学、中职校、幼儿园：

为贯彻落实教育部《中小学德育工作指南》（教基〔2017〕8 号）、《教育部关于建立中小学幼儿园家长委员会的指导意见》(教基一〔2012〕2 号)和《上海市教委等关于进一步加强家庭教育工作的实施意见》(沪教委德〔2017〕7 号)精神,推进现代学校制度建设和学校(幼儿园)家长委员会建设,完善家校共育机制,切实营造良好的育人环境,现就进一步加强和完善奉贤区中小学幼儿园家长委员会(以下简称家长委员会)建设,提出如下实施意见。

一、进一步认识家长委员会的重要意义

党的十九大对优先发展教育事业作出了重要战略部署,进一步明确了学校、家庭和社会共同育人的新要求。广大中小学生(幼儿)健康成长是学校教育和家庭教育的共同目标。家长委员会建设,对于发挥家长作用,促进家校合作,优化育人环境,建设现代学校制度,具有重要意义。奉贤区中小幼学校要从办好人民满意教育的高度,充分认识建立家长委员会的重要意义,把家长委员会作为建设依法办学、自主管理、民主监督、社会参与的现代学校制度的重要内容,作为发挥家长在教育改革发展中积极作用的有效途径,作为构建学校、家庭、社会密切配合的育人体系的重大举措,以更大的热情、更有效的措施,创造更好的条件,大力推进家长委员会建设工作,让家长真正成为促进奉贤教育改革发展的重要力量。

二、进一步规范家长委员会的建设

奉贤区中小幼应根据学校自身特点、规模大小等实际情况,设置学校家长委员会,名称定为"××××中小学(幼儿园)家长委员会",并健全"学校、年级、班级"三级家长委员会组织架构。

(一) 家长委员会的性质

家长委员会是由本校学生家长代表组成,代表全体家长参与学校民主决策、民主管理、民主监督和咨询,支持学校做好教育工作的群众性自治组织,是学校联系广大学生家长的桥梁和纽带。家长委员会与学校教育机构相对独立、相互制约、相互促进,其成员由家长民主选举产生。

（二）家长委员会委员的人数和任职条件

班级家长委员会委员按照不低于班级人数 20％的比例推举产生；年级、学校家长委员会委员，根据学校规模，合理确定相应比例的委员人数，委员的总人数为单数。各级家长委员会设主任委员 1 名，副主任委员 2—3 名，委员若干名。委员要具备广泛的代表性，要兼顾不同行业。

各级家长委员会委员应具备下列条件：

1. 具有正确的家庭教育理念，热心学校教育工作，富有志愿服务精神。

2. 具有一定的组织管理和协调能力，善于听取各方面意见，责任心强，办事公道，能赢得广大家长的信赖。

3. 身心健康，有时间和精力参与家长委员会工作。

（三）家长委员会委员的产生

1. 班级家长委员会委员在自荐和推荐的基础上，由全班家长投票选举产生。

2. 年级家长委员会委员分别由各班级家长委员会民主推荐产生。原则上，每班至少有 1 名班级家长委员会委员作为年级家长委员会的委员。

3. 学校家长委员会委员分别由各年级家长委员会民主推荐产生。年级家长委员会主任委员应为学校家长委员会成员。有条件的学校要积极推进学校家长委员会的直选工作。

（四）家长委员会委员的变更

1. 任何组织或者个人不得违反家长委员会委员产生办法和程序，私自指定、委派或撤换家长委员会委员或主任委员。

2. 家长委员会委员受原选举人群的监督。原选举人群有权罢免自己选出的代表。罢免时须经原选举人群全体代表半数以上通过。未履行委员职责或违反家长委员会相关规定者，可依据情况由家长委员会按其原产生办法和程序进行撤换。

3. 家长委员会委员、主任委员每届任期一年，可连选、连任。当届任期满前的三个月内，家长委员会应及时组织选举下届委员、主任委员。

4. 对家长委员会委员、主任委员的产生或变更人员及其有关情况，家长委员会应在产生或变更后,在学校公示三日。

5. 家长委员会委员因学生转学等其他原因不能履行相应义务时,即不再具备其所任家长委员会委员资格,空缺委员按照规范程序进行补选。

三、进一步明确家长委员会的权利义务

（一）家长委员会的权利

1. 知情权。即知悉、获取学校相关信息的权利。通过定期听取学校工作报告,了解学校教育教学工作计划、学校资源配置情况、教育督导评估结果等。

2. 参与权。即参与学校重大事项管理和决策的权利。审议学校发展规划,就学校年度工作计划、重要管理制度、食堂经费开支、学生校服等方面的情况提出意见建议。

3. 建议权。即向学校办学提出建议的权利。以书面方式与校长、年级主任、班主任,就学校管理工作、教师师德师风情况等问题提出建议意见或进行质询。

4. 监督权。即监督学校及校长、教师教育工作开展情况的权利。对学校依法办学、教育行风和师德师风建设等进行监督,帮助学校改进工作。

5. 评价权。即对学校、校长、教师考核评价的权利。根据相关考评办法,参与教育行政部门或由教育行政部门委托的评价机构对学校、校长和教师进行考核评价。

（二）家长委员会的义务

1. 维护学校和谐发展的义务。协助学校调解家长、学生与学校之间的争议和矛盾;与学校、教师一起肯定和表扬学生的进步,解决和化解学生遇到的困难和烦恼;协助学校定期组织家长代表大会、家长会、家长接待日等活动。

2. 沟通协调和信息传递的义务。向家长通报学校近期的重要工作和准备采取的重要举措,听取并转达家长对学校工作的意见和建议;向学校及时反映家长和学生的意愿,听取并转达学校对家长的希望和要求,促进学校和家庭的相互理解支持。

3. 整合资源支持学校的义务。发挥家长的专业优势和资源优势,为学校教育

教学活动提供支持；为学生开展校外社会实践活动提供教育资源和志愿服务；及时向学校提出工作意见和建议，与学校共同深入推进素质教育。

4. 优化教育发展环境的义务。主动与社区、媒体、青少年教育组织等保持横向联系，为学生的健康成长创造良好的校园、家庭及社会环境。

5. 开展家长教育工作的义务。拟定家长学校工作方案，做好家长学校工作；发挥家长自我教育的优势，开办家庭教育论坛、教育沙龙等活动，积极收集、交流、宣传正确的教育理念和科学的教育方法。

四、进一步强化家长委员会的机制建设

（一）制定工作章程

为保障家长委员会工作有序、有效开展，各校要制定自己的家长委员会组织章程，章程应当包括以下内容：1. 名称；2. 宗旨；3. 家长的权利与义务；4. 家长委员会的权利与义务；5. 家长委员会的选举与任期；6. 会议制度；7. 其他需要规定的内容。

各级家长委员会应在家长委员会章程基础上，进一步完善家长委员会日常工作制度、会议制度、议事规则、调研与沟通制度、学习培训制度、家委会行为规则、志愿服务制度、考核评价制度、档案管理制度等，促进家长委员会规范有效运作。

（二）明确办公制度

推行和实施家委会办公制，要做到三有：有相对固定的办公场所，有基本的办公设施和设备，有办公的记录。明确办公的主要任务：校园巡视，观察师生教育教学行为，接待家长来电来访，找师生谈心，处理必要的应急性事件等。

（三）建立例会制度

学校家长委员会全体委员会每学年召开例会两次以上。制定和落实好家委会组织的年度工作计划和实施要点，并通过会议加强对计划实施的总结和反思，确保各项工作有序开展。年级家长委员会全体委员会和班级家长委员会全体委

员会根据需要适时召开。会议议定内容应及时公开发布。

五、进一步发挥家长委员会的协力作用

（一）参与学校管理

对学校教育教学和管理工作予以支持，积极配合。对学校工作计划和重要决策，特别是事关学生和家长切身利益的事项，提出意见和建议。对学校开展的教育教学活动进行监督，帮助学校改进工作。

（二）参与教育教学工作

积极参与学校开展的各项教育教学活动，发挥家长自我教育的优势，交流宣传正确的教育理念和科学的教育方法，支持学校开展各类主题活动、社会实践活动，配合学校对学生进行行为规范、法制安全和心理健康等德育教育，并对学校的教育教学工作进行监督。

（三）维护良好的家校关系

发挥家长的资源优势，为学生开展校外活动提供教育资源和志愿服务。及时向家长通报学校近期的重要工作和准备采取的重要举措，听取并转达家长对学校工作的意见和建议。向学校及时反映家长的意愿，听取并转达学校对家长的希望和要求，促进学校、家庭的和谐关系，争取家长的理解和支持，使家校沟通更流畅。

六、进一步完善家长委员会的工作保障

（一）加大宣传力度

区教育局以及有关职能部门在推进家委会建设中要充分发挥主导作用，履行指导服务职责，整合教育宣传资源，加强对家委会建设的指导服务，积极利用教育内部刊物、教育信息网络等媒体，宣传家委会先进事迹，推介家委会工作经验，构建校内外合作育人共同体。

（二）加强专业培训

奉贤区教育学院要把家长委员会的有关工作内容和要求纳入教师日常培训体系，定期开展专业培训，提高教师家庭教育指导能力。家庭教育研究与指导服务中心要深入调查研究、及时总结推广家委会组建、完善、发展工作的好经验、好做法，发挥市区两级专家巡讲团、志愿者服务团的专业优势，多途径提供专业指导服务，促进学校家长委员会的健康发展。

（三）坚持评价导向

建立健全家委会建设评价体系，将学校家长委员会建设情况纳入到学校综合办学水平的督导评估和家庭教育示范达标验收体系，并作为未成年人思想道德建设测评依据和年度绩效考评依据。

（四）加强表彰激励

每三年一度开展各层面(镇级—学校—年级—班级)的优秀家委会评选，评选出优秀。出台评选方案，明确评选标准，严格评选程序，评选出优秀家委会组织，形成家委会示范群体，定期召开表彰大会，放大示范效应。

上海市奉贤区教育局

奉贤区家庭教育研究与指导服务中心

2018 年 2 月

关于加强奉贤区学校班级微信(QQ)群管理工作的意见

为了促进学校、家庭和社会"三位一体"合力育人，共建文明有序网络群体空间，共创文明和谐校园，根据国家法律法规及相关网络信息管理规定，按照上海市教委德育处相关要求，经过认真研究，现就加强学校班级微信(QQ)群管理工作提出如下意见：

1. 入群人员有要求。入群人员一律为本班班主任、任课教师及学生家长(或其他法定监护人一名)，其他班级的家长等无关人员不得进入。

2. 群主必须班主任。根据"谁建群谁负责"、"谁管理谁负责"的规定,班主任要切实担任起群管理的责任。

3. 群内成员实名制。群命名格式:学校＋年级＋班级;群成员命名格式:教师——学科＋教师姓名,家长——学生姓名＋监护人称谓。

4. 无关信息不进群。班级微信(QQ)群用于家校联系,及时发布学校或班级通知、家校活动信息,不发布与家校联系无关的信息或言论,不组织家长征订教辅资料、电子产品等有价物品,不集赞、不拉票、不做任何广告。

5. 引导传递正能量。教师要文明用语,提倡用"您"等礼貌用语与家长沟通。不经考证的信息或负面新闻不转发。当家长在群内出现负面情绪时,教师要及时通过电话或当面沟通的方式耐心做好解释工作。

6. 尊重学生隐私权。不通报点名、批评学生和家长,不公布学业成绩或学生排名等。不得发布学生的负面信息。不讨论个别学生的学业和行规等问题。

7. 信息表述要清晰。无论是发布信息还是回复信息,都要表述清晰。班主任要关注全体学生家长,以"公平公正"的态度阐述观点,及时回复信息。作业布置以及需要学生、家长完成的有关事项,不得只通过微信(QQ)群安排。

8. 交流讨论定时间。晚上 10 点后不在群里发消息,个别重要事情直接电话联系个别家长。

9. 共性问题齐献策。面对班级学生、家委会或学生的普遍问题,教师可以在班内群中与大家交流。不聊家长里短的话题,不聊个别学生。

10. 巧用私聊解困惑。教师不在群组内以任何借口或话题与家长发生争执,个别学生间的争执引发的问题必须单独私下沟通,协商解决。

奉贤区教育局

奉贤区教育学院

奉贤区家庭教育研究与指导服务中心

奉贤区妇女儿童工作指导中心

2018 年 2 月 28 日

附录二

相关文件链接

中共中央国务院关于全面深化新时代教师队伍建设改革的意见 	中共上海市委上海市人民政府关于全面深化新时代教师队伍建设改革的实施意见
习近平在 2015 年春节团拜会上的讲话 （2015 年 2 月 17 日） 	习近平:在会见第一届全国文明家庭代表时的讲话（2016 年 12 月 12 日）
习近平在北京市海淀区民族小学主持召开座谈会时的讲话——从小积极培育和践行社会主义核心价值观（2014 年 5 月 31 日） 	习近平:青年要自觉践行社会主义核心价值观—— 在北京大学师生座谈会上的讲话（2014 年 5 月 4 日）
教育部司法部全国普法办关于印发《青少年法治教育大纲》的通知 	国务院办公厅关于转发教育部中小学公共安全教育指导纲要的通知

（续表）

国务院办公厅转发教育部等部门关于 进一步加强学校体育工作若干意见的通知	教育部关于印发《中小学生守 则（2015 年修订）》的通知
教育部关于加强中小学网络道德教育 抵制网络不良信息的通知	教育部等 5 部门关于加强义务教育阶段 农村留守儿童关爱和教育工作的意见
教育部公安部共青团中央全国妇联关于 做好预防少年儿童遭受性侵工作的意见	最高人民法院最高人民检察院公安部民政 部印发《关于依法处理监护人侵害未成年 人权益行为若干问题的意见》的通知
关于加强心理健康服务的指导意见	中共中央办公厅国务院办公厅印发《关于实施 中华优秀传统文化传承发展工程的意见》

（续表）

全国妇联教育部中央文明办民政部卫生部 国家人口计生委中国关工委关于印发 《全国家庭教育指导大纲》的通知	教育部关于建立中小学幼儿园 家长委员会的指导意见
全国妇联教育部中央文明办关于进一步 加强家长学校工作的指导意见	教育部关于培育和践行社会主义核心 价值观进一步加强中小学德育工作的意见
教育部关于印发《中小学德育 工作指南》的通知	教育部共青团中央全国少工委关于 加强中小学劳动教育的意见
教育部关于印发《中小学文明礼仪 教育指导纲要》的通知	教育部关于印发《中小学心理健康 教育指导纲要（2012 年修订）》的通知
中华人民共和国精神卫生法	中华人民共和国母婴保健法

（续表）

中华人民共和国妇女权益保障法	中华人民共和国反家庭暴力法
联合国：儿童权利公约	联合国：儿童生存、保护和发展世界宣言
中共中央国务院关于进一步加强和改进未成年人思想道德建设的若干意见	中共中央国务院印发《国家中长期教育改革和发展规划纲要（2010—2020 年）》
中国儿童发展纲要（2011—2020 年）	中共中央国务院关于加强青少年体育增强青少年体质的意见
中华人民共和国未成年人保护法	中华人民共和国预防未成年人犯罪法

（续表）

中华人民共和国民法总则	中华人民共和国婚姻法（修正）
中华人民共和国教育法	中华人民共和国义务教育法

跋

——写在《家庭教育指导教师教程》出版之时

张竹林

当时光的年轮跨入 2019 年,我和我的同事们迎来了一个丰硕的专业建设成果,由我们团队策划和编写的《家庭教育指导教师教程》学前教育版、义务教育版和高中教育版完整地呈现在读者面前了。透过淡淡的书香,我们的思绪也禁不住穿越了时空,回眸编写这套教程的过往时光。

这套教程是奉贤区教育学院向上海市教育委员会申报的德育专项支持项目,同时被奉贤区教育局列为支持学校自主发展的"星光灿烂"项目。在上海市教委、奉贤区教育局和方方面面大力支持下,这套教程由我担任主编,历时三个年头,可以算得上是上海市第一套公开出版的区本家庭教育指导教师教程。其中开篇之作《又一种教育智慧:家庭教育指导教师教程(义务教育版)》,2018年 6 月正式出版,奉贤区教育局在全区家庭教育推进大会上举行了隆重而简朴的首发式,深受一线教师和广大家长的欢迎。不仅如此,在 2018 年长三角家庭教育高峰论坛上这本书也获得了好评,样书一抢而空的场景深深地感染和激励着我们,其影响已经深入到全国同行。此情此景,作为主编、一线教育工作者,心中自然有着难掩的喜悦,与同事们的辛苦劳动结出了硕果,那种收获和成就无法用语言来形容;但同时,一种惶恐和不安却不时涌上心头,如同一个小学生在考试结果前的诚惶诚恐。我脑海中浮现了源自《春秋·左丘明》中的一句话,"一命而偻,再命而伛,三命而俯"。的确,拿到样书后,我经常会独自一人扪心自问：在浩瀚的教育星空中,我们能够走得多远？能够走得多久？能够走得多实？

想想,本项目的争取和这套教程的编写,实属偶然中的必然。说偶然,是我在2016年负责筹建奉贤区家庭教育研究与指导服务中心,组织开展对教师的培训时发现：尽管当下市面上关于家庭教育指导的书籍林林总总,但四处找不到一本专门针对教师家教指导力的培训教材。与学院蒋东标院长、徐莉浩书记和同事交流中,大家不约而同地讲起,能否自己动手编写一套区本教程。这是最初的创意来源。说是必然,那是我们多年来从事教师教育实践与思考积累的重要突破口。作为区域教育发展战略引擎的教育学院,其重要的工作职责就是服务区域教育改革发展,着力提升区域教师专业素养。长期以来的一线工作经历,使我们对于区域教育有着十分直观的体验和认识,既为教育事业的快速发展和创新发展而感动,但同时,也深深地意识到在推进教育综合改革、迈向教育现代化的进程中,遇到了许多的困难和深层次矛盾。在我看来,这其中最为突出的就是全社会对教育的多元化的水涨船高的需求,让本应该是"慢"成长的基础教育不得不被挟持上"快"发展的轨道。但问题是经常遇到"腿长手短"、"准备不足"的矛盾;特别是,面对新形势新要求,教师队伍建设遇到了前所未有的挑战。

教师教育和教师能力建设是区域教育学院最基础的本职工作。如何加强教师能力建设？教师能力包括了方方面面,行业内也研究了很多年,但到底还有哪些需要重点建设……诸如此类的问题,不时会引起我们的反思,从一定程度上讲,这既是责任心使然,也是一种天生的"不安分",似乎对现实有某种"突破"的念头在不时支配自己。

围绕教师能力建设这个命题,细细思量,新中国成立特别是改革开放以来,我国现行的基础教育体制和环境,基本上是以县(市、区)为单元开展教师在职教育,这其中最具代表性的机构就是教师进修学校或者教育学院,也有的地方是教研室和教师专业发展中心,名称不一但基本路径和方式相当,这其中以教研室为代表的教师教育教学能力研究和指导建设基本上是"主流",延续至今。这其中有其"教学是中心任务"的必然性,但不能不说,事实上仍然存在的"考分至上"的理念和行为让教师课堂教学能力建设自动地生成为首要任务,甚至在一些极端地区成为"唯一"。简言之,关注教师的教学能力、育人能力,关注教师自身,关注社会等综合要素体系中,我们很长时间只是关注了教师的教学能力,尽管一定程度上也关注了育人能力,但后者关注得远远不够,或者讲起来重要,但一到实践中却是次要的。随着教育事业和时代的发展,日积月累,各种新问题和旧矛盾也就产生和凸显了。

在实践中就经常出现了这样一个场景,我们教学研究得十分精细精致,新理念、新概念、新方法不断涌现,有时还十分"热闹",但我们并没有太多的兴奋感;相反各类新问题层出不穷,表现在现实中,社会对教育的满意度似乎没有随发展而提高,教育反而成为了全社会最易点燃的"着火"点和关注点。从每年的"两会"上答记者问和各种信息发布中就可知一二。是我们做得不多,做得不深,做得不专,还是什么……细细思量,都不是,甚至可以肯定地回答,无论是顶层设计,还是区域实践,还是研训员和教师,都很尽心尽力,也做得很实。我们似乎问心无悔,那么症结在哪里?自然不是一两句话能够解释清楚的,但抽丝剥茧,仍然能够找到一二。这其中一个重要的因素就是我们一直是在固有的观念框架下思考问题和寻找问题的答案,有一种"原地打转"的感觉;其实跳出"自我",用"第三只眼"观察,很大程度上我们还是只在方法技术层面上,而没有真正回归到教书育人本身,而且在现实的功利导向下,这样一个无法量化也无法"即时兑现"的内容更多的也只是提提口号,落实到行动和实际中的难度太大,最直接的表现就是广大教师的家校合作育人能力,也称家教指导力的缺失。长期以来,我们对这个问题有一定的认识但远远不够,一度存在"是德育工作者的事","是班主任的事","与普通的任课老师没有太大的关系"等认识误区。况且很多老师本身还没有家庭教育经验,能够在教育教学上胜任就已经很不错了,对于本身就有繁重任务的老师们至少不要提出太多的新素质要求。就这样,家教指导力建设就没有发挥应有的作用和功能。

事实上,教育的改革和发展进入今天,以笔者之见,不再是一个只需"刀刃向内"的单向度发展模式了,而是必须要面向开放的社会去思考和改革。这其中一个最直接的命题就是家校合作育人已经到了十分紧迫的阶段。如何做好家校合作育人这篇大文章是决定教育改革能否成功地走过下半场的关键所在。也正是经历了几年的实践,当然还有一群志同道合的同事们的热情支撑,我们就这样以一种"无知者无畏"的态度走入了一个探索的领域。从 2017 年 5 月参加中国教育学会家庭教育昆山高峰会议开始,我们就开始了教师家教指导力区本化教程研制,这个过程充满了故事也充满了艰辛,但最终坚持下来了。2018 年 6 月,义务教育版正式面世了，新书首发时，从读者和广大教师的期待和阅读的神情中，我们感受到了专业创新的价值，也感受到辛苦是值得的。特别是，上海市教委德育处和学生德育中心的领导在收到样书后的第三天，就批准了支持开展学前教育版、高中教育版的编写项目，我们再一次感受到"信任和责任"。从 2018 年 7 月开始，我们就正式启动了学前教育版和高中教育版的写作，其间，编写组还针对义务教育版教程的使用情况，分片开展调研座谈，收集有关意见和建议，为学前教育版和高中教育版更加精准提供依据。

"千淘万漉虽辛苦，吹尽狂沙始到金。"教育发展到质量时代，形成一本有价值、具有原创精神的教程不是一件易事，而是一件长期的事。尽管其中会有探索，有坚持，有舍弃，但我们深信，经典必将长远传承，并历久弥新。广大教师的需要，教育事业的需要始终是我们为之努力的目标方向，广大读者、教师和家长的支持是激励我们不断前行的动力源泉。特别让我感动的是，当我们怀着忐忑不安的心情向年过九旬的人民教育家、"改革先锋"于漪老师请教，并希望她能够为本书题字时，她十分真诚地说："只要对教育事业发展有利，对青年教师成长有益，我都支持，不要客气。"这让我们深切感受到人民教育家的大情怀，也让我们倍感珍惜这份信任。

书稿交付之时，正值中共中央召开庆祝改革开放 40 周年大会，伟大的改革开放事业推动了教育事业的发展，我们也是在改革开放的大格局和大环境中成长和发展的，也许我们所做的工作相对于改革开放和教育事业只是沧海一粟，但如果我们的劳动成果能够为区域教育品质发展、广大一线教师专业发展和广大学生健康成长提供有效的服务，我想，也是无上荣光的。由此，我不禁想起了北宋理学家张栻的一句名言：行之力则知愈进，知之深则行愈达。自勉和共勉。

（作者系上海市奉贤区教育学院副院长、教育发展研究中心主任）

后记

　　《智慧开启：家庭教育指导教师教程（学前教育版）》是奉贤区教育学院专门为提高教师家庭教育指导力而开发的区本教程之一，也是奉贤区教育学院承担的上海市学校德育实践研究课题"研制区本课程提高教师家庭教育指导能力的实践研究"的又一重要成果。本教程与《又一种教育智慧：家庭教育指导教师教程（义务教育版）》、《智慧合作：家庭教育指导教师教程（高中教育版）》共同组成了"教师新智慧丛书"主体内容，被列为上海市教委德育专项支持项目和奉贤区教育局支持学校自主发展"星光灿烂"项目。

　　本教程由奉贤区教育学院副院长、教育发展研究中心主任张竹林担任主编和编写组组长，奉贤区家庭教育研究与指导服务中心办公室成员及部分幼儿园教师担任组员，共同完成编写工作。

　　张竹林负责全书的策划、部分章节的编写和书稿统筹，朱赛红协助进行全书统稿工作，编写者的任务分工和工作单位如下：

章节	编写者	工作单位
第一章	张美云、朱赛红	上海市奉贤区教育学院、上海市奉贤区解放路幼儿园
第二章	胡引妹	上海市奉贤区教育学院
第三章	戴宏娟	上海市奉贤区教育学院
第四章	倪华、唐春华	上海市奉贤区解放路幼儿园

（续表）

章节	编写者	工作单位
第五章	张晓兰	上海市奉贤区解放路幼儿园
第六章	张竹林、周琴	上海市奉贤区教育学院、上海市奉贤区星辰幼儿园
第七章	金珏、卫黎丽	上海市奉贤区星辰幼儿园
第八章	金珏、卫黎丽、周琴、杨凯	上海市奉贤区星辰幼儿园、上海市奉贤区绿叶幼儿园
第九章	吴秀英、蒋玲英	上海市奉贤区金汇幼儿园
第十章	朱赛红、方丹	上海市奉贤区解放路幼儿园

　　本教程凝聚着团队的智慧和汗水。编写组成员克服日常工作繁忙，自加压力，历经严寒酷暑，夜以继日，放弃节假日，多次召开专题研讨会议，参加各类家教指导现场会，请教专家和实践工作者。同时，认真参考和借鉴相关资料和优秀案例；吸纳了江伟鸣、汤林春、孙红、杨雄、杨敏毅、李伟涛、徐士强、郁琴芳、翟静丽、蒲月娟、张静等专家的宝贵意见；得到了上海市教委德育处、上海市教委基教处、上海市学生德育发展中心、上海市教科院家庭教育研究与指导中心、上海市中小学校德育研究协会和奉贤区各级领导、奉贤区中小学德育研究会、奉贤区各学校、广大班主任的倾情相助；得到了《中国教育报·家庭教育周刊》主编杨咏梅女士的悉心指导；上海家培教育科技中心杨奇琴女士协助参与了部分专业工作；得到了上海家培教育科技中心主任金德江，华东师范大学出版社教育心理分社社长彭呈军、编辑孙娟的大力支持……在此一并致谢！

　　作为一项教师教育工作新探索，由于编写者的专业水平所限，加之时间紧、任务重，这本教程与其他几本教程一样，还有很多内容需要进一步探讨，需要在实践中不断完善，我们诚恳地希望读者和专家提出批评和修正意见。在编写过程中，我们也借鉴和使用了一些国内外相关研究成果，虽已尽量注明引用出处，但可能还有疏漏之处，我们对原作者表示诚挚的谢意。

编　者
2019 年 3 月